DER AUTOR

Jürgen Rollmann, Jahrgang 1966, stand 1992 im Tor, als Werder Bremen im Europapokal-Finale der Pokalsieger den AS Monaco mit 2 : 0 besiegte und seinen ersten großen internationalen Erfolg feierte. Er agierte während seiner sportlichen Karriere in verschiedenen DFB-Auswahlmannschaften; als Amateur spielte er u. a. für Kickers Offenbach, 1860 München und FSV Frankfurt, als Vertragsspieler von 1988 bis 1997 für Bremen, den MSV Duisburg und den FC Augsburg. Von 1994 bis November 1996 stand Jürgen Rollmann als Präsident der Vereinigung der Vertragsfußballer (VdV), der deutschen Spielergewerkschaft, vor. Nebenbei begleitet der Autor, der ein absoluter Insider des Geschäftes Profi-Fußball ist, seit 13 Jahren als ausgebildeter Journalist die Fußball-Szene; große Beachtung fand dabei sein 1994 für ARTE produzierter Dokumentarfilm »Die Reporter«.

Der Autor dankt Herrn Professor Dr. Bernhard Pfister (Universität Bayreuth) und Herrn Richter am Bundesverfassungsgericht, Professor Dr. Udo Steiner (Universität Regensburg), für die freundliche Erlaubnis, aus ihrem Buch »Sportrecht von A-Z« zitieren zu dürfen.

Jürgen Rollmann

BERUF:
FUSSBALL-PROFI

Oder: Ein Leben zwischen Sein und Schein

Sportverlag Berlin

In der Reihe SPORT-REPORT sind bereits erschienen:

Willi Ph. Knecht (Hrsg.): MAMMON STATT MYTHOS –
Der deutsche Sport 2000
(ISBN 3-328-00760-1)
Kamil Taylan, TÖDLICHE PISTEN – Skirennen um jeden Preis
(ISBN 3-328-00763-6)

Lektorat: Raymund Stolze
Umschlaggestaltung: Volkmar Schwengle/
Buch und Werbung, Berlin
Titelfoto: Bongarts Sportfotografie, Hamburg
Fotos: privat
Redaktionsschluß: 31. August 1997

Satz und Repro: LVD GmbH, Berlin
Druck und Bindung: Clausen & Bosse, Leck
Printed in Germany 1997
ISBN 3-328-00762-8

Gedruckt auf alterungsbeständigem Papier
mit chlorfrei gebleichtem Zellstoff

Die Deutsche Bibliothek – CIP-Einheitsaufnahme
Rollmann, Jürgen
Beruf: Fußballprofi : oder ein Leben zwischen Sein und Schein /
Jürgen Rollmann. – Berlin : Sportverl., 1997
ISBN 3-328-00762-8

Inhalt

Vorwort   9

1. Kapitel   11
Der Traum
   Statement Darius Kampa, Fußballtorhüter FC Augsburg   15

2. Kapitel   17
Der Weg

3. Kapitel   24
Der erste Bundesliga-Vertrag
   Statement Jens Todt, Werder Bremen   31

4. Kapitel   32
Fast wie im Schlaraffenland

5. Kapitel   41
Frust und Lust
   Statement Joachim Hopp, MSV Duisburg   47

6. Kapitel   48
Der Wechsel
   Statement Bruno Labbadia, Werder Bremen   62

7. Kapitel   64
Der Alltag
(I) Zwischen Sein und Schein
(II) Abenteuer Bundesliga   67
   Statement Klaus Thomforde, FC St. Pauli   80
(III) Die Medien   81
   Statement Oliver Reck, Werder Bremen   85
(IV) Familie und andere Verpflichtungen   86

Inhalt

8. Kapitel 91
Der Druck
   Statement Hans-Georg Huber, Diplompsychologe 94

9. Kapitel 97
Die Gesundheit
   Statement Karsten Bäron, Hamburger SV 101

10. Kapitel 102
Die Schattenseiten
   Statement Uli Stein, 512 Bundesliga-Spiele 127

11. Kapitel 128
Die Spielerberater
(I) Die Vermittler
(II) Vereinsfunktionäre 134
(III) Die Spieler 139
   Statement Norbert K.-H. Nasse, Rechtsanwalt 147

12. Kapitel 152
Die Spielervereinigung
   Statement Horst Kletke, Rechtsanwalt 173

13. Kapitel 174
Der Ausblick
   Statement Hans-Georg Harbauer,
   Deutsche Angestellten-Gewerkschaft (DAG) 179

14. Kapitel 181
»Goldene Regeln« für den Beruf Fußball-Profi
   Jürgen Klinsmann 181
   Rudolf Gores 181
   Uli Hoeneß 182
   Jürgen Rollmann 183

P.S. 185

Anhang Sportrecht 186

Die im Text enthaltenen Fußnotenziffern beziehen sich auf den Anhang Sportrecht

1 Amateur
2 Lizenzspieler 186
  Berufssportler und Arbeitnehmer ... 187
3 Sponsoringvertrag 187
  Persönlichkeitsrecht 190
4 Transferliste 190
5 Urlaubsentgelt 191
6 Transferentschädigung 192
7 Presse 192
8 Sozialversicherung 193
  Berufsgenossenschaft 196
  Versicherungen 197
9 Arbeitslosenversicherung 199

Vorwort

Die Fußball-Profis – sie werden von den Fans und Medien je nach Stimmungslage hochgelobt und niedergemacht, gehaßt und bewundert. Sie haben für viele Menschen einen Traumjob. Verdienen eine Menge, müssen relativ wenig leisten dafür, denn Fußballspielen ist ja eigentlich keine Arbeit, sondern Vergnügen. Landläufige Meinung: Jeder Erstliga-Spieler verdient Millionen, jeder in der Zweiten Liga mehr als der Bundeskanzler und jeder Regionalliga-Spieler mehr als jeder Facharbeiter.

Pauschal-Urteile sind fast immer falsch. Die Mühen, die finanziellen Risiken des Berufes, der Raubbau am eigenen Körper, die Gefahren der Scheinwelt – damit befaßt sich kaum jemand. Dabei sind viele Probleme im Fußball selbstgemacht und werden von Generation zu Generation weitergegeben. Während die Vereine ihre Strukturen in den vergangenen Jahren zunehmend professionalisierten und in einigen Ländern bereits als Aktiengesellschaften an der Börse präsent sind, regiert in Deutschland bei der Ausbildung zum Beruf Fußball-Profi immer noch das »Prinzip Zufall«. Es ist abenteuerlich, wie fahrlässig viele Vereine und Verbände die Jugendlichen auf Verträge, Versicherungen, die richtige Kapitalanlage, die Medien, die Körperpflege, die Ernährung, die Machenschaften, die Risiken und Chancen dieses Berufes vorbereiten.

In der Nische, die Vereine und Verbände neben der zugegebenermaßen hervorragenden sportlichen Arbeit entstehen lassen, tummeln sich viele Geschäftemacher, denen sich immer wieder Spieler aus Angst, Naivität oder anderen Beweggründen anvertrauen. Und daraufhin nicht selten außerhalb des Platzes in eine Abseitsfalle tappen. Oder nach ihrer Karriere, für die sie Schule und Ausbildung geopfert haben, vor dem Nichts stehen. Auch finanziell.

Deshalb war nach einer langjährigen teilnehmenden Beobachtung des Berufes ein wichtiges Anliegen meiner Arbeit für die Spielervereinigung VdV, Strukturen zu schaffen, damit zukünftig so wenig als möglich junge Spieler die gleichen Fehler begehen wie Hunderte von Spielern zuvor. Von den Konzepten zum Lehrberuf Fußball-Profi, zur Laufbahnberatung oder der nachfußballerischen Berufsplanung könnten zukünftig alle Beteiligten des Geschäftes profitieren: Verband, Vereine und Spieler.

VORWORT

In diesem Sinne soll auch die Veröffentlichung dieses Buches dazu beitragen, obwohl ich mir natürlich auch darüber im klaren bin, daß es nunmal unmöglich ist, die Fackel der Wahrheit durch ein Gedränge zu tragen,
ohne jemandem den Bart zu sengen …

München, im August 1997   Jürgen Rollmann

1. Kapitel

Der Traum

Tagebucheintrag vom 22. Januar 1985

»Nach der abschließenden Siegerehrung und der Ehrung der besten Spieler ging es dann, recht gut gelaunt, zurück ins Hotel, wo noch das Abendessen eingenommen wurde.
Um 0.45 Uhr begannen die beiden verrückten Torhüter ihr allabendliches Mau-Mau-Spiel. Nach jedem Spiel mußte der Verlierer 15 Liegestütze machen. Nach 17:15 für Bodo Illgner folgten dann noch 30 Liegestütze für den Verlierer Jürgen Rollmann. Es endete dann damit, daß jeder ca. 400 Liegestütze absolvierte. Die Aktion wurde um 3.20 Uhr beendet.«

Leningrad, Granatkin-Hallenturnier der U18-Jugend-Nationalmannschaft vom 13. bis 23. Januar 1985. Berti Vogts ist der verantwortliche DFB-Trainer. Reiner Calmund als Fußball-Jugendmanager von Bayer Leverkusen und Christoph Daum als A-Jugendtrainer des 1.FC Köln verfolgen ebenfalls vor Ort das Geschehen. Viele Spieler der deutschen U18 haben bereits Profi-Verträge für die neue Saison in der Tasche. Maurizio Gaudino bei Waldhof Mannheim, Olaf Janßen bei Bayer Uerdingen. Daniel Simmes hat sogar schon für Borussia Dortmund das »Tor des Jahres 1984« in der Bundesliga geschossen und wird von einem deutschen Fernsehteam begleitet. Was sich jeden Abend im Zimmer der 17 und 18 Jahre alten deutschen U18-Torhüter Bodo Illgner und Jürgen Rollmann abspielt, zeigt die Besessenheit, mit der auch wir unseren gemeinsamen Traum träumen: den Traum von der Fußball-Bundesliga.

»Wir kriegen sie alle«, schwören wir uns, und meinen damit die aktuellen Bundesliga-Torhüter; die Schmadtkes, die Burdenskis, die Vollborns.
Bodo und ich haben ebenfalls einen Profivertrag für die Saison 1985 / 86 in Aussicht. Bodo beim 1.FC Köln, ich beim Zweitligisten Kickers Offenbach. Wir sind kurz davor, unseren Traum zu leben!

Und wie lange ich diesen Traum schon träume. 1974 springe ich von der Wohnzimmer-Couch, als Gerd Müller und Paul Breitner Deutschland zum Weltmeistertitel schießen. Die Begeisterung ist riesig. Wenig später melden mich meine Eltern in meinem Heimatdorf beim Fußball-Club Lorbach an. Zur Freizeitkickerei kommt das organisierte Spielen. Training und Spiele am Wochenende. Bei den gleichaltrigen E-Jugendlichen spiele ich im Feld, bei den älteren Jugendmannschaften im Tor. Mit dem FC Lorbach fahren wir ab und an ins 40 Kilometer entfernte Offenbach und schauen die Bundesliga-Spiele der Kickers an. Diese Atmosphäre! Diese Zuschauer! Ich stehe direkt am Zaun und staune über die weiten Abschläge von Kickers-Torwart Helmschrodt oder von FSV Frankfurt-Torwart Karl-Heinz Volz. Einmal so weit schießen können …

Schnell stellt sich heraus, daß ich als Torwart bessere Voraussetzungen mitbringe als auf irgendeiner Position im Feld. Im Alter von elf Jahren kommen die ersten Berufungen in die Kreisauswahl. Es folgt der erste Lehrgang in der hessischen Sportschule Grünberg. Das erste Schnuppern in einer neuen (Fußball-)Welt. Als Andenken an diese Auszeichnung nehme ich mir eine Cola-Flasche mit nach Hause. Die steht heute noch im Regal …

Erstes Kreisauswahl-Turnier in Hammersbach-Langenbergheim. Ich spiele für den Kreis Büdingen. Als Mannschaft sind wir nicht sehr erfolgreich. Bei diesen Turnieren sichten die Auswahltrainer, um dann aus den Besten eine Bezirksauswahl zusammenzustellen. Der Büdinger Trainer teilt mir nach dem Turnier mit, daß ich dazu gehöre. Wow. Was für ein Gefühl!

Talentspäher von Eintracht Frankfurt und Kickers Offenbach melden sich bei meinen Eltern. Was tun? Weiter in Lorbach spielen, oder zu den »Großen« wechseln, zumindest von der Vereinszugehörigkeit her einen Schritt Richtung Bundesliga machen? Wie soll das gehen? Wer soll mich zum Training fahren? Knapp 50 Kilometer hin, am Abend wieder zurück. Das ist die größte Hürde, die es zu überspringen gilt. Meine Eltern sind beide berufstätig und können nur am Wochenende fahren. Zwei- oder dreimal in der Woche zum Training nach Offenbach oder Frankfurt, das ist für sie nicht zu schaffen.

Kickers Offenbach bietet schließlich eine Fahrgelegenheit. Und macht damit das Rennen gegen die Eintracht. Ich bin 13 Jahre alt und wechsele vom Dorf in die Großstadt. Der Tagesablauf ändert sich schlagartig.

Offenbacher Fußball Club Kickers 1901 e. V.

Deutscher Fußball-Pokalsieger
1970
Deutscher Fußball-Vizemeister
1950 / 1959
Deutscher Jugend Fußball-Vizemeister
1973
Süddeutscher Regionalliga-Meister
1949 / 1955 / 1967 / 1968 / 1971 / 1972
Süddeutscher Regionalliga-Vizemeister
1957 / 1960 / 1966
Süddeutscher Jugend-Fußballmeister
1952 / 1972 / 1973

O. F. C. Kickers 1901 e. V., Bieberer Straße 282, 6050 Offenbach/M.
Stadion Bieberer Berg

Herrn
Günter Rollmann
Hardecker Str. 15
6470 Büdingen/Lorbach

6050 Offenbach am Main, den 25.12.1979

Sehr geehrter Herr Rollmann,

zunächst muß ich mich bei Ihnen entschuldigen,
daß ich erst heute die schriftliche Bestätigung
unserer Abmachungen Ihnen zuschicken kann.
Es handelte sich nicht um ein "Vergessen", es
fehlte einfach die Zeit.
Nochmals also ganz kurz: Wir haben großes Interesse
an Ihrem Sohn und würden uns freuen, wenn er ab der
nächsten Saison 1980/81 für unseren Verein spielen
würde. ⊥ noch ein Jahr C 1 -

Die Fahrten zum Training und zu den Spielen
würden von uns übernommen werden, soweit keine
außerplanmäßigen Dinge vorliegen würden. (z.B. Krankh.)
Sollten also zusätzliche Fahrtkosten aus welchen
Gründen auch immer anfallen, werden diese von uns
übernommen.
Eine Tormannausrüstung wird Ihnen gestellt.

Für das Auswahlturnier (Kr.Gelnhausen) im nächsten
Jahr wird er von uns freigestellt.

Mir bleibt nunmehr nur noch übrig, Ihnen und Ihrer
Familie,
                ein gesundes, erfolgreiches 1980
zu wünschen.

Mit freundlichen Grüßen

OFC Kickers 1901 e. V.
- Jugendabteilung -

Telefon (06 11) 85 30 44 / 45
Bankverbindung: Bank für Gemeinwirtschaft, Aktiengesellschaft, Niederlassung Offenbach/Main, Konto-Nr. 17 41 23 07 00
Postscheckkonto: Frankfurt/Main 64007-607
Registergericht: Amtsgericht Offenbach/Main Nr. 5 VR 511
Präsidium:
Präsident: Waldemar Klein - Vizepräsidenten: Volker E. Schüler und Wolfgang Strasser - Schatzmeister: Oskar Beetz

Eine Fußball-Karriere nimmt ihren scheinbar unaufhaltsamen Lauf ... Die Jugendabteilung von Kickers Offenbach bietet schriftlich eine Fahrgelegenheit – und hat einen neuen Torwart: Jürgen Rollmann

1. KAPITEL

Morgens Schule, dann kommt gegen 14.30 Uhr, manchmal auch früher, der »Fahrdienst« des OFC. Ein den Kickers nahestehender LKW-Auslieferungs-Fahrer, der mich auf dem Rückweg seiner Tages-Tour in Lorbach abholt. Ich fahre mit ihm zunächst zu seinem Lager in die Nähe von Hanau, helfe beim Einladen für seine Tour am nächsten Tag und werde anschließend von ihm nach Offenbach kutschiert. Training mit der C-Jugend des OFC. Auf dem Hartplatz hinter dem Kickers-Stadion »Bieberer Berg«. Es ist 17.30 Uhr. Zwischen 19.30 und 20 Uhr geht es zurück. Mit den Eltern eines Spielers der OFC-B-Jugend, der in Gelnhausen wohnt. Im Stadtteil Lieblos werde ich abwechselnd von einem Elternteil, einem Onkel oder einer Tante gegen 20.30 Uhr abgeholt. Gegen 21 Uhr bin ich wieder zuhause. Das geht drei-mal pro Woche so. Zum Spiel am Wochenende bringen mich meine Eltern.

In meiner äußerst knappen Freizeit neben Schule und Fußball bleibe ich ebenfalls am Ball und sammele jeden erdenklichen Fußball-Krims-Krams: Aufkleber, Fähnchen, Klebebildchen, Autogramme. Mein Autogramm-Album wird immer dicker. Das erste Autogramm überhaupt bekomme ich von OFC-Trainer Horst Heese im VIP-Raum des Bieberer Bergs nach einem Heimspiel des OFC. Noch als FC Lorbach-Pimpf. Mit drei Schulkameraden mache ich dann »professionell« weiter. Anschreiben an die Stars, frankier-ten Rückumschlag rein, warten. Es ist immer ein Abenteuer, aus der Schule zu kommen und zu gucken, wer geantwortet hat. Was, schon wieder kein Brief? Und der schickt nur ein kleines Bildchen. Na so was! Aber hier, das ist klasse, der Bongartz von Kaiserslautern hat gleich sieben Bilder reinge-legt. Ein Bild sogar mit Widmung: »Herzlichst für Jürgen« – super! An guten Rücklauf-Tagen müssen die Hausaufgaben lange warten. Erst einmal klebe ich ein, sortiere um, schneide aus und setze das Taschengeld in Brief-marken und neue Klebebildchen um, damit das Album schneller voll wird als das der Kameraden. Das ist wesentlich spannender als Mathe …

STATEMENT
Darius Kampa, 20 Jahre, Torhüter des Regionalligisten
FC Augsburg

»Bei der WM 1982 ist mir besonders der Torwart von Kamerun, N'Kono, aufgefallen und im Gedächtnis geblieben. Ich war total begeistert von ihm. Zu den Weltmeisterschaften 1986 und 1990 habe ich mit meinen Kumpels eifrig die Abziehbilder der Nationalspieler gesammelt. Mit meinem Vater war ich auch öfters am Trainingsgelände des FC Bayern München an der Säbener Straße. Da haben wir beim Training zugeguckt und auch schon mal ein Bild zusammen mit einem Spieler gemacht. Das war total aufregend, wenn auf einmal in nächster Nähe leibhaftig jemand stand, den ich sonst nur vom Fernseher kannte.

Mittlerweile ist der Traum von der Bundesliga realistisch geworden. Ich habe beim FC Augsburg bereits in einer der besten deutschen Jugend-Mannschaften gespielt. Wir sind zweimal deutscher Pokalsieger geworden. Ich hoffe, daß es irgendwann mit einem Vertrag klappt. Natürlich spielt auch das Geld für mich eine faszinierende Rolle. Im Gegensatz zu anderen Berufen halte ich den Aufwand eines Fußballprofis für nicht so groß. Man hat ein- zweimal Training am Tag und verdient ein Vielfaches von dem, wofür ein anderer acht Stunden täglich arbeiten muß. Wenn man so etwas erreichen kann, sollte man es versuchen.

Das größte Fußball-Erlebnis war für mich bislang das Regionalliga-Punktspiel beim 1. FC Nürnberg. 13 000 Zuschauer, die das ganze Spiel über Lärm gemacht und gesungen haben. Sogar schon beim Warmmachen. Super! Wie muß das erst in Dortmund oder Gladbach sein? Ich könnte mir schon vorstellen, jedes Wochenende vor 20 000 bis 30 000 Zuschauern zu spielen. Klar, daß ich alles dafür tun werde, damit es klappt.«

2. Kapitel

Der Weg

Es ist wieder mal dicke Luft im Hause Rollmann. Elternsprechstunde am Wolfgang-Ernst-Gymnasium in Büdingen. Diese unangenehme Aufgabe erledigt immer meine Mutter. Ich bin im 9. Schuljahr. Die Bilanz: Chemie 5, Englisch 5, Französisch 4 mit Bemerkung 5, Mathe 4 mit Bemerkung 5, Geschichte 4 mit Bemerkung 5. Mama konfrontiert mich mit der Aussage meines Französisch-Lehrers: »Wäre es nicht besser für Ihren Sohn, wenn Sie ihn vom Gymnasium nehmen, damit er auf der Realschule seine Mittlere Reife machen und sich noch besser auf den Fußball konzentrieren kann?«.

Mittlerweile weiß jeder an der Schule, daß ich nicht mehr so einfach zum Vergnügen gegen den Ball trete oder besser, mich nach dem Ball werfe, sondern richtig leistungsmäßig bei Kickers Offenbach spiele, ja sogar inzwischen Jugend-Nationaltorwart bin!

Auch beim Bezirksauswahlturnier haben mich die Auswahltrainer mit einer Einladung in die Hessenauswahl belohnt, und beim Turnier der Ländermannschaften habe ich sogar eine Einladung in die Schüler-Nationalmannschaft erhalten. »Langer, du bist dabei«, wirft mir der DFB-Trainer Holger Osieck am letzten Tag des Turnieres zu. Ich platze bald vor Glück, Stolz und Freude. Das erste Schüler-Länderspiel in Soulac-Sur-Mer in Frankreich gewinnt die neue deutsche U15 mit mir im Tor 3:0. Die Gefühle fahren Achterbahn: Nationalhymne-Gänsehaut; Spiel-Gänsehaut; zusammen mit Knäbel, Simmes, Klaus, Krümpelmann singe ich nach dem Spiel unter der Dusche »Que sera«–Gänsehaut; es ist einfach unglaublich. Wie im Traum …

Lehrgänge folgen. Und die finden nicht in den Ferien statt. Meine Mutter übt sich in Befreiungsschreiben an den Rektor des Büdinger Gymnasiums. Der weiß zwar um die nicht eben tollen schulischen Leistungen des Schülers Rollmann, aber seiner »Karriere« will er nicht im Wege stehen.

Also darf ich des öfteren freimachen, spielen und träumen, während die KlassenkameradInnen lernen. Den versäumten Unterrichtsstoff bekomme ich nachgereicht. Aber mit dem Nachholen ist das so eine Sache.

Ich bin Torwart, und wer ist mehr? Jürgen Rollmann am 21. Dezember 1981, einen Tag vor Heiligabend ...

Denn wenn die DFB-Lehrgänge zu Ende sind, dann gibt es noch die Hessenauswahl und das durch den Fahr- bzw. Zeitaufwand nicht unerheblich belastende wöchentliche Training in Offenbach.

Zum Schüler-Länderspiel gegen England in Frankfurt am 12. Mai 1982 bekommen alle Schulen rund um Frankfurt vom hessischen Kultusminister einen Wandertag geschenkt und fahren ins Waldstadion. Auch das Wolfgang-Ernst-Gymnasium will Jürgen Rollmann gucken. Tags zuvor findet das erste von traditionell zwei Spielen gegen England in Berlin statt. 70 000 Zuschauer, Fernsehübertragung, 2:1-Sieg. Beim Gegentor sehe ich nicht gut aus. Die Heimatzeitungen drucken große Berichte über den 15jährigen aus Lorbach, der schon 1,87 Meter groß ist, und der per Dropkick von einem

```
    G. Rollmann                          Hardecker Str. 15
                                         6470 Büdingen, 24.09.80




    Klassenlehrer der 9e
    Herrn Rückriegel

    6470 Büdingen



    Sehr geehrter Herr Rückriegel,

    hiermit möchte ich meinen Sohn Jürgen am 03.10.80 vom Schul-
    unterricht entschuldigen (s. beigef. Kopie). Da in dieser Woche
    auch die Klassenfahrt stattfindet, bitten wir um Einweisung in
    eine andere Klasse für die Zeit vom 29.09. - 02.10.80.

    Wir bedauern, daß er die schon so lange geplante Klassenfahrt
    nicht mitmachen kann, aber er möchte sich die Chance einer eventl.
    Aufstellung einer hessischen C-Jugendauswahl nicht nehmen lassen.

    Eine schöne Klassenfahrt,              1 Anlage
    mit freundlichen Grüßen

    G. Rollmann
```

Für Freistellungsschreiben jeder Art den Schüler Jürgen R. betreffend ist die Mutter zuständig

Strafraum zum anderen schießen kann. Der jetzt seinen großen Auftritt in der hessischen Heimat hat.

Und was passiert? Holger Osieck stellt meinen Vertreter Manfred Kubik von Bayer Uerdingen mit der Begründung ins Tor, daß ich ihm im ersten Vergleich gegen die Engländer nicht gefallen hätte. Das ist die größte Enttäuschung in meinem Leben. Auf der Fahrt ins Stadion sehe ich viele bekannte Gesichter und heule wie ein Schloßhund. Das darf doch nicht wahr sein! Alle kommen, um mich zu sehen, und jetzt spiele ich nicht. Ich schäme mich.

Der Vorschlag des Französisch-Lehrers wird von meinen Eltern abgelehnt. Ich muß eine Nachprüfung machen. Mit Mama fahre ich zwei Wochen nach England und bekomme intensiv Englisch-Nachhilfe, denn von dem mir unsympathischen Chemie-Lehrer, der mir neben der 5 noch einen Klassenbuch-Eintrag wegen Fußballspielen auf dem Schulhof verpaßt hat, will ich auf keinen Fall zum Sitzenbleiber abgestempelt werden.

Deutscher Fußball-Bund

```
Jürgen Rollmann                          Otto-Fleck-Schneise 6
.....................................    Postfach 710405
        - Spieler -                      6000 Frankfurt/Main 71
                                         Telefon 0611/63161
                                         Durchwahl 0611/6316.........
                                         Telex 0416815
    Kickers Offenbach                    Bankverbindungen:
.....................................    Dresdner Bank, Frankfurt/M. Nr. 906992
        - Verein -                       (BLZ 50080000)
                                         Postscheckkonto Frankfurt/M. Nr. 87205-606


                                         01.03.82/pf-ck


Einladung zum Schülerländerspiel Deutschland - Holland am
20.03.82 im Grenzland-Stadion in Rheydt


Lieber Jürgen,

für das 1. Halbjahr 1982 hat der Deutsche Fußball-Bund für seine
Schülernationalmannschaft noch insgesamt 4 Länderspiele abgeschlossen.

Die erste internationale Begegnung kommt am Samstag, dem 20.03.82,
im Grenzland-Stadion in Rheydt zur Durchführung.

Wir können Dir heute die erfreuliche Mitteilung machen, daß Dich der
verantwortliche DFB-Sportlehrer Holger Osieck für das Schülerländer-
spiel gegen Holland nominiert hat.

Wir bitten Dich, die anhängenden organisatorischen Einzelheiten ge-
nauestens zu beachten und hoffen, Dich gesund und in guter Verfassung
an unserem Treffpunkt in der Sportschule begrüßen zu können.

                        Mit freundlichen Grüßen

                        DEUTSCHER FUSSBALL-BUND
                        - Abteilung Jugend -


                        Bernd Pfaff
```

Einladungen zu internationalen Aufgaben häufen sich ...

Die Reise auf die Insel nutze ich übrigens und lege mir in einem Sportge-
schäft die englische Torwart-Mode zu: grünes Torwarttrikot, rote Hose und
rote Stutzen. Die Nachhilfe ist interessant, aber ein Sprachgenie bin ich auch
nach den 14 Tagen nicht. Also mache ich die Nachprüfung doch in Chemie
und schaffe tatsächlich die Versetzung in die zehnte Klasse.

Das Abitur bewältige ich dann ohne größere Probleme. Auch weil ich
Mathe, Französisch und Chemie abwählen kann und meine Eltern mir reichlich Nachhilfestunden finanzieren ...

19

```
                                                    Deutscher
                                                    Fußball-Bund

    SPIELER

    Nachstehend aufgeführte Spieler werden zu dem Schülerländerspiel
    Deutschland - Holland am 20.03.82 nach Duisburg eingeladen:


    Tor:            Manfred Kubik         Preußen Krefeld          25.02.67

                    Jürgen Rollmann       Kickers Offenbach        17.10.66


    Abwehr:         Jürgen Goschler       VfL Neuhofen             13.12.66

                    Achim Grün            1. FC Köln               03.01.67

                    Gerald Weinrich       Spvgg. Bayreuth          01.08.66

                    Uwe Schäfer           CSC 03 Kassel            09.12.66

                    Andreas Hahn          VfL Kamen                06.09.66

                    Thomas Eichin         SV Eintracht Freiburg    09.10.66


    Mittelfeld:     Peter Knäbel          VfL Bochum               02.10.66

                    Dirk Krümpelmann      Fortuna Düsseldorf       22.08.66

                    Günther Brunner       TSV 1860 München         23.11.66


    Angriff:        Olaf Janssen          Bayer 05 Uerdingen       08.10.66

                    Fred Klaus            1. FC Nürnberg           27.02.67

                    Daniel Simmes         Borussia Dortmund        12.08.66
```

Das Aufgebot für das Schüler-Länderspiel gegen Holland vom März 1982. Bei welchem der 14 Jungen hat sich wohl der Traum vom Beruf Fußball-Profi erfüllt?

Dafür platzt der ersehnte Profivertrag bei Kickers Offenbach. Denn die Kickers, mit der Zielsetzung Bundesliga-Aufstieg in die Saison gestartet, steigen völlig überraschend aus der Zweiten Liga ab. Zwei Probetrainings bei Nürnberg und Fortuna Köln bleiben ohne Erfolg. Das erste Senioren-Jahr findet für mich nicht als Lizenzspieler in der Bundesliga, sondern als einfacher Amateur[1] in der Oberliga Hessen statt. Denke ich zumindest.

Der neue OFC-Chef-Trainer ist Wilfried Kohls. Ein ehemaliger Torhüter, der vorher die in der 3. Liga beheimateten OFC-Amateure betreute. Aus dieser Mannschaft und den verbliebenen, abgestiegenen Profis rekrutiert sich das neue Team. Kohls favorisiert die beiden Torhüter seiner alten Amateur-Mannschaft, Wolf und Geis. Ich verstehe die Welt nicht mehr und bitte ihn um ein persönliches Gespräch. Dabei betont er im Brustton der Überzeugung, Wolf hätte Bundesliga-Format. Ich muß mir bei allem Verdruß das Lachen verkneifen und sage: »Wenn der Bundesliga-Format hat, dann muß ich in der Weltauswahl spielen!«

Kohls revanchiert sich: Ich darf die Hinrunde der Saison 1985/86 mit der zweiten OFC-Mannschaft in der Landesliga, der vierten Spielklasse, bestreiten.

Aus der Traum von der Bundesliga?

Die Grundausbildung bei der Bundeswehr lenkt von der Scham ab, die ich gegenüber meinen ehemaligen Jugend-Nationalmannschafts-Kameraden empfinde, die teilweise in der 1. Liga spielen. Und Bodo Illgner hat sogar schon den Sprung in die U21 geschafft!

In der Rückrunde komme ich immerhin dreimal in der ersten Mannschaft zum Einsatz. Bei den sechs Spielen der Aufstiegsrunde zur Zweiten Liga steht wieder Wolf im Kasten. Der OFC verpaßt den Aufstieg. Kickers Präsident Waldemar Klein bekniet mich zu bleiben, verspricht mir, in der neuen Saison die Nummer 1 zu sein, das würde er so bestimmen, da hätte Kohls gar nichts mehr zu sagen …

Doch mein Entschluß, den OFC nach fünf tollen Jahren in der Jugend und einem demütigenden bei den Senioren zu verlassen, steht fest. Bei Zweitligist Rot-Weiß Oberhausen mache ich ein Probetraining, doch meine Unterschrift unter einen Amateurvertrag bekommt 1860 München, der ebenfalls in der Aufstiegsrunde zur Zweiten Liga gescheiterte Traditionsverein, der seit etlichen Jahren in der Bayernliga spielt. Die »Löwen« regeln meine Versetzung von der Bundeswehr-Sportfördergruppe Mainz zu einer ähnlichen Einheit nach München-Neubiberg, stellen mir eine Wohnung und machen damit das Rennen. Ich will nach der Demütigung beim OFC nur spielen. Spielen und sonst nichts. Die Chance ist gut, denke ich. Denn der andere 1860-Torwart Thomas Zander hatte schon aufgehört mit dem Fußball, wurde zwar vor einem halben Jahr reaktiviert, aber er ist bereits 36 Jahre alt.

Die Vorbereitung läuft für mich ausgesprochen gut. In den Testspielen kann ich glänzen, im Trainingslager ist Thomas Zander gar nicht von Anfang an dabei. Und die wenigen Einheiten, die er mitmacht, jagen mir keine Angst ein. Der Hammer kommt vor dem ersten Punktspiel: 1860-Trainer Fahrudin Jusufi stellt Zander auf und begründet in seinem brüchigen Deutsch lapidar: »Brauche erfahrene Mann im Tor.«

2. KAPITEL

Bei Kickers Offenbach ist mittlerweile Kohls entlassen worden und Franz Brungs neuer Trainer. Der will mich sofort zurückholen, da er im Gegensatz zu seinem Vorgänger nicht von der Bundesliga-Tauglichkeit von Wolf überzeugt ist. Ich sitze im Englischen Garten und bin hin- und hergerissen. Nein, ich ziehe das jetzt durch in München. Zander ist 36, den packe ich schon noch, rede ich mir ein und sage Offenbach ab. Die holen stattdessen Bernd Fuhr.

1860 spielt erfolgreich und ist Tabellenführer der Bayernliga. Meine Selbstbestätigung hole ich mir woanders. Zusammen mit einem Mannschaftskollegen mache ich die Redaktion von Stadion- und Mitgliederzeitung des TSV 1860. Auch um die Anzeigen kümmere ich mich. Für den *Münchner Merkur* berichte ich über Volleyball, Handball und Eishockey und bin so neben Bundeswehr und Fußball gut ausgelastet.

Im November 1986 schöpfe ich neue Hoffnung. Fahrudin Jusufi spricht erstmals mit mir: »Wollte sehen, ob du bist Schlappschwanz oder Draufgänger. Habe gesehen, bist du Draufgänger. Bekommst du Chance. Muß nur noch richtigen Zeitpunkt abwarten.«

Bis zur Winterpause kommt keine Chance. Nur eine 100-Mark-Geldstrafe, weil ich einmal nach Trainingsschluß nicht in die Kabine gehe, sondern noch einige Torwartübungen mache! Zur Vorbereitung auf die Rückrunde fliegen wir ins luxuriöse Trainingslager nach Abu Dhabi. Thomas Zander ist gar nicht dabei. Beim Hallenturnier in München darf ich spielen und halte gut. Ich setze mir selbst ein Ultimatum. Wenn ich im ersten Rückrundenspiel nicht im Tor stehe, bin ich weg.

Tatsächlich stehe ich wieder nicht auf der Tafel für das erste Rückrundenspiel, das jedoch wegen schlechter Platzverhältnisse abgesagt werden muß. Voller Frust düse ich am freien Wochenende in die hessische Heimat. Aufgrund eines Wintereinbruchs kann ich am Montagabend nicht wie geplant nach München zurückfahren. Am Morgen informiere ich die 1860-Geschäftsstelle telefonisch, daß ich zum Morgentraining nicht kommen kann und erst zur Nachmittags-Einheit erscheine. Fahrudin Jusufi empfängt mich eiskalt und verdonnert mich zu 500 Mark Geldstrafe. Alle Erklärungsversuche meinerseits fruchten nicht. Am nächsten Tag, dem 5. März, gehe ich vor dem Training in seine kleine Kabine, erläutere ihm nochmals, daß es nur vernünftig war, bei den eisglatten Straßen nicht die Gesundheit aufs Spiel zu setzen und daß ich die Geldstrafe nicht akzeptieren kann. Er beharrt auf seinem Standpunkt. Daraufhin teile ich ihm mit, daß mein Engagement bei 1860 mit dem heutigen Tage beendet ist, gebe dem verdutzten Jusufi die Hand, wünsche ihm alles Gute, ziehe die Trainingshose aus, die Privatklamotten wieder an und verlasse das Trainingsgelände.

Meine Eltern können das nicht verstehen. Was sollen bloß die Leute denken... Mir ist das ziemlich egal. Ich fühle mich wie neugeboren. Jawoll, die Zeit der Demütigung ist vorbei, nicht mit mir! Scheiß auf den Traum von der Bundesliga. Wer bin ich denn, daß ich mich von zweifelhaften Trainern und Vorständen fremdbestimmen lassen soll …

Der Trainer des FSV Frankfurt, Dragoslav Stepanovic, meldet sich, ob ich nicht zum FSV wechseln will. Als ich ihn das erste Mal am Telefon habe, will ich am liebsten gleich wieder auflegen. Nach Jusufi wieder ein Jugoslawe. Stepanovic, der mir radebrechend gleich das Du anbietet, ist mir sehr suspekt. Doch er sagt, daß ihm meine gerade Art gefällt, und das macht ihn gleich wieder einen Tick sympathischer.

Es geht alles blitzschnell. Am 10. März einige ich mich in Frankfurt mit Stepanovic und dem FSV-Präsidium über den Wechsel von 1860 zum FSV und entschließe mich, an der Uni Frankfurt Diplom-Sport zu studieren. War doch ganz gut, daß ich mich durch die Schule gequält und das Abitur gemacht habe. Das hätte mein ehemaliger Französisch-Lehrer sicherlich nicht erwartet, daß ich irgendwann einmal eine Universität von innen sehe. Am 25. März werde ich aus der Bundeswehr entlassen, vier Tage später gebe ich zum Abschied für die Mannschaftskameraden in der Kabine eine Runde Weißwürste und Brez'n aus, am 30. März räume ich die Münchner Wohnung und am 31. März immatrikuliere ich mich in Frankfurt. Die Rückkehr in die hessische Heimat ist perfekt.

Dragoslav Stepanovic erlebe ich jedoch nicht mehr als Trainer. Er wird entlassen, genau wie Jusufi vier Wochen nach meiner Flucht aus München …

3. Kapitel

Der erste Bundesliga-Vertrag

Meine Leistungen beim FSV in der Saison 1987/88 Oberliga-Hessen sind durchwachsen. Auf sehr gute Leistungen folgen weniger befriedigende. Aber ich spiele. Und das ist das Wichtigste nach zwei demütigenden, beinahe traumzerstörenden Jahren. Das Frankfurter Hallenturnier macht Riesenspaß und ist der sportliche Jahreshöhepunkt. Wir belegen Platz 3, schlagen Erstligist Eintracht Frankfurt und begeistern die 6000 Zuschauer.

Eine Zeitung schreibt: »... ließen den FSV triumphieren, der mit Torwart Jürgen Rollmann und Ex-Nationalspieler Borchers zwei der besten Spieler des gesamten Turnieres in seinen Reihen wußte.«

Die Hallenturnier-Euphorie kann ich in die Rückrunde hinüberretten. Ein Innenbandanriß beschert mir zwar eine vierwöchige Pause, doch im ersten Punktspiel nach der Genesung halte ich gegen Wiesbaden gleich einen Elfmeter. Am 17. April 1988 mache ich in der Stadion-Gaststätte mit dem FSV-Vizepräsidenten Thorhauer für die Saison 1988/89 alles klar.

Am 2. Mai klingelt das Telefon. Spielervermittler Willi Konrad erzählt irgend etwas von einem Probetraining bei Werder Bremen. Höre ich richtig, ein Probetraining beim Deutschen Meister? Tatsächlich, es ist kein Scherz. Dieter Burdenski beendet seine Laufbahn. Otto Rehhagel sucht einen zweiten Torhüter hinter Oliver Reck, der 1987/88 eine tolle Saison gespielt hat und als U21-Auswahl-Torwart sogar zum Kreis der A-Nationalmannschaft gehört. Am 9. und 10. Mai fahre ich nach Bremen. Große Hoffnungen habe ich nach den bisherigen Probetraining-Erfahrungen bei Nürnberg, Oberhausen und Köln nicht. Nach zwei Trainings-Einheiten, einer ärztlichen Untersuchung und einer längeren Unterhaltung mit Otto Rehhagel kehre ich gespannt und voller Ungewißheit zurück in die hessische Heimat. Werder will mir in den nächsten Tagen Bescheid geben.

Das letzte Punktspiel der Oberliga-Saison verlieren wir zuhause blamabel mit 3:5 gegen Erbach. Einen Tag später geht es mit dem FSV zur Abschlußfahrt nach Mallorca. Zwischen Strand, Billardtisch und Kneipe teilt mir am 19. Mai Willi Konrad telefonisch mit, es sei zu 90 Prozent klar, daß ich einen Vertrag bei Werder bekomme. Ich mag es kaum glauben und trinke auf den Schreck erst einmal ein Bier.

Am 30. Mai bestellt mich Konrad zu sich nach Hause nach Hainstadt, um mit mir über die finanziellen Konditionen zu sprechen. Dazu hat ihn Werder Bremen bevollmächtigt. Ich schäme mich fast, über Grundgehalt und Prämien zu diskutieren. »Wir fliegen morgen nach Bremen und machen das Ding klar«, meint Konrad nach knapp einer Stunde. Ich habe immer noch meine Zweifel, als ich Hainstadt verlasse.

Am nächsten Morgen werde ich am Frankfurter Flughafen fast verrückt. Wo ist Konrad bloß? War doch alles nur ein verspäteter Aprilscherz? Ich rufe bei ihm an. Nichts. Erst 15 Minuten vor dem Abflug kommt er seelenruhig angeschlendert: »Ganz ruhig Junge, wir haben noch viel Zeit.«

Tagebucheintrag vom 31. Mai 1988:

»Zusammen mit Willi Konrad ging es mit dem Flieger nach Bremen, wo uns der große Otto Rehhagel persönlich abholte und zur Geschäftsstelle kutschierte. Dort sprachen wir mit Willi Lemke die Konditionen ab, was alles für mich wie im Traum verlief. Große Verhandlungen waren ja nicht nötig, weil mein Spielraum doch sehr klein war. Das war in diesem Moment aber völlig egal. Nach der Unterschrift unter einen Zweijahres-Vertrag und dem Mitteilungsanruf bei FSV-Präsident Heinz Ludwig, fahren Lemke, Rehhagel, Konrad und meine Wenigkeit in eine Pizzeria zum Mittagessen, an dessen Rand ich gleich der Presse (anwesend waren Heinz Fricke vom Weser-Kurier und einige Fotografen) vorgestellt wurde. Danach ging es für mich alleine zurück zum Flughafen, wohin mich erneut Otto Rehhagel brachte, der mir während der Fahrt noch einige Tips und Ratschläge erteilte. Als ich dann wieder im Flieger saß, fühlte ich mich, als wenn ich gerade eine packende Kinovorstellung erlebt hätte – phantastisch.«

Am nächsten Tag klingelt den ganzen Morgen das Telefon. Freunde, Bekannte, Presse. Alle hatten die Meldung in den Tageszeitungen vernommen, daß ich bei Werder Bremen einen Zweijahres-Vertrag unterschrieben habe.

Dem *Hessischen Rundfunk* ist das sogar ein Live-Interview wert. Die *Bild-Zeitung* schreibt: »*FSV-Torwart Rollmann fliegt zu Meister Werder.*«

Mir kommt der ganze Rummel unwirklich vor. Einerseits könnte ich Luftsprünge vor Glück machen, andererseits wehrt sich irgend etwas in mir gegen die freudigen Gefühle. Zumal ich ja nicht davon ausgehen kann, mit dem Werder-Vertrag gleichzeitig auch in einem Bundesliga-Tor zu stehen. Schließlich ist Oliver Reck die klare Nummer 1, mich erwartet die Bank. Dorthin wollte ich mich eigentlich nie wieder setzen. »Sehen Sie zu, daß Sie hier zwei Jahre lernen, dann finden wir schon einen guten Verein für Sie«, hatte mir Otto Rehhagel auf der Fahrt zum Flughafen gesagt. Hört sich vernünftig an.

In den verbleibenden vier Wochen bis zum Trainingsstart gehe ich noch brav zur Uni, obwohl mein Diplomsport-Studium mit dem Werder-Engagement nach dem dritten Semester beendet ist. In Bremen gibt es diesen Studiengang gar nicht, unberücksichtigt der Tatsache, daß ein »richtiges« Sport-Studium neben dem täglichen Training als Lizenzspieler[2] sowieso nicht möglich wäre. Mit meinen Kumpels verfolge ich am Fernseher die ersten Spiele der Europameisterschaft und damit auch Neu-Kollege Uli Borowka, der als einziger Werder-Spieler in der deutschen Nationalmannschaft spielt. Die Partie UdSSR gegen England sehe ich live im Frankfurter Waldstadion und spüre schon ein leichtes Kribbeln bei dieser Atmosphäre. Ob ich das als Spieler auch erleben darf?

Mit Waldläufen, Squash, Tischtennis und Tennis bereite ich mich auf den Trainingsstart vor, um mich fit bei meinem neuen, ersten Arbeitgeber vorzustellen.

Arbeitsvertrag

DFB
Eing.: 7. JUNI 1988

Zwischen dem Verein   Sport-Verein "Werder" v. 1899 e.V., Bremen

gesetzlich vertreten durch   sein Präsidium

im folgenden „Verein" genannt,

und Herrn   Jürgen Rollmann   , geb. am   17.1o.1966

in Gelnhausen   Staatsangehörigkeit   deutsch

(bei Minderjährigen gesetzlich vertreten durch _____)

im folgenden „Spieler" genannt,

wird folgender Vertrag geschlossen:

§ 1 Grundlagen des Arbeitsverhältnisses

Der Verein stellt den Spieler nach den Bestimmungen des Vertrages als Lizenzspieler im Sinne des Lizenzspielerstatuts (LSt) des Deutschen Fußball-Bundes (DFB) an.

Die Satzung und die Ordnungen des DFB sowie der Regional- und Landesverbände, die in ihren jeweiligen Fassungen die allgemein anerkannten Grundsätze des deutschen Fußballsports darstellen, sind auch aufgrund dieses Vertrages maßgebend für die gesamte fußballsportliche Betätigung.

Der Spieler erkennt sie – insbesondere das DFB-Lizenzspielerstatut (LSt), die Spielordnung des DFB (SpO), die Rechts- und Verfahrensordnung des DFB (RuVO), die Benutzungsvorschriften für die Lizenzligen sowie die Durchführungsbestimmungen für die Spiele der Lizenzligen – ausdrücklich als für ihn verbindlich an und unterwirft sich diesen Bestimmungen. Dies gilt auch für Entscheidungen der DFB-Organe und -Beauftragten bzw. der Organe und Beauftragten des Regionalverbandes gegenüber dem Spieler, insbesondere auch, soweit Vereinssanktionen gem. § 43 der DFB-Satzung verhängt werden.

Der Spieler unterwirft sich außerdem der Satzung seines Vereins in der jeweiligen Fassung und insbesondere der Vereinsstrafgewalt seines Vereins, sofern hierfür die gesetzlichen Voraussetzungen vorliegen.

§ 2 Pflichten des Spielers

Der Spieler verpflichtet sich, seine ganze Kraft und seine sportliche Leistungsfähigkeit uneingeschränkt für den Verein einzusetzen, alles zu tun, um sie zu erhalten und zu steigern und alles zu unterlassen, was ihm im allgemeinen und im besonderen vor und bei Veranstaltungen des Vereins abträglich sein könnte. Gemäß diesen Grundsätzen ist der Spieler insbesondere verpflichtet

a) an allen Vereinsspielen und Lehrgängen, am Training, – sei es allgemein vorgesehen oder sei es besonders angeordnet –, an allen Spielerbesprechungen und sonstigen der Spiel- und Wettkampfvorbereitung dienenden Veranstaltungen teilzunehmen. Dies gilt auch, wenn ein Mitwirken als Spieler oder Ersatzspieler nicht in Betracht kommt;

b) sich im Falle einer berufsmäßigen Verletzung oder Erkrankung im Rahmen seiner Tätigkeit als Lizenzspieler bei dem vom Verein benannten Arzt für das berufsgenossenschaftliche Heilverfahren unverzüglich vorzustellen;

c) sich den sportmedizinischen und sportlichentherapeutischen Maßnahmen, die durch vom Verein beauftragte Personen angeordnet werden, umfassend zu unterziehen. Zu diesem Zweck entbindet der Spieler den jeweils behandelnden Arzt gegenüber dem Vorstand von seiner Schweigepflicht;

d) sich an Reisen im In- und Ausland, für die der Verein auch das zu benutzende Verkehrsmittel bestimmt, zu beteiligen;

e) an allen Vereinsspielen und Lehrgängen sowie sonstigen Darstellungen des Vereins oder der Spieler zum Zwecke der Öffentlichkeitsarbeit für den Verein, insbesondere in Fernsehen, Hörfunk und Presse, teilzunehmen bzw. daran mitzuwirken. Bei diesen Veranstaltungen ist die vom Verein gestellte Sportkleidung (Clubanzüge, Reisekleidung, Spielkleidung, Trainings- und Spielschuhe sowie alle sonstigen Bekleidungen und Ausrüstungsgegenstände) entsprechend der jeweiligen Weisung des Vereins zu tragen. Andere Werbung des Spielers an und auf der Kleidung für Firmen, Einrichtungen, Erzeugnisse oder Leistungen sowie jede Werbung für Konkurrenzerzeugnisse der vom Verein bereitgestellten Kleidung ist unzulässig;

Jürgen Rollmanns Musterarbeitsvertrag mit Werder Bremen

f) sich in der Öffentlichkeit und privat so zu verhalten, daß das Ansehen des Vereins, der Verbände und des Fußballsports allgemein nicht beeinträchtigt wird. Äußerungen in der Öffentlichkeit, insbesondere Interviews für Fernsehen, Hörfunk und Presse bedürfen der vorherigen Zustimmung des Vereins.
Äußerungen gegenüber außenstehenden Personen über innere Vereinsangelegenheiten, insbesondere über den Spiel- und Trainingsbetrieb, sind zu unterlassen;

g) sich auf alle sportlichen Veranstaltungen des Vereins gewissenhaft vorzubereiten. Dazu gehört insbesondere, den Anweisungen des Trainers bezüglich der Lebensführung Folge zu leisten;

h) die sportliche Fairneß gegenüber allen am Spiel- oder Trainingbetrieb beteiligten Personen einzuhalten, insbesondere die durch die Schieds- und Linienrichter eines Spieles getroffenen Entscheidungen unwidersprochen hinzunehmen.

§ 3 Persönlichkeitsrechte im Arbeitsverhältnis

Der Spieler überträgt dem Verein die Verwertung seiner Persönlichkeitsrechte, soweit sein Arbeitsverhältnis als Lizenzspieler berührt wird. Dies gilt insbesondere für die vom Verein veranlaßte oder gestattete Verbreitung von Bildnissen des Spielers als Mannschafts- oder Einzelaufnahmen in jeder Abbildungsform, besonders auch hinsichtlich der Verbreitung solcher Bildnisse in Form von Spielszenen und/oder ganzer Spiele der Lizenzligamannschaft durch öffentlich- und/oder privatrechtliche Fernsehanstalten und/oder andere audiovisuelle Medien.

Auch hat der Spieler dem Verein jederzeit seine Autogrammunterschrift im Originalschriftzug, als Faksimile oder in gedruckter Form für Zwecke der Öffentlichkeitsarbeit und/oder zur Wiedergabe auf vom Verein beschafften Souvenir- und Verkaufsartikeln – ggf. auch in Verbindung mit Werbung Dritter – zu leisten bzw. verarbeiten zu lassen.

Die aus diesen Maßnahmen der Öffentlichkeitsarbeit und Werbung erzielten Erlöse stehen ausschließlich dem Verein zu.

Die Ausschöpfung anderer Verdienstmöglichkeiten, z.B. aus Interviews, schriftstellerischen Tätigkeiten und sonstigen Nebentätigkeiten, ist dem Spieler nur nach vorheriger Zustimmung des Vereins gestattet, die nur verweigert werden kann, wenn das Arbeitsverhältnis unmittelbar betroffen wird. Eine einmal gegebene Zustimmung kann jederzeit widerrufen werden.

§ 4 Pflichten des Vereins

Der Verein verpflichtet sich neben der Bezahlung der vereinbarten Vergütungen (§ 5) insbesondere zu folgendem:

a) einen geordneten Spiel- und Trainingsbetrieb unter der Leitung von qualifizierten Fachkräften zu garantieren;

b) Spiel- und Trainingsstätten, Umkleide- und Sanitärräume nach den technischen Richtlinien des DFB bereitzustellen und zu unterhalten;

c) sportmedizinische und sporttherapeutische Betreuung in ausreichendem Maße zur Verfügung zu stellen;

d) Sportkleidung zu stellen;

e) den Spieler für Berufungen im Rahmen von § 12 Ziffer 1 SpO (Länderspiele und Auswahlspiele des DFB und seiner Mitglieds verbände, Vorbereitungslehrgänge und Trainingslager) abzustellen;

f) Lizenzspielerbeisitzer in Rechtsorganen des DFB auf Abruf freizustellen;

g) dem Spieler Beratung in wirtschaftlichen Angelegenheiten zu vermitteln.

§ 5 Vergütungen des Spielers

Der Spieler erhält

1. ein monatliches Grundgehalt von DM 8.000.-- brutto (Achttausend)

2. ~~Gewinnbeteiligung von Vertrag, die Bestandteil dieses Arbeitsvertrages ist~~

Die Bezüge des Spielers sind Bruttobezüge. Für die Abführung von Steuern und Soziallasten gelten die jeweiligen gesetzlichen Bestimmungen.

§ 6 Einsatz, Tätigkeit und Vertragsstrafen

Einsatz und Tätigkeit des Spielers werden nach Art und Umfang vom Vorstand oder der von ihm Beauftragten bestimmt.

Der Spieler hat den Weisungen aller vom Verein dazu eingesetzten Personen – insbesondere des Trainers – vor allem auch hinsichtlich seiner Teilnahme am Spiel, Training, Spielvorbereitungen, Behandlungen sowie aller sonstigen Vereinsveranstaltungen zuverlässig und genau Folge zu leisten.

Bei Verstößen gegen Vertragspflichten ist der Verein – unbeschadet seines Rechts zur Kündigung des Vertrages aus wichtigem Grund – im Rahmen der gesetzlichen Bestimmungen berechtigt, Vertragsstrafen gemäß § 315 BGB gegen den Spieler festzu setzen. Als Vertragsstrafen werden vorgesehen Verweis, Ausschluß von Vereinsveranstaltungen sowie Geldbußen bis zur Höhe von DM 5.000.-- . Schadensersatzansprüche wegen schuldhafter Vertragsverletzung gegen den Spieler sind dadurch nicht ausgeschlossen.

§ 7   Urlaub

Der Spieler hat Anspruch auf einen Jahresurlaub von ...24... Werktagen. Als Werktage gelten alle Kalendertage, die nicht Sonn- oder gesetzliche Feiertage sind.

Der Urlaub ist in einer Spielpause zu nehmen und zum Zwecke der Erholung zu nutzen. Der Zeitpunkt des Urlaubs ist mit dem Verein abzustimmen.

Der Verein ist berechtigt, auch einen außerhalb einer Spielpause liegenden Zeitpunkt festzusetzen, wenn dringende Belange des Vereins dies erforderlich machen.

Die Vergütungsfortzahlung während des Urlaubs bemißt sich nach dem durchschnittlichen Arbeitsverdienst, den der Spieler in den letzten 13 Wochen vor Beginn des Urlaubs erhalten hat. In den Berechnungszeitraum fallende Leistungen des Vereins aus der Vereinbarung über eine Gewinnbeteiligungsantieme bleiben bei der Bemessung der Höhe des Urlaubsentgeltes unberücksichtigt.

Ein darüberhinausgehender Anspruch auf Urlaubsgeld besteht nicht.

§ 8   Krankheit

Der Spieler versichert sich auf seine Kosten gegen Krankheit.

Er erhält vom Verein einen Zuschuß zum Krankenversicherungsbeitrag nach den gesetzlichen Bestimmungen.

Der Spieler hat jeden Fall der Arbeitsunfähigkeit unverzüglich dem Verein mitzuteilen und binnen drei Tagen eine ärztliche Bescheinigung vorzulegen.

Verletzt sich der Spieler oder erkrankt er anderweitig, so hat er Anspruch auf Fortzahlung seiner Vergütung nach den gesetzlichen Bestimmungen (§ 616 BGB). Nach Ablauf der gesetzlich vorgeschriebenen Frist von sechs Wochen entfallen für die weitere Dauer der Erkrankung die Ansprüche auf die vereinbarten Vergütungen.

Wird der Spieler ausnahmsweise und aus wichtigem Grund (z. B. wegen auswärtiger Erkrankung oder Verletzung) nicht vom Vereinsarzt selbst behandelt, so gestattet er dem Vereinsarzt, die diesem notwendig erscheinende Untersuchung, die Einholung von Auskünften bei dem behandelnden Arzt und sonstige dem vom Verein beauftragten Arzt zweckmäßig erscheinende Rückfragen oder Maßnahmen.

§ 9   Dauernde Spielunfähigkeit

Der Verein versichert den Spieler für den Todesfall und den Fall der dauernden vollständigen Spielunfähigkeit durch Unfall oder Krankheit mit DM 100.000,–. Bezugsberechtigte sind der versicherte Spieler bzw. seine Erben. Der Abschluß eines Gruppenvertrages ist zulässig. Der Verein trägt die Hälfte der Prämie.

Der Verein ist darüber hinaus berechtigt, auf seine Kosten den Spieler für den Todesfall oder für den Fall der dauernden vollständigen Spielunfähigkeit durch Unfall oder Krankheit höher zu versichern. Soweit hieraus Ansprüche entstehen, tritt sie der Spieler an den Verein ab.

§ 10   Vertragsbeginn und -ende

Dieser Vertrag wird am ...1. Juli 1988... wirksam. Bedingungen für die Wirksamkeit sind:

1.   Die Aufnahme des Spielers in die Transferliste des DFB, sofern dies nach § 27 LSt erforderlich ist;

2.   daß dem Spieler die DFB-Lizenz als Lizenzspieler und die Spielerlaubnis für den Verein und – soweit notwendig – die erforderlichen Arbeits- und Aufenthaltsgenehmigungen erteilt worden sind und keine anderweitigen rechtlichen Bindungen als Spieler an einen anderen Lizenzverein bestehen. Die entsprechenden Voraussetzungen dafür hat der Spieler zu schaffen.

3.   Nachweis der gesundheitlichen Eignung des Spielers als Lizenzspieler bei Vertragsbeginn nach den Bestimmungen des DFB (§ 12 c LSt).

Der Vertrag endet am ...30. Juni 1990... . Er verlängert sich jeweils um ...1 Jahr..., wenn er nicht von einer derbeiden Parteien spätestens bis zu dem der Vertragsbeendigung vorausgehenden 30.04. durch eingeschriebenen Brief gekündigt wird.

~~Oder: (Nichtzutreffendes streichen)~~

Der Vertrag endet am .... Der Spieler verpflichtet sich, den Vertrag unter den seitherigen Bedingungen um .... ~~Jahr(e) fortzusetzen, falls der Verein~~ es wünscht.

Der Verein verpflichtet sich, den Vertrag für weitere .... ~~Jahr(e) zu den seitherigen~~ Bedingungen fortzusetzen, falls der Spieler es wünscht.

Verein und Spieler müssen bis zu dem der Vertragsbeendigung vorausgehenden 30.04. erklärt haben, ob sie ~~von der~~ Option Gebrauch machen wollen. Unterbleiben beide Erklärungen, so endet der Vertrag am

Dieser Vertrag endet vorzeitig, wenn eine Partei das Vertragsverhältnis aus wichtigem Grund kündigt (§ 626 BGB).

Insbesondere ist der Verein berechtigt, das Vertragsverhältnis aus wichtigem Grund zu kündigen, wenn die Lizenz des Spielers erlischt, entzogen, zurückgegeben oder versagt wird.

Dies gilt auch für die Fälle des Erlöschens und Entzuges der Lizenz des Vereins oder des Verzichts auf sie, ihre Nichterteilung sowie im Falle des Abstiegs aus der 2. Bundesliga und die Versetzung des Vereins in eine Amateurspielklasse.

Der Vertrag besitzt nur für die _____erste_____ Bundesliga Gültigkeit.

Steigt der Verein während der Laufzeit dieses Vertrages

a) aus der Bundesliga in die 2. Bundesliga ab

oder

b) steigt er aus der 2. Bundesliga in die Bundesliga auf,

so können die Vertragsparteien bis zum 30. 06. des jeweiligen Spieljahres die Vergütungen des Spielers unter Berücksichtigung der dann gegebenen Möglichkeiten des Vereins neu vereinbaren.

Führen die Verhandlungen zu keinem Ergebnis, so endet der Vertrag mit dem Ende der Zugehörigkeit des Vereins zur bisherigen Spielklasse, es sei denn

im Falle a) optiere der Verein

im Falle b) optiere der Spieler

auf Fortsetzung des Vertrages zu den bisherigen Bedingungen bis zum vorgesehenen Vertragsende.

§ 11 Transferbestimmungen

Bei einem Transfer des Spielers gelten die Bestimmungen der DFB-Satzung, der DFB-Ordnungen – insbesondere des DFB-Lizenz-spielerstatuts – in der jeweils gültigen Fassung.

Für einen Transfer zu einem ausländischen Verein gelten zusätzlich die jeweils gültigen Bestimmungen der UEFA bzw. der FIFA.

Vereinbarungen über Transferentschädigungszahlungen zwischen Verein und Spieler sind unzulässig. (Sie können nur von Vereinen getroffen werden.)

Werden diese Bestimmungen nach Abschluß dieses Vertrages dahingehend geändert, daß die bisherige Transferentschädigungs-regelung (§ 29 ff LSt) teilweise oder ganz entfällt, so verpflichtet sich der Spieler, den Vertrag unter den seitherigen Bedingungen um ein Jahr fortzusetzen, falls der Verein es wünscht. Unter den gleichen Umständen verpflichtet sich der Verein, den Vertrag mit dem Spieler um ein Jahr zu den bisherigen Bedingungen fortzusetzen, falls es der Spieler wünscht. Verein und Spieler müssen in diesem Fall bis zu dem der Vertragsbeendigung vorausgehenden 30. 04. erklärt haben, ob sie von dieser Option Gebrauch machen wollen. Unterbleibt die Erklärung, so endet der Vertrag entsprechend der in § 10 getroffenen Vereinbarungen.

§ 12 Sonstige Vereinbarungen

§ 13 Schlußbestimmungen

Die Unwirksamkeit einzelner Vertragsbestimmungen hat auf die Wirksamkeit des Vertrages keinen Einfluß. Der Verein ist berechtigt, unklare Vertragsbestimmungen gemäß § 315 BGB verbindlich auszulegen und Lücken des Vertrages zu ergänzen, und zwar auch dann, wenn die Lücke infolge Nichtigkeit einer Vertragsbestimmung entsteht. Dies gilt insbesondere auch dann, wenn durch die Mitbestimmungsbefugnisse eventueller Betriebsvertretungen eine Neufassung der Bestimmungen in diesem Vertrag über Betriebs-ordnung und Verhalten, Arbeitszeit, Urlaubsplan usw. erforderlich wird.

Änderungen, Ergänzungen oder Aufhebungen dieses Vertrages werden erst mit ihrer schriftlichen Festlegung wirksam. Mündliche Nebenabreden haben keine Gültigkeit. Abweichungen hiervon können nur schriftlich getroffen werden.

Erfüllungsort und ausschließlicher Gerichtsstand für alle mit dem Vertrag zusammenhängenden Ansprüche ist für beide Teile der Sitz des Vereins.

Bremen, den 31.5.1988
_____
Ort und Datum

Jürgen Röllmann
_____
Spieler

_____
Verein

_____
Bei Minderjährigen Unterschrift der gesetzlichen Vertreter

STATEMENT
Jens Todt, Fußball-Profi seit 1991, Werder Bremen

»Bis auf einige Spiele in der Kreisauswahl habe ich mit Auswahlmann-schaften in meiner Jugendzeit gar nichts zu tun gehabt. Ich war ziemlich schmächtig, ein richtiger Spätentwickler, und hatte wohl auch deshalb nie Flausen von einer großen Profi-Karriere im Kopf. Hannover 96 oder Werder Bremen, die großen Vereine in der Nähe meines Heimatvereins ASC Nienburg, sind gar nicht erst aufmerksam geworden auf mich. Trai-ner Volker Finke, er war mein Lehrer auf dem Gymnasium, hat mich dann vom ASC zum von ihm betreuten TSV Havelse in die Oberliga-Nord geholt. Und nach der Meisterschaft ein Jahr später waren wir auf einmal in der Zweiten Liga! Ich kann mich noch genau erinnern: Finke führte die Vertragsverhandlungen und gab zu verstehen, daß der Verein drei Gehaltskategorien hat: Mitläufer, Durchschnitt, Leistungsträger. Mich zählte er zu den Leistungsträgern, der dementsprechend gut verdienen sollte. Nämlich 4500,- Mark im Monat! Zu verhandeln gab es nicht mehr viel, da war er knallhart. Für einige sprang vielleicht neben dem Gehalt noch ein Opel-Corsa raus. Das war es aber. Ein Rechtsanwalt, mit dem ich zuvor beim ASC Nienburg gespielt hatte, war bei den Verhandlungen dabei und überprüfte den Musterarbeitsvertrag des DFB, der für mich aber ziemlich uninteressant war. Was zählte, waren die Zahlen, und 4500 Mark waren für mich ein Schweinegeld. Ich war 20 Jahre alt und hatte gerade das Abitur gemacht. An die Erste Liga dachte ich in diesem Moment überhaupt nicht, die war ganz weit weg. Ich habe mich einfach nur riesig gefreut. Leider sind wir dann mit dem TSV Havelse sang- und klanglos abgestiegen. Finke war schon während der Saison gegangen und holte mich nach dem Abstieg zum SC Freiburg.«

4. Kapitel

Fast wie im Schlaraffenland …

Kurz nach meiner Unterschrift bei Werder meldet sich Dieter Burdenski. Er bietet mir im Namen der Sportartikel-Firma Uhlsport einen Handschuhvertrag an. Das Besondere daran: Ich soll nicht nur die Handschuhe umsonst bekommen, sondern für das Tragen derselben noch einen Geldbetrag! Es ist noch nicht lange her, da habe ich mir die Handschuhe selbst gekauft oder war froh, wenn ich als Jugendtorwart bei Kickers Offenbach von den Profi-Torhütern mal ein Paar abbekommen habe. Und jetzt das! Burdenski schickt mir einen Vertrag zu.

Am 24. Juni fahre ich zu Uhlsport nach Balingen. Unterschreibe den Namenslizenz-Vertrag, bekomme das Werk gezeigt und das Auto mit Handschuhen, Trainingsanzügen, Trikots und T-Shirts vollgeladen. Beim Einladen muß ich meine Freude richtig zurückhalten. Mir wird immer mehr bewußt, was diese Unterschrift bei Werder Bremen auch finanziell bedeutet. 10 000 Mark soll ich als zweiter Torwart für das Tragen von Uhlsport-Handschuhen bekommen, bis zu 25 000 Mark könnte ich als Nummer 1 kassieren! Und die will ich werden …

Mit dem vollbepackten Wagen fahre ich nach München, besuche Bekannte, treffe den ehemaligen 1860-Mannschaftskamerad Kurt Pinkall, der Geburtstag feiert, und besuche das Europameisterschafts-Endspiel Holland – UdSSR. Auf dem Schwarzmarkt kaufe ich mir fünf Minuten vor Anpfiff für 150 Mark ein Ticket. Ohne den neuen Uhlsport-Vertrag hätte ich mir die bis dahin teuerste Fußball-Karte in meinem Leben ganz sicher nicht geleistet …

Am 27. Juni räume ich meine Frankfurter Junggesellen-Bude. Einen großen Besitzstand gibt es nicht, die Wohnung war möbliert. Klamotten, Stereoanlage, Geschirr; es paßt alles in meinen Golf-Diesel, mit dem ich tags darauf nach Bremen starte. Werder-Amateur-Manager Rolf Behrens nimmt mich in Empfang, zeigt mir das Hotel, in dem ich bis zur Findung einer Wohnung auf Vereinskosten untergebracht werde.

N A M E N S L I Z E N Z V E R T R A G

zwischen   Herrn
                            Jürgen Rollmann
                            Hardeckerstr. 15

                            6470 Büdingen

                                    nachstehend Herr Rollmann
                                    genannt

und   Sportartikelfabrik
                            Karl Uhl GmbH
                            Grünewaldstr. 1

                            7460 Balingen 1

                                    nachstehend Uhl genannt

Das Tragen von Torwarthandschuhen wird »vergoldet« ...

4. KAPITEL

§ 1 Lizenzgegenstand, Lizenzerzeugnisse, Abbildungen, Lizenzandienung

Herr Rollmann verpflichtet sich, bei seinen Fußballspielen mit dem SV Werder Bremen und auch sonst bei sportlichem Auftreten in der Öffentlichkeit, insbesondere im Fernsehen, nur die ihm von Uhl gelieferten Torwarthandschuhe zu tragen.

Herr Rollmann gewährt Uhl das Recht, seinen Vor- und Zunamen (einschließlich davon abweichender Rufnamen) beim Vertrieb von Torwarthandschuhen (Lizenzerzeugnisse) zu benutzen (Lizenzgegenstand).

Die Nutzung kann durch Beschriftung der Lizenzerzeugnisse und/oder deren Verpackung erfolgen. Sie ist ferner auf/oder in Verbindung mit allen, von Uhl benutzten Werbemitteln zulässig, soweit sie sich auf die Lizenzerzeugnisse beziehen.

Uhl darf den Namen von Herrn Rollmann in Werbesprüchen (Slogans), die sich auf die Lizenzerzeugnisse beziehen, verwenden.

Uhl ist berechtigt, Abbildungen von Herrn Rollmann für ihre Werbemittel für die Lizenzerzeugnisse zu benutzen.

§ 5 Lizenzgebühr, Entstehung des Anspruchs, besondere Aufzeichnungen

Für die von Herrn Rollmann nach diesem Vertrage zu erbringenden Leistungen zahlt Uhl an Herrn Rollmann eine Garantielizenz (für das Tragen unserer Torwarthandschuhe) von DM 25.000,-- pro Saison, wenn er erster Torwart eines Vereines der 1. Fußballbundesliga sein sollte. Als erster Torwart muß Herr Rollmann mindestens 20 Einsätze im Tor gestanden haben, um die volle Garantielizenz in Höhe von DM 25.000,-- zu erhalten.

Falls Herr Rollmann zweiter Torwart eines Vereines der 1.Fußballbundesliga sein sollte, verringert sich die Garantielizenz auf DM 10.000,-- pro Saison.

Wenn Herr Rollmann in internationalen Spielen (z.B. UEFA-Pokal, Pokal der Landesmeister usw.) als erster Torwart eingesetzt wird, erhält er zusätzlich pro Spiel 1.000,--DM.

Bei einem Wechsel in die 2.Fußballbundesliga verringert sich die Garantielizenz jeweils auf 50 %.

Wenn Herr Rollmann bei den normalen Punktspielen des SV Werder Bremen mindestens 5 Spiele pro Saison als erster Torwart eingesetzt wurde, erhält er nochmals zusätzlich DM 5.000,--.

1. Juli, Trainingsauftakt. Laufen im Bürgerpark. Das Tempo ist moderat, ich hatte mich auf Schlimmeres eingestellt. »Für einen Torwart läuft er ganz gut«, flachst Otto Rehhagel zu Co-Trainer Karl-Heinz Kamp.

Die erste Ernüchterung kommt beim Nachmittagstraining. Es ist brütend heiß, die neuen Handschuhe haften nicht optimal an den Trainingsbällen, schon beim Aufwärmen bekomme ich Nasenbluten. Das Trainingsspiel verliert meine Mannschaft mit 1:9! Manfred Burgsmüller läßt mich mit seinen Schlenzern mehr als einmal schlecht aussehen. Erst der Polterabend bei Oliver Reck läßt den ersten Tag als Profi einigermaßen versöhnlich ausklingen.

Am nächsten Tag das erste Freundschaftsspiel in Eisbergen. Die Fans stürmen fast den Bus, empfangen den Deutschen Meister mit Transparenten und Sprechchören. Mich kennt zwar niemand, aber auf jede Fahne, jeden Bierfilz und jeden Fetzen Papier soll und muß auch ich unterschreiben. In der zweiten Halbzeit löse ich Oliver Reck ab. Es ist ein ein ganz besonderes Gefühl, zum erstenmal mit den Spielern auf dem Platz zu stehen, die ich bislang weitgehend nur aus dem Fernsehen kenne. Wir gewinnen 8:0. Ich habe vielleicht fünf Ballkontakte, davon ein Schüßchen, das selbst den Zeugwart vor keine größeren Probleme gestellt hätte. Immerhin zu Null. Das macht sich für den Anfang ganz gut.

Die Trainingsalltag ist bei normalem Bundesliga-Spielrhythmus immer gleich. **Samstag:** Spiel. **Sonntag:** 1x, 10 Uhr: Spielbesprechung von Otto Rehhagel, leichtes Training und Pflege für die Stammspieler, härteres Training für den Rest. **Montag:** 1x, 10 Uhr: Lauftraining im Bremer Bürgerpark, dreimal 1,6 Kilometer in unterschiedlichem Tempo. **Dienstag:** 2x ,10 Uhr und 15.30 Uhr: wir Keeper haben mit Co-Trainer Karl-Heinz Kamp Torwarttraining, die Feldspieler machen Laufspiele mit Ball. **Mittwoch:** frei. **Donnerstag:** 2x, 10 Uhr und 15.30 Uhr: am Vormittag Kleinfeldspiel, am Nachmittag Schußtraining, Sprintübungen und Kleinfeldspiel. **Freitag:** 1x, 10 Uhr: Abschlußspiel und Abfahrt zum Auswärtsspiel oder am Abend Treff im Park-Hotel, dem sogenannten Trainingslager.

Im Training zahle ich anfänglich gegen Riedle, Neubarth, Ordenewitz, Meier oder Kutzop weiter Lehrgeld. Doch die nächsten Freundschaftsspiel-Einsätze verlaufen durchweg positiv. Gegen den 1. FC Nürnberg (1:1) halte ich beim traditionellen Fuji-Cup einen Elfmeter von Dieter Eckstein. Das Abschiedsspiel von Dieter Burdenski zwischen den Werder-Profis und einer internationalen Auswahl wird zu meiner Premiere im Weserstadion. Als Dieter den Platz verläßt, nehme ich ab der 60. Minute seinen Platz ein und werde vom Stadionsprecher vorgestellt. Immerhin bin ich der einzige Neuzugang bei Werder in dieser Saison. In Tirol darf ich die 2. Halbzeit spielen und halte einige gefährliche Schüsse von Hansi Müller; Endstand 2:0 für uns.

Der Höhepunkt ist ein Spiel gegen Atletico Madrid in Spaniens Hauptstadt. Vor 35 000 Zuschauern darf ich über 90 Minuten spielen. Kurz vor Spielbeginn werde ich bald ohnmächtig vor Aufregung und ob der schwülheißen Witterung. Dann aber halte ich gegen Paulo Futre und Co. im Stadion Vicente Calderon sensationell und kann wesentlich dazu beitragen, daß wir 1:0 gewinnen und mit einem riesengroßen Pokal nach Bremen zurückkehren.

Gewinnen kann ich vor allem Respekt bei den Kollegen, dem Trainer, der Presse und für den Neuling inmitten von Nationalspielern und erfahrenen Bundesliga-Spielern ganz wichtig: Selbstvertrauen.

Pflichtspiel-Einsätze lassen dagegen auf sich warten. Oliver Reck hält gut. Sauer bin ich darüber nicht, denn diese Ausgangsposition war abgesprochen und abzusehen. Ich bin schon froh, daß ich gegen hochkarätige Freundschaftsspiel-Gegner spielen durfte und meine ersten Prüfungen bestanden habe. Auch körperlich halte ich mit. Die vielen Trainingseinheiten zu den für mich bisher ungewohnten Tageszeiten fallen zwar mitunter schwer, aber naja, das gehört wohl oder übel dazu, auch am Sonntagmorgen zu arbeiten, selbst wenn der Samstagabend etwas länger geworden ist …

Das Warten auf das langersehnte erste Bundesliga-Spiel, den Tag X, empfinde ich nicht als Warten. Ich habe vollauf mit der Verarbeitung der vielen neuen Eindrücke und Erfahrungen, den Reisen, Trainingslagern, den neuen Kollegen zu tun. Vor allem mit Michael Kutzop und Manfred Burgsmüller habe ich viel Spaß. Die beiden tragen sündteure Seiden-Tangas und amüsieren sich jedesmal aufs neue, wenn beim Umziehen meine Schiesser-Feinripp-Unterhose zum Vorschein kommt.

Verarbeiten muß ich auch die Spielbesprechungen von Otto Rehhagel. Die dauern am Spieltag immer exakt 30 Minuten. Hochkomplizierte taktische Vorgänge, so hatte ich mir vorgestellt, würden vor einem Bundesliga-Spiel besprochen. Statt dessen bekomme ich mehr als einmal einen Lachanfall, wenn Rehhagel in schöner Regelmäßigkeit wild gestikulierend beschreibt, daß wir wie die Musiker eines philharmonischen Orchesters auf den Platz gehen sollten, mit dem Geigenkasten in der Hand. Und wenn sich der Gegner dann sicher fühle, »holen wir aus dem Geigenkasten die Maschinenpistole und rattattattattattattatta. Wie in Chicago 1930!«

Die ersten Runden im Europapokal der Landesmeister gegen Dynamo Ost-Berlin und Celtic Glasgow sind auch als Nichtspieler äußerst interessant. In Ost-Berlin sind wir im piekfeinen Grand Hotel untergebracht. Ohnmacht draußen bei den vielen DDR-Fans, die die Nobel-Herberge nicht betreten dürfen und deshalb in der Hoffnung belagern, Autogramme oder andere Souvenirs zu ergattern, drinnen Luxus pur. Personen des Staatssicherheitsdienstes verfolgen die Werder-Delegation auf Schritt und Tritt. Ein merkwürdiges Schauspiel. Die Sympathien sind klar verteilt. Gegen den als Stasi-Klub verschrieenen BFC Dynamo wünschen sich die DDR-Fans, oder zumindest die, die wir zu Gesicht bekommen, einen klaren Werder-Sieg.

Doch es kommt ganz, ganz anders: Das Spiel geht für Bremen mit 0:3 verloren.

Als wir mit dem Werder-Bus die Grenze passieren, sehen wir den provozierenden Mittelfinger eines Grenzers ...

Zwei Wochen später erlebt das Weserstadion eine perfekte Revanche. Kutzop, Burgsmüller, Riedle, Hermann und Schaaf schießen Werder zum 5:0-Triumph im Rückspiel, der das Weiterkommen bedeutet und mich auch auf der Bank begeistert. Genauso die Spiele und das abermalige Weiterkommen gegen Glasgow (1:0, 0:0).

Für mich ist in dieser Zeit alles spannend. Sogar das Freundschaftsspiel im ostfriesischen Leer. Fast 6 000 Zuschauer auf einem relativ kleinen Sportplatz, Karl Dall als Einstimmer, Autogramme bis zum Abwinken.

Total überraschend ist für mich die plötzliche Popularität. Wieviel Leute mich auf der Straße, beim Postamt, im Supermarkt ansprechen mit der Bemerkung: »Sind Sie nicht der neue Werder-Torhüter?« Obwohl mein Gesicht im Gegensatz zu den berühmten Kollegen ganz neu und jungfräulich ist, was große sportliche Erfolge betrifft, komme ich mir ständig beobachtet vor. Überraschend auch die veränderte Verhaltensweise von einigen Personen, die ich bei meinem ersten Wochenend-Heimatbesuch nach dem Bremen-Wechsel bemerke. Am Abend besuche ich ein Volksfest. Vor dem vollbesetzten Festzelt wollen auf einmal zwei Jungs ein Autogramm von

mir und halten mir ein weißes Blatt Papier vor die Nase. Mir ist das so peinlich, daß ich mit den Buben hinter das Zelt gehe, damit diese Aktion niemand mitbekommt. Ein wildfremdes Mädchen erklärt mir zu vorgerückter
Stunde, daß man es mir anmerken würde, daß ich Bundesliga-Spieler sei.
Über die Bemerkung kann ich herzlich lachen, finde sie aber so bemerkens-
wert, daß ich mir diesen Satz in mein Tagebuch schreibe.

Hart ist der Einstand. Eine traditionelle Veranstaltung der Werder-Mannschaft, auf die ich in den ersten Wochen der Vorbereitung mehrfach aufmerksam gemacht werde, ohne zu wissen, was mich tatsächlich erwartet. Sicher
ist nur: Die neuen Spieler müssen die »Alten« zum Essen einladen und viel,
viel trinken. Am 15. August ist alles gerichtet bei einem Italiener im Bremer Steintorviertel. Kapitän Mirko Votava hat alles organisiert. Im Restaurant ist nur die Werder-Mannschaft. Keine neugierigen Gaffer stören die
Orgie.

Denn mit einfachem Essen und Trinken ist es lange nicht getan. Jeder
neue Spieler muß mit jedem Alten einen Schnaps trinken und eine Rede
halten. Thema: wie war es beim ersten Mal …

Michael Kutzop schenkt ein, überwacht genau meine weitere Flüssigkeits-
aufnahme, ich trinke fleißig und quäle mich. Denn Schnaps, egal wie süß
oder in welcher Variation, trinke ich sonst nie. Andererseits will ich nicht als
Feigling dastehen. Immer wieder prostet ein Spieler zu, erbarmungslos
füllt »Kutzi« nach, jeder Nipper wird mit Gegröle begleitet. Bei fast 20
Schnäpsen ist das schon eine harte Aufgabe. Ungefähr der halben Mannschaft habe ich schon zugeprostet, als ich meine Rede halte. In dem
Zustand ist die Hemmschwelle ziemlich weit unten, die Sätze fallen leicht,
in der Erinnerung wird das Ereignis immer schöner, die Jungs haben ihren
Spaß, »Kutzi« schenkt fleißig ein, und seitdem weiß ich, wie Rammazotti
schmeckt.

Vegard Skogheim, ein Stürmer aus Norwegen, der einige Tage nach dem
offiziellen Saisonstart von Werder verpflichtet wurde, beklagt relativ früh
am Abend den Total-Ausfall seiner Artikulationsfähigkeit und bekommt
sein Gegessenes in anderer Form zu sehen.

Ich halte länger durch, auch mein Magen läßt mich nicht im Stich. Den
Großteil der Kollegen begleite auch ich noch auf einen Absacker in eine
Discothek, aber als dort mehrere Versuche, ein Bier zu bestellen, scheitern,
weil mich die Bedienung nicht versteht, ist der Zeitpunkt der Heimfahrt

erreicht. Die Dummheit, diese noch mit meinem Golf-Diesel erledigt zu haben, wird mir erst am nächsten Tag bewußt ...

Der Sieg beim Bremer Hallenturnier rundet ein Halbjahr ab, das selbst ohne Bundesliga-Spiel noch schöner war als die Träume von Leningrad ...

Früher habe ich um Autogramme gebeten, jetzt kommen die Briefe zu mir. Zwar nicht so viele wie für die Stamm- und Nationalspieler, aber immerhin. Während sich die Post langsam zu einem kleinen Stapel anhäuft, warte ich voller Ungeduld auf meine ersten, richtigen Autogrammkarten. Als diese endlich aus der Druckerei angeliefert werden, beantworte ich sorgfältig jeden Brief und erinnere mich nur zu gut an die freudige Stimmung, in die mich einst prall gefüllte Rückumschläge versetzt haben. Über die Praxis einiger Kollegen bin ich entsetzt. Ungeöffnet lassen sie die DDR-Post, die in der Regel ohne frankierten Rückumschlag ankommt, bündelweise in den Abfalleimer wandern!

Sonst kommt mir Bremen wie das Schlaraffenland für Fußballspieler vor. Fast zu jedem Laden, Kaufhaus oder Restaurant in der Stadt gibt es eine Bezie-

Die erste Autogrammkarte – und Jürgen Rollmann macht sich ganz lang ...

hung, die sich in Rabatten oder Einladungen niederschlägt. In einem Video-Geschäft dürfen die Werder-Profis Kassetten und CD's ausleihen – umsonst. Auto waschen? Kein Problem – 500 Meter von besagtem Videogeschäft entfernt steht eine Waschstraße mit verschiedenen Programmen. Von der einfachen Wäsche bis zur teuren Unterbodenpflege – alles umsonst. Eine Brauerei liefert Malzbier und richtigen Gerstensaft. Pro Mann und Monat eine bestimmte Ration – natürlich umsonst, und: Das Leergut darf man behalten, es in bares Geld umtauschen. Um die Peinlichkeit zu vermeiden, mit vollen Bierkisten an den wartenden Autogrammjägern, Medienvertretern oder Kartenkäufern nach dem Training vorbeizulatschen, wird schon mal der Zeugwart überredet, unauffällig zu verladen – am besten während des Trainings.

Weiterer willkommener Nebeneffekt: In Bremen habe ich Verwandtschaft. Zwei Onkels und vier Tanten mütterlicherseits. Tante Antonia, fast 75 Jahre alt, wohnt nur einen Steinwurf vom Weserstadion entfernt und kümmert sich um mich, als wenn ich ihr eigener Sohn wäre. Essen, Wäsche – alles kein Problem für sie. Ich fühle mich fast wie zuhause. So läßt sich das Junggesellenleben aushalten.

Nach der ersten Eingewöhnungszeit stellt sich viel Besuch in meiner Zwei-Zimmer-Wohnung ein, die ich mittlerweile für knapp 500 Mark warm monatlich im Stadtteil Sebaldsbrück bewohne. Freunde, ehemalige Mannschafts- und Unikameraden. Sie sind alle beeindruckt von Bremen und den familiären Rahmenbedingungen, die der Deutsche Meister zu bieten hat. Am meisten beeindruckt sie aber die Möglichkeit, über Werder umsonst an volle Bierkästen zu kommen …

Ein Hammer ist für mich der Vertrag mit Panini[3]. Diese Firma stellt die Klebebildchen her, auf denen die Köpfe der Bundesliga-Spieler abgebildet sind, die ich früher so heiß gesammelt habe. Dafür, daß nun mein Brustbild im Album erscheint, zahlt Panini pro Saison 2 000 Mark! Plus Prämien, wenn Werder im Europacup ins Halbfinale kommt. Damit ist fast ein halbes Jahr Miete mal eben so nebenbei bezahlt.

5. Kapitel

Frust und Lust

Den spannenden Anfangsmonaten folgt der Frust. Nach über drei Jahren habe ich ganze zwei Bundesligaspiele aufzuweisen, die zudem mit einem 2:4 in Köln und einem 1:2 in Karlsruhe unglücklich verlaufen sind, sowie zwei ordentliche Europacup-Einsätze gegen Lilleström. Zwar waren der Sieg beim DFB-Hallen-Masters und das gewonnene Pokal-Finale 1991 gegen Köln schöne Erfolge, aber als Ersatztorwart fehlt die volle Identifikation. Ich komme mir vor wie ein Rennwagen, der einen tollen Motor unter der Haube hat, aber nur im ersten Gang fahren darf. Die Situation ist geradezu schizophren. Hält Oliver Reck gut, dann stellt sich die Frage nach einem Torwartwechsel ohnehin nicht. Hält er schlecht, und das kommt ab der Saison 1989/90 öfter vor, stellt sich Otto Rehhagel demonstrativ vor ihn.

Das allerletzte Fünkchen Hoffnung auf das Trikot mit der Nummer 1 verglimmt bei mir im Herbst 1991. Am 26. Oktober verliert Werder in Köln 0:5. Reck hält, mehr als freundlich formuliert, nicht gut. Nach dem Spiel kommt Kölns Torwart-Trainer Rolf Herings auf mich zu und meint: »Wie schlecht mußt du eigentlich sein, daß du nicht spielst? Der Torwart ist doch eine Katastrophe.«

Nach dem Kölner Spiel herrscht Friedhofsstimmung auf der Rückfahrt im Bus. Ich sitze wie immer in der zweiten Reihe, vorne rechts, direkt hinter Rehhagel. Meine Gedanken kreisen um das nächste Spiel zuhause gegen Kaiserslautern: Jetzt muß er mir doch eine Chance geben! Wenn ich jetzt nicht spiele, kann ich gleich aufhören. Die Presse schlägt in den nächsten Tagen scharfe Töne an. »Otto mit Pannen-Torwart«, »Otto und Oli – ein seltsames Paar – Lautern lacht jetzt schon« oder »Lachnummer Oliver Reck«. Im Training bin ich engagiert wie selten.

Freitag, 1. November, Spieltag. Mannschaftssitzung im Park-Hotel, dem ständigen Trainingslager vor Heimspielen. Otto Rehhagel gibt bekannt, daß Reck spielt. Er wolle sich nicht dem Zeitungsterror beugen. Außerdem

Rehhagel hält an seinem Torwart-Clown fest

„Du bist mein Mann." „Du auch", scheinen sich Otto Rehhagel (links) und Oliver Reck (rechts) zu sagen. Auch nach schlimmen Patzern hält Otto an seinem „Fliegenfänger" fest.

Otto und Olli

Ein seltsames Paar ● Lautern lacht jetzt schon

Von JOCHEN BÜHLER und JOACHIM SCHUTH
Bremen – **Daß der 1. FC Kaiserslautern 1990 Pokalsieger wurde, verdankt er auch – Oliver Reck. Im Finale (3:2) schubste sich Werders Torwart einen Labbadia-Roller rein.**

Daß die Roten Teufel dieses Jahr Deutscher Meister wurden, verdanken sie auch – Oliver Reck. Beim 2:1-Sieg

im Weserstadion trudelte Olli eine Hoffmann-Ecke durch die Beine. Das war im Mai, die Vorentscheidung im Titelkampf.

Heute spielt Werder wieder gegen Lautern. Im Tor – Oliver Reck. Nach Bremens 0:5-Pleite in Köln forderten die Fans (wie schon oft): Rolli für Olli! Doch Ersatzmann Rollmann hat bei Trainer Rehhagel

keine Chance. Otto setzt weiter auf „Fliegenfänger" Reck.

Werder – Lautern

Lautern lacht sich ins Fäustchen. Spaßvogel Guido Hoffmann: „Würde mich freuen, wenn mir wieder so ein Ding gelingt. Aber ich habe nicht extra Eck-

bälle geübt."

Greift Reck heute noch Watte in den Ohren. Die Fans werden ihn gnadenlos aus dem Stadion pfeifen. Und seinen Trainer gleich mit.

Kollege Feldkamp warnt: „Und wenn Reck alles hält, ist er der Held des Abends." Und dafür betet Rehhagel . . .

Die Presse ist erbarmungslos – aber Jürgen Rollmann hat bei Werder nichts davon – er bleibt weiterhin »Bankhalter« ...

hätte ich mich im Training nicht aufgedrängt. Sinngemäß stand diese Aussage auch in der heutigen Ausgabe der Tageszeitung *Weser-Kurier* zu lesen. Ich bin kurz vor einem Wutanfall, beiße mir aber auf die Lippen. Nach der Sitzung fange ich Rehhagel ab.

Hinter einer Kuchentheke kommt es zum verbalen Duell. Wenn er, Rehhagel, Reck aufstellt, dann muß ich das wohl oder übel akzeptieren, sage ich ihm, aber wenn er meine Trainingsleistungen öffentlich abqualifiziert, wo doch Trainingsleistungen für ihn nachweislich ziemlich uninteressant sind, dann kann er von mir keine Akzeptanz erwarten.

Als Rehhagel an mir vorbei will, bremse ich ihn mit dem ausgestreckten Arm. »Fassen Sie mich nicht an«, blafft Rehhagel.

»Ich fasse Sie nicht an, aber ich bin noch nicht fertig«, schleudere ich zurück. »Damit wir uns klar verstehen: Wenn ich noch einmal in der Zeitung lesen muß, ich würde nicht gut trainieren, obwohl ich mir gerade in der vergangenen Woche den Hintern wie selten aufgerissen habe, dann werde ich wild wie ein Stier. Und außerdem werde ich bis zum letzten Tag meines Vertrages dafür kämpfen, ins Tor zu kommen.«

Das Spiel geht mit 0:2 verloren. Doch das interessiert niemanden der Werder-Verantwortlichen. Noch in der Kabine wird Oliver Reck dazu beglückwünscht, daß er an den Gegentoren schuldlos war! Ich sitze ihm in der Kabine gegenüber und bin sprachlos über dieses Schauspiel. Bei der anschließenden Pressekonferenz verliest das Werder-Präsidium sogar eine Erklärung, in der die jüngste Berichterstattung über Oliver Reck als »menschenunwürdig« verurteilt wird. Vor dem Sonntagstraining hält Rehhagel noch eine kurze Ansprache: »Ich freue mich, daß wir das mit dem Oli geregelt haben.« Wie ich das hier alles geregelt bekomme, danach fragt keiner …

Wenigstens zwei Sachen stimmen in einer Zeit, die nichts mehr mit dem zu tun hat, was ich mir irgendwann einmal erträumt und vorgestellt hatte: die Liebe und das Geld. Bei einem Heimaturlaub in Hessen lerne ich im Dezember 1990 Andrea kennen. Nur drei Monate später wohnt sie bei mir in Bremen und bekommt einen Job bei einer Bremer Versicherung. Willi Lemke hilft bei der Job-Suche und sorgt somit dafür, daß alles so schnell geht. Meine Zwei-Zimmer-Bude kostet mich zwar wenig Geld, aber zu zweit ist das keine Dauerlösung. Weit über 1000 Mark Miete möchte ich aber nicht bezahlen.

Also schaue ich mich nach einer Eigentumswohnung um. Das ist finanziell kein utopisches Vorhaben. Die vergangenen fast drei Jahre habe ich nahezu alles, was ich bei Werder verdient habe, gespart. Zu meinem Grundgehalt von anfangs 8 000 Mark, später 10 000 Mark im Monat kommt als Ersatztorwart eine Beteiligung von 75 Prozent der eingespielten Prämien. Im Europapokal gab es mehr als einmal satte Beträge im fünfstelligen Bereich. Selbst der Gewinn des Supercup 1988, dem Spiel zwischen Meister und Pokalsieger unmittelbar vor Saisonstart, wurde mit 10 000 Mark dotiert. Für mich war und ist jede Gehaltsabrechnung ein Glücksfall, denn mir sind sehr wohl die monatlichen Einkünfte meiner Eltern bekannt. Mir ist es ein bißchen peinlich, daß ich in der Regel ein Vielfaches von dem auf meinem Gehaltszettel habe, was meine Mutter als Postbeamtin und mein Vater als kaufmännischer Angestellter verdienen. Dazu noch, ohne bisher das Geld zu brauchen.

Meine Lebenshaltungskosten verdiene ich mir weitgehend neben dem Fußball. Jeden Sonntag berichte ich für die Montag- und Dienstag-Ausgabe der Tageszeitung *Weser-Kurier* über Volleyball, wofür ich regelmäßig die Spiele der Zweitliga-Damen von TvdB Bremen und der Zweitliga-Herren von TV Eiche Horn besuche. Eine Mark pro Zeile zahlt mir die Stadionzeitung des SV Werder, das *Werder-Echo*. Für dieses Blatt schreibe ich beispielsweise das Vorwort von Willi Lemke und habe damit die Ehre, zwar nicht spielen, aber die Zuschauer indirekt zu jedem Heimspiel begrüßen zu dürfen. Auch meine ersten Hörfunkbeiträge für *Radio FFN* und *Radio Bremen* werden gesendet. Darüber bin ich sehr stolz. Einmal für einen Rundfunksender zu arbeiten, war genauso ein Jugendtraum, wie als Fußballer einmal in der Bundesliga zu spielen.

Besten Dank für Ihren Auftrag		G U T S C H R I F T		KUNDEN-NR. XXXXXXXXXXXX Bei Zahlung bitte angeben!	
mm	mm-Preis	Bezeichnung		Betrag DM	Netto-Betrag
64	1,00	Honorarabrechnung Werder-Echo Nr. 480 Werder-FC Hamburg Manager Willi Lemke			64,00
60	1,00	Werder-Echo Nr. 481 Werder-1.FC Köln Manager Willi Lemke		60,00	
12	1,00	Trillerpfeifen		12,00	
14	1,00	Zauberer/Vize Fischer		14,00	
29	1,00	Rückflug Lüttich		29,00	
79	1,00	Nachlese zum Lüttichspiel		79,00	194,00

... so betätigt er sich fleißig als Journalist, wie die Honorarabrechnungen von Werder-Echo und Radio Bremen (Seite 45) belegen ...

Mit Schulkameraden habe ich früher immer begeistert die samstäglichen Fußball-Reportagen gehört, aufgenommen und auf Tonband nachkommentiert, oder Stimmen und Sketche imitiert. Loriot und Gerhard Polt waren die großen Vorbilder. In Frankfurt hatte ich mir bereits Rundfunksendungen live im Studio angeschaut und einige Stunden Sprecherziehung genommen.

Der Kontostand wächst 1991. Allein für den Pokalsieg gibt es 25 000 Mark! Ebenso übersteht Werder die ersten Europapokal-Runden, die Willi Lemke gut honoriert. Mit einem Steuerberater, den mir Mirko Votava emp-

RADIO BREMEN

Radio Bremen · Anstalt des öffentlichen Rechts · Bürgermeister-Spitta-Allee 45 · Postfach 30 03 20 · 2800 Bremen 33 · Telefon 246 - 0

Bremer Landesbank · BLZ 290 500 00 · Konto 713 10

K 77660

Herrn
Jürgen Rollmann
Semmelweißstr. 9

2800 Bremen

F E R N S E H E N
Bremen, den 29.03.1990 ts

4240	635	025	258
Kosten-Art	Kosten-Stelle/Träger		Kalkulations-Position

Der Vertragspartner ist verpflichtet, genaue Angaben über Staatsangehörigkeit und Wohnsitz zu machen.
Bei unvollständigen oder unrichtigen Angaben trägt er die sich eventuell daraus ergebenden Folgen selbst.

Barzahlung an der Kasse
Überweisung per / auf:

Bankkonto:

VERPFLICHTUNGSSCHEIN

Wir verpflichten Sie zu den folgenden und umseitig aufgeführten Bedingungen
für die Mitwirkung als:

Realisator

in der Sendung   Sportblitz, Squash in Bremen   2'58
bzw. Aufnahme:

Tag und Zeit der Sendung:

Proben bzw. Drehtage: 22.03.1990

gegen ein Honorar von: DM   537,65

(in Worten: Deutsche Mark   fünfhundertsiebenunddreißig 65/100   )

Wir bitten um Unterzeichnung und sofortiger Rücksendung der anliegenden Einverständniserklärung !

Vereinbarte Vergütungen aller Art, wie Honorare und zu erstattende Kosten, sind Bruttovergütungen und schließen die
Umsatzsteuer sowie sonstige Steuern und Abgaben ein.

Sind Sie schon Mitglied der Pensionskasse für freie Mitarbeiter der Rundfunkanstalten Deutschlands oder des Versor-
gungswerks der Presse ? Dann werden die RADIO BREMEN- und Eigenanteile automatisch abgeführt.

Änderungen und Ergänzungen zu diesem Vertrag sind nur gültig, wenn sie mit der Honorar- und Lizenzabteilung
schriftlich vereinbart worden sind. Andere Nebenreden, als in diesem Vertrag vereinbart, sind nicht getroffen worden.

Zur Beachtung !

Die Kasse zahlt oder überweist das Honorar
erst nach Eingang der Einverständniserklärung.
Bei Barzahlung ist dieses Schreiben vorzulegen, auf Anforderung auch Ihr Personalausweis.

RADIO BREMEN

Honorar- und Lizenzabteilung

Wir bitten alle Zuschriften ausschließlich an RADIO BREMEN und nicht an Einzelpersonen zu richten.

fohlen hat, spiele ich die Anlagemöglichkeiten durch. Über 50 Prozent meines Gehaltes frißt die Steuer. Was tun? Die scheinbar attraktivste Anlageform, um Steuern zu sparen, ist eine Immobilie. Über Wochen spreche ich mit Maklern, lasse Angebote prüfen und suche einerseits eine Eigentumswohnung zur Selbstnutzung, andererseits eine Immobilie zur steuersparenden Kapital-Anlage.

Am 15. August hetze ich nach dem Vormittagstraining zum Notar und zeichne meine erste Wohnung. Schön geschnittene drei Zimmer mit 80 Quadratmeter und Terrasse, erstellt in einem ehemaligen Bauernhof im Bremer Stadtteil Arsten. Kostenpunkt: zusammen mit Garage 200 000 Mark. Die ist für mich und meine Andrea. Im Oktober ziehen wir ein.

Die Suche nach einem zusätzlichen Anlageobjekt dauert länger. Ich bin hin- und hergerissen. Die Kosten schrecken mich einerseits. Außerdem die unsichere sportliche Zukunft. Andererseits lassen sich die Steuern zwei Jahre rückwirkend erstatten. Und wenn ich 1992 mit dem Fußball aufhören sollte, dann muß jetzt noch was passieren, damit 1989, 1990, 1991 und 1992 steuerliche Berücksichtigung finden.

Verschiedene Objekte schaue ich mir an. Schließlich stellt mir der Makler, der mir auch die Arstener Wohnung vermittelt hat, ein Projekt im Bremer Stadtteil Osterholz vor. Dachgeschoßwohnungen, besonders steuerlich gefördert, die auf eine bestehende, zweigeschossige Wohnanlage gebaut werden sollen. Der Computerausdruck des Vorhabens sieht super aus.

Ich lasse das Angebot von meinem Steuerberater, einem Fachmann der Sparkasse, mit dem ich bis dahin überwiegend meine Geldanlagen abgesprochen habe, und einem unabhängigen Spezialisten, der dem SV Werder nahesteht, prüfen. Alle Experten finden nichts Negatives. Die vom Bauträger auf fünf Jahre in Aussicht gestellte Mietgarantie für vier kleine Dachgeschoßwohnungen deckt sich mit Abzahlung und Tilgung.

Auf fünf Jahre kann ich 240 000 Mark steuerlich abschreiben. Wenn ich dazu noch die jährlich zu erwartenden Rückerstattungen des Finanzamtes voll zur Tilgung nutze, dürfte ich mit dem Erwerb dieser Einheiten nichts falsch machen.

Am 2. Oktober zeichne ich vier kleine Dachgeschoß-Einheiten. Damit habe ich Ende 1991 mehr Eigentumswohnungen als Bundesliga-Einsätze ...

STATEMENT
Joachim Hopp, Fußball-Profi seit 1989, MSV Duisburg

»Als ich noch bei Thyssen am Hochofen gearbeitet habe, hatte ich viele Wünsche, die finanziell einfach nicht zu erfüllen waren. Jetzt fahre ich einen Mercedes SLK und kann mir Sachen erlauben, die früher nicht machbar waren.

In den ersten drei, vier Jahren haben sie mich beim MSV beschissen, was die Kohle betrifft. Aber jetzt verdiene ich gutes Geld. Zu Thyssen würde ich nicht mehr zurückwollen. Auch wenn ich heute dort noch Autogrammstunden mache. Umsonst, wie überhaupt 90 Prozent der Autogrammstunden in Duisburg.

Die Kohle lege ich auf acht bis zehn Jahre an, um später ein bißchen Sicherheit zu haben. Ich spare schon, brauchen tue ich gar nicht soviel. Ich wohne im Haus meiner Freundin, brauche keine Miete zu zahlen, das ist optimal. Sonst gebe ich Geld für Möbel aus, oder eine vernünftige Stereoanlage. Die Ansprüche sind halt ein bißchen exklusiver geworden. Früher war es die Garnitur von Möbel-Unger, heute ist es die von Rolf Benz.

Na gut, das Auto. Das war ein Jugendtraum. Ich bin früher schon Cabrio gefahren. Mein SLK war der erste, der überhaupt in Duisburg ausgeliefert wurde. Das hat der Chef von Mercedes meinem Mannschaftskollgen Marcus Marin ins Gesicht gesagt: Den ersten Wagen bekommt der Hopp. Der hat ganz schief geguckt und sich vor Frust einen Porsche gekauft.

Die Zeit als Fußball-Profi möchte ich nicht missen. Die hat mich unheimlich weiter gebracht als Persönlichkeit. Mich kennt ja jetzt jeder, nicht nur die Fans in Duisburg. Wenn ich mal auf der Bank sitze, dann stört mich das nicht so sehr. Wenn die Mannschaft gewinnt, dann verdiene ich trotzdem mit. Jede Minute wird bezahlt. Lieber mache ich 20 Spiele in der 1. Liga als 30 in der 2. Liga. Da ist einfach das Interesse größer, die allgemeine Aufmerksamkeit. Bis 1999 habe ich noch Vertrag in Duisburg. Mal sehen, ob ich noch mal etwas anderes probiere. Warum eigentlich nicht?!«

6. Kapitel

Der Wechsel

Tagebucheintrag vom 21. Januar 1992

»Hopp, hopp, seitlich springen, auslockern«, hallt es über den Trainingsplatz. Knapp zwanzig Männer, Fußballspieler von Beruf, folgen mehr oder
weniger intensiv den Anweisungen des Co-Trainers, der regelmäßig das
sogenannte Aufwärmen leitet. Der Cheftrainer schaut zu, steckt derweil mit
Hütchen und Bällen das Spielfeld ab, auf dem später das obligatorische
Trainingsspiel stattfindet.

»Hopp, hopp, jetzt nochmal vier Mann zusammen, ein paar kurze Bewe-
gungen, ein Knie etwas schneller hoch, danach mit beiden Armen auf die
Erde greifen«, lauten die weiteren Anweisungen des Co-Trainers, die viel zu
schnell aufeinanderfolgen und derart in Routine übergegangen sind, das
selbst grammatikalische Schwächen keine Störung des altbekannten Pro-
gramms hervorrufen.

»Hopp, hopp«, vor jeder Übung kommt dieser Satzfetzen, den ich schon
bald nicht mehr hören kann. Zwar übe ich seit über drei Jahren meinen
Traumberuf aus, doch aus dem einstmaligen Traum ist ein Alptraum geworden. Mechanisch bewege ich meinen Körper hin und her. Gedanklich bin
ich in vier von fünf Trainingeinheiten ganz woanders. Das merkt aber
kaum einer der Mitspieler, der Trainer sowieso nicht, weil es ihm schlichtweg
egal ist. Außerdem ist, wie schon erwähnt, das Übungsprogramm derart in
Routine erstarrt, daß mehr oder weniger intensive Teilnahme kaum auszu-
machen ist. Man kann sich sozusagen bequem über die Runden schleichen.
Zumal, wenn ein Regulativ in den Wettkampfspielen fehlt. Bei mir fehlt die
Bestätigung meiner geleisteten oder nicht geleisteten sportlichen Arbeit.
Ich bin von Beruf Torwart, aber nicht die Nr. 1, sondern die Nr. 2 oder auch
Ersatztorwart, Stellvertreter von … oder Aushilfstorwart oder der »Zweite«
genannt. Ich könnte an dieser Stelle noch ein Dutzend weiterer, letztlich
dämlicher Bezeichnungen nennen, die auf Dauer schwer zu ertragen sind.

*Bei aller Freundlichkeit vieler Fußball-Fans – ich bin mittlerweile sehr emp-
findlich, wenn die Sprache auf meine persönliche Situation kommt.*

*Ich kann nämlich das ganze Geschwätz bald nicht mehr hören. Mich
kotzt das ganze Geschäft regelrecht an.*

*Ersatztorwart – vor ca. zwei Jahren habe ich gesagt, daß, wenn man zu
lange auf der Bank sitzt, Verhaltensstörungen die Folge sind. Mehrfach in
der jüngsten Vergangenheit auf diesen Spruch angesprochen und darauf,
wie es sich bei mir bemerkbar macht, antwortete ich mit einem unkontrollierten Kopfzucken und dem Hinweis, daß bei mir noch alles in Ordnung ist.
… Die Lacher hatte ich auf meiner Seite, aber mir selber ist nicht mehr zum
Lachen …*

*»Jürgen, das macht doch nichts«, pflegt meine Oma zu sagen, wenn ich
mich bei Heimat-Aufenthalten wieder so richtig in Rage gesprochen habe,
»wieviele wären froh, dort zu sitzen.« »Genau«, schiebt dann meine Mutter
hinterher, »so leicht würde ich auch gerne mein Geld verdienen.«*

*O, Mann, wo bin ich denn hier, denke ich, wenn dieser Argumentationsin-
halt auf mich niederprasselt, gepaart mit der Zustimmung der Verwandtschaft, die sich im großen Kreis versammelt hat, weil zum einen Geburtstag
gefeiert wird, zum anderen der Bub anwesend ist, der ansonsten 450 Kilometer von der Heimat entfernt wohnt, lebt, arbeitet, hopp, hopp, und nur
selten nach Hause kommt.*

*In meinem kleinen Dorf, in dem ich aufgewachsen bin, erstmals in einer
Vereinsmannschaft Fußball gespielt habe, bin ich sogar ein kleines Idol, zu
dem viele bewundernd blicken, weil der Bub ja jetzt im Rampenlicht steht,
gerade gestern wurde wieder anläßlich einer Fernseh-Liveübertragung die
Bank eingeblendet!*

*Oh, Mann, das darf doch nicht wahr sein, denke ich. Gibt es denn hier
niemanden, der mich versteht, der mir hilft, der mir einen Fingerzeig aus
diesem unglücklichen Kreislauf bereitet, in dem ich mich befinde. Hopp,
hopp, aber kein Aufgalopp, wenn es ernst wird, Verantwortungslosigkeit
statt Höchstleistung, Ehrgeiz, der immer wieder aufblitzt, aber immer öfter
auch vergeblich verbraucht wird. Das gibt Pickel, sagen die Ärzte. Ich habe
Akne-Probleme …*

Im Februar schicke ich Werder per Einschreiben meine Kündigung. Es ist
eigentlich grundsätzlich nur ein formaler Akt, damit sich mein Vertrag

nicht automatisch um ein Jahr zu den selben finanziellen Bedingungen verlängert. Nach den Enttäuschungen in der Vergangenheit für mich der innerliche Schlußstrich unter das Kapitel Bremen. Ich war und bin loyal, aber die Selbstverleugnung muß ein Ende haben.

Zudem lasse ich mich auf die Transferliste des Deutschen Fußball-Bundes (DFB) setzen. Willkommener Nebeneffekt: Die Transferliste[4] wird wöchentlich vom DFB veröffentlicht, so daß jeder Verein, jeder Spielervermittler oder andere Experten, die bei einem Vereinswechsel behilflich sein könnten, wissen, welche Spieler auf dem Markt sind. Trotzdem bleibt mein Telefon stumm. Denken vielleicht alle Leute so wie der Kölner Torwart-Trainer Herings? Hat denn niemand mehr meine Spiele im Fuji-Cup oder anderen Partien in Erinnerung, die teilweise live im Fernsehen übertragen wurden? Für mich steht fest: Bevor ich zu irgendeinem mittelmäßigen Zweitliga-Verein gehe, höre ich lieber als Profi auf und kümmere mich um meine weitere berufliche Ausbildung.

Meine Bankzeit habe ich intensiv genutzt, um die sportlich unbefriedigte Energie anderweitig umzusetzen: die erwähnten Beiträge für Radio und Zeitung, aber auch in ein Praktikum in der von Jörg Wontorra geleiteten Sportredaktion Fernsehen von Radio Bremen, in einige Stunden Schauspielunterricht und in eine Sprecherausbildung. 1990 habe ich mich zudem an der Universität eingeschrieben und besuche mit großem Interesse die Veranstaltungen in den Fächern Philosophie und Deutsch. Bertelsmann schicke ich eine Bewerbung. Die suchen per Zeitungsanzeige Kandidaten für ein Ausbildungsprogramm zum Nachwuchsmanager.

Auch das ZDF bekommt Post von mir. Für die Jugendsendung »Doppelpunkt« wird per Fernsehspot nach einem Nachfolger für Moderator Michael Steinbrecher gefahndet, der zum »Aktuellen Sportstudio« gewechselt ist. Einen Job als Fernseh- oder Radiomoderator kann ich mir gut vorstellen. Zwei Veranstaltungen mit Andreas Möller und der Leichtathletin Heike Drechsler, die ich in einem Bremer Kaufhaus moderierte, haben mir großen Spaß gemacht.

In alle gedanklichen Planspiele platzt der 1. April. Europapokal-Halbfinal-Hinspiel beim FC Brügge. Aufgeheizte Atmosphäre, Feuerwerkskörper, Wurfgeschosse fliegen. Oliver Reck verletzt sich beim Spielstand von 0:1 in der 68. Minute an der Schulter, und – wie ein realer Aprilscherz – auf ein-

Präsidium des SV Werder Bremen

z.Hd. Herrn Franz Böhmert

Weserstadion

2800 Bremen 1   Jürgen Kollmann

                                       Ahlker Dorfstraße 2a

                                       2800 Bremen 61

Betrifft: Kündigung des Vertragsverhältnisses

Sehr geehrte Herren,   Bremen, 16.02.1992

hiermit möchte ich fristgerecht meinen noch

bis zum 30. Juni 1992 laufenden Arbeitsver-

trag kündigen.

Gleichzeitig bitte ich um Aufnahme auf die

Transferliste des Deutschen Fußball-Bundes.

Für die Erledigung der dazu anfallenden or-

ganisatorischen Dinge bedanke ich mich vorab.

Mit freundlichen Grüßen,

... und kündigt schließlich am 16. Februar beim SV Werder, nicht zuletzt, weil er fest an sich glaubt!

6. KAPITEL

Kopie für Spieler

An

HINWEIS

DEUTSCHER FUSSBALL-BUND
Otto-Fleck-Schneise 6

Unvollständig ausgefüllte Anträge
können **nicht** bearbeitet werden.

6000 Frankfurt/Main 71

Betr.: **Aufnahme in die Transferliste des
Deutschen Fußball-Bundes**

Ich/Wir beantrage(n) hiermit die Aufnahme in die Transferliste des Deutschen Fußball-Bundes.

1. Name   Rollmann   Vorname   Jürgen

2. geboren am   17.10.1966   in   Gelnhausen

3. Staatsangehörigkeit   deutsch

4. bisheriger Verein   Sport-Veeein "Werder" v. 1899 e.V.

5. Spielerposition   Torwart

6. Die fristgerechte schriftliche Kündigung des Vertrages bzw. der Nachweis über die Beendigung des Vertrages ist diesem Antrag beigefügt.

7. Aufnahme und Streichungen von Spielern werden vom DFB wöchentlich – in der Regel dienstags – bekanntgegeben. Anträge zur Aufnahme sind bis spätestens 15.00 Uhr am Vortag zu stellen. (§ 27 Nr. 3 LSt.).

8. Es wird eine Vermittlung durch die Paritätische Fußballspieler-Vermittlungsstelle gewünscht. Ja / Nein   (Zutreffendes unterstreichen)
   * Ich versichere, im Falle einer Vermittlung nur die Dienste der amtlichen Arbeitsvermittlung in Anspruch zu nehmen.

9. Bemerkungen: ....

Ahlker Dorfstr. 2a, 2800 Bremen 61
(Anschrift des Spielers)

(Unterschrift des Spielers)

Bremen, 2.3.1992
(Datum)

(Unterschrift des Vereins)

* Arbeitsvermittlung darf nur von der Bundesanstalt für Arbeit und der PFV betrieben werden. Unberechtigte Arbeitsvermittlung stellt eine Ordnungswidrigkeit (30.000 DM Geldbuße) bzw. eine Straftat dar (Freiheitsstrafe bis 3 Jahren oder Geldbuße). Verstöße gegen die entsprechenden Bestimmungen haben u.a. zur Folge, daß jeder Rechtsanspruch des Vermittlers auf ein Vermittlungshonorar oder eine sonstige Gebühr entfällt (§ 134 BGB). Vereine und Spieler, die im Falle einer Vermittlung nicht die Dienste der amtlichen Arbeitsvermittlung in Anspruch genommen haben, werden vom DFB bestraft (§§ 4 und 5 Rechts- und Verfahrensordnung). Auf der Grundlage § 25 a LSt des DFB kann die Spielerlaubnis versagt oder entzogen werden, wenn der Spieler im Falle einer Vermittlung im Sinne des Arbeitsförderungsgesetzes nicht die Dienste der amtlichen Arbeitsvermittlung in Anspruch nimmt.

Ganz wichtig für den Fußball-Profi: die Aufnahme in die Transferliste des Deutschen Fußball-Bundes, wenn man einen neuen Arbeitgeber sucht

mal stehe ich dort, wo ich schon nicht mehr glaubte hinzukommen – im Tor! Die restlichen Minuten im Hexenkessel bringe ich gut über die Bühne, es bleibt bei der knappen Niederlage für Werder und damit einer guten Ausgangsposition für das Rückspiel. Entscheidende Frage nach Schlußpfiff: Wie lange fällt Reck aus? Mindestens 14 Tage schätzt Mannschaftsarzt Karl Meschede. Mein Mitleid hält sich in Grenzen. 14 Tage! Das sind drei bis vier Spiele! Schon am Samstag das nächste bei Schalke 04. Das wird das wichtigste Spiel in meinem bisherigen Fußballer-Leben. Wenn das in die Hose geht, dann werden tatsächlich alle Fußball-Fans so denken wie Rolf Herings …

Doch das Spiel in Schalke läuft gut für mich. Sehr gut sogar. Die Schalker Fans skandieren: »Wir wollen Oli.« Die Schmach als Lob verpackt. Endstand 0:0. Das optimale Torhüter-Ergebnis. Endlich! Über sieben Jahre nach Leningrad mein erstes richtig gutes Spiel in der Bundesliga. Das gibt Selbstvertrauen für die nächste Partie bei Hannover 96 – DFB-Pokal-Halbfinale vor 57 000 Zuschauern im Niedersachsenstadion.

Ich halte fehlerfrei, dennoch ärgere ich mich wahnsinnig. Dreimal hintereinander war Werder mit mir als Ersatztorwart im Pokal-Endspiel, jetzt spiele ich, und wir fliegen raus, weil ich im Elfmeterschießen nur einen Strafstoß abwehren kann, mit Bratseth und Bode aber zwei Kollegen ihre Elfmeter vergeigen.

11. April 1992, Spiel gegen Dynamo Dresden. Oliver Reck ist wieder fit. Alle sind gespannt, wen Rehhagel ins Tor stellt. Klar ist, wer gegen Dresden spielt, wird auch vier Tage später im Rückspiel gegen Brügge aufgestellt werden. Wie oft habe ich schon in den vergangenen fast vier Jahren im Park-Hotel gesessen und vergebens auf einen Einsatz gehofft. Diesmal werde ich nicht enttäuscht.

Überrascht und hocherfreut nehme ich zur Kenntnis, daß ich als Nummer 1 auf dem Papierbogen stehe, den Rehhagel vor jeder Mannschaftssitzung am Flip-Chart aufhängt, um daran seine Taktik zu erklären. Habe ich es nun doch noch geschafft, Reck zu verdrängen? Ist das der Durchbruch, die Wende, die Ablösung, das späte Ende meiner Frustzeit als Nummer 2? Bis zur 54. Minute halte ich souverän, dann taucht Dynamo-Stürmer Uwe Rösler frei vor mir auf. Ich werfe mich ihm entgegen, kann den Ball abwehren, spüre aber einen stechenden Schmerz am Knie. Als ich an mir hinunterschaue, sehe ich eine große, keilförmige Fleischwunde. Mir wird fast schlecht. Das Spiel ist für mich vorbei. Begleitet von Dr. Meschede hinke ich in die Kabine zum Nähen. Die Zuschauer spenden mir großen Beifall und empfangen Reck mit einem Pfeifkonzert. Statt neue Nummer 1 bin ich nun Patient. Es geht mir hundsmiserabel. Nicht so sehr körperlich, sondern seelisch …

Der April spielt weiter verrückt. Die Partie gegen Brügge verfolge ich aus einer Loge des Weserstadions. Werder siegt 2:0. Endspiel erreicht. Freudig erregt humpele ich auf das Spielfeld, um die Kollegen zu beglückwünschen. Vor allem Oliver Reck könnte ich knutschen. Nicht, weil er so gut gehalten, sondern weil er wegen einer Unbeherrschtheit eine Gelbe Karte kassiert hat. Seine zweite im laufenden Wettbewerb. Zwei Gelbe Karten bedeuten automatisch eine Sperre für das nächste Spiel. Und das nächste ist das Endspiel im Europapokal der Pokalsieger gegen den AS Monaco! Ich bin also wieder drin im Kasten!

Das Knie heilt problemlos. Am 25. April spiele ich erstmals wieder. Im Weserstadion gegen den 1.FC Köln. Gegen Bodo Illgner, der fünf Jahre nach Leningrad unseren Schwur als Weltmeister und unumstrittene Nummer 1 der Nationalmannschaft umgesetzt hat. Wir verlieren mit 1:3.

Gegen den HSV (1:1) und in Kaiserslautern (2:2) darf ich mich weiter einspielen. Und endlich klingelt auch das Telefon bezüglich eines Vereinswechsels. Das tut meiner geschundenen Fußballer-Seele gut. Die Trainer Horst Köppel (Fortuna Düsseldorf) und Uwe Reinders (MSV Duisburg) unterbreiten Angebote für die neue Saison. Ich vertröste die beiden auf die Zeit nach dem Endspiel. Diese Aufgabe will ich erst noch bewältigen, dann bleibt immer noch Zeit zum Verhandeln.

6. Mai, Finale in Lissabon. Nach der enttäuschenden Bundesliga-Saison benötigt Werder einen Erfolg, um auch in der nächsten Saison international spielen zu können. Der Medienrummel ist gewaltig. Fast jede Zeitung bringt eine Geschichte über die Bremer Torwartkapriolen der vergangenen Wochen. Otto Rehhagel fühlt sich sichtlich unwohl, in nahezu jedem Interview auf mich angesprochen zu werden. Im wichtigsten Spiel in der Vereinsgeschichte des SV Werder ist er ausgerechnet auf mich angewiesen, jenen Mann, der ihm gegenüber einige Male in den vergangenen Jahren das Sakrileg begangen hatte, den Platz von Oliver Reck einzufordern.

Die *Frankfurter Allgemeine Zeitung* (FAZ) schreibt: »Mit welcher Verve Rollmann für sich und seine Chance kämpft, hat sogar Rehhagel überrascht. Ihn, der die Bremer Spieler stets zu Bescheidenheit im Auftreten erzogen hat. Über Rollmann aber sagt der 53 Jahre alte Fußballehrer: ›Wenn ich alle Torhüter der Welt zusammenhole und ihnen sage, wer sich für den besten hält, bitte zwei Meter vortreten, steht Rollmann schon da.‹«

Die Anspannung bei allen Spielern ist riesengroß. Doch sie entlädt sich positiv. Wir siegen 2:0. Klaus Allofs wird zum Matchwinner. Ich habe nur in der Anfangsphase einige schwierige Prüfungen zu bestehen, die zweite Halbzeit verläuft eher so wie damals die Partie in Eisbergen. Nach dem Schlußpfiff stürmt Rehhagel kurz an mir vorbei und meint: »Jürgen, das sind Geschichten, die nur der Fußball schreiben kann.«

Es ist das letzte persönliche »Gespräch« zwischen Rehhagel und mir nicht nur an diesem Abend, sondern in den verbleibenden Wochen bis zum Saisonende. Selbst auf unserer dreiwöchigen Abschlußfahrt nach Neuseeland und Australien passiert verbal nichts mehr zwischen uns. Als wir in Perth auseinandergehen, verabschiedet mich Rehhagel mit lobenden Worten im Rahmen einer Mannschaftssitzung und wünscht mir viel Glück bei meinem neuen Verein. Zu einem Händedruck kann er sich nicht durchringen …

Die restlichen beiden Saisonspiele in Frankfurt und zuhause gegen Nürnberg darf ich noch machen, obgleich diese Spiele keinen Verantwortlichen und keine Bremer Fans mehr interessieren. Otto Rehhagel ist gar nicht beim Training, das macht Karl-Heinz Kamp, sondern auf Spielersuche. Es wird mehr oder weniger nur noch gefeiert. Weitere Pflichten der Bremer Spieler laut Arbeitsvertrag (siehe § 2, Pflichten des Spielers; Seiten 27/28): Fahrt mit dem offenen Wagen durch die Stadt. Empfang im Rathaus. Ehrung durch den Bürgermeister.

Neben all den Feierlichkeiten mache ich noch ein Casting für die ZDF-Sendung »Doppelpunkt« in Mainz, doch meine Entscheidung ist längst zugunsten des Fußballs gefallen. Mein Ego treibt mich. Nach den turbulenten vergangenen Wochen will ich es als Nummer 1 noch einmal mir und anderen Fußball-Experten beweisen. Als Bankdrücker aufhören – nein, das wäre kein schöner Abschluß meines Jugendtraums gewesen …

Mit dem MSV Duisburg einige ich mich auf einen Zwei-Jahres-Vertrag. Der Traditionsverein steigt zwar aus der Ersten Liga ab, will aber mit großem finanziellen Aufwand die Rückkehr in die höchste Spielklasse schaffen. Trainer Uwe Reinders verspricht mir das Trikot mit der Nummer 1. Das ist die Perspektive, die ich mir immer gewünscht habe.

Sonntag, 24. Mai, Duisburg, Steigenberger-Hotel. Termin zur Vertragsunterschrift mit MSV-Präsident Dieter Fischdick und Schatzmeister Rainer Köppen.

Einziger Unterschied zu dem schon von Werder Bremen bekannten Musterarbeitsvertrag: Neben dem Grundgehalt bekomme ich jetzt auch eine Einsatzprämie. Damit verlagert der Verein das finanzielle Risiko auf den Spieler, um nicht jeden Monat hohe Garantiezahlungen leisten zu müssen. Gutes Geld gibt es nur auf dem Platz. Und nicht auf der Bank oder Tribüne.

Als ich den Kugelschreiber in der Hand habe, schiebt mir MSV-Präsident Fischdick auf einmal ein Papier auf den Tisch, über das wir vorher nicht diskutiert haben Thema Urlaubsentgelt[5]. Das kommt mir suspekt vor. Ich sehe den DFB-Stempel und denke, das wird dann wohl schon in Ordnung sein.

Auf meine Frage, ob dieses Papier den neuesten Bestimmungen entspricht, nicken Fischdick und Schatzmeister Köppen. Außerdem hätten das alle neuen Spieler unterschrieben. Mir gefällt der Wortlaut nicht, vom Verstehen ganz zu schweigen. Große Zeit zu überprüfen habe ich nicht mehr.

Schon morgen geht es mit Werder zur großen Saisonabschlußfahrt nach Neuseeland und Australien. Soll ich jetzt alles platzen lassen wegen diesem Papier? Na, Jürgen, komm, wird schon alles seine Richtigkeit haben, was die hohen Herren sagen. Ich unterschreibe.

Der MSV Duisburg und Werder Bremen verständigen sich auf eine Ablösesumme, auch Transferentschädigung[6] genannt, von DM 370 000,-. Ein gutes Geschäft für Werder. Denn als ich vor vier Jahren vom FSV Frankfurt nach Bremen gekommen bin, kostete ich nur ca. ein Zehntel. Die bezahlte Ablösesumme kann der Verein steuermindernd als Betriebsausgaben absetzen. Wie der Landwirt seinen Mähdrescher. Je nach Laufzeit des Vertrages mindert die Ablösesumme, also bei mir verteilt auf zwei Jahre, den Vereinsgewinn.

Nach meiner Rückkehr aus Neuseeland lasse ich das Papier von einem Anwalt überprüfen. Und was muß ich erfahren: Diese Formulierung ist eine

A N H A N G

zum Lizenzspielervertrag mit dem Spieler: Jürgen Rollmann
vom: 24.05.1992

zu § 12   Sonstige Vereinbarungen

Mit der Zahlung des Grundgehaltes nach § 5 des Lizenzspielervertrages
ist ausdrücklich dar Anspruch des Spielers auf Urlaubsvergütung gesichert.

In der vereinbarten Grundvergütung gilt eine monatliche Abschlagszahlung
in Höhe von DM 3.000,- als Anrechnung auf das zu zahlende Urlaubsgeld. *Textfeld*
G/8

Sollte der tatsächliche Urlaubsgeldanspruch des Spielers höher sein, so
tritt er den höheren Anspruch unwiderruflich an den Verein ab.

Duisburg, den 24.05.1992

....
Spieler   Verein

*Unerfahrenheit schützt vor Fehlern nicht: Dieses Dokument belegt, wie Jürgen Rollmann
auf die Urlaubsentgelt-Mogelpackung des MSV Duisburg seinerzeit reinfiel ...*

Mogelpackung und hat nichts mit der gesetzlichen Regelung zum Urlaubs-entgelt zu tun. Im Gegenteil.

Ich bin sprachlos. Das kann doch nicht wahr sein. Da haben mich doch Fischdick und Köppen sehenden Auges hintergangen! Und der DFB unter-stützt das auch noch! Das ist doch Betrug!

Aber es kommt noch besser. Vielmehr noch schlimmer. In einer der Ver-tragsunterschrift vorangegangenen Gesprächsrunde war auch mein Hand-schuhvertrag mit Uhlsport ein Thema.

Selbstverständlich könnte ich weiterhin in Uhlsport spielen, hatte das MSV-Präsidium versichert, zu dem neben Fischdick und Köppen noch Vize-präsident Lothar Niemeyer gehört. Der MSV hätte zwar noch eine »kleine Vereinbarung« mit der Konkurrenzfirma reusch, aber das wäre kein Pro-blem. Damit war für mich dieser Punkt erledigt.

Ein paar Wochen später falle ich dann im Trainingslager im norddeut-schen Wiefelstede unsanft aus allen Wolken. Lothar Niemeyer teilt mir mit, daß ich nicht wie vereinbart in Uhlsport spielen darf, sondern in reusch spielen muß, weil die »kleine Vereinbarung« doch rechtsgültig wäre. Diese Vereinbarung hätten sie, das Präsidium, schlicht und einfach unterschätzt.

Ich bin außer mir vor Wut. Zuerst die Mogelpackung Urlaubsentgelt, jetzt so etwas! Bei Werder Bremen habe ich vier Jahre lang von Willi Lemke und dem Präsidium absolut professionelle Arbeit kennengelernt. Was ver-traglich abgesprochen war, ist immer eingehalten worden. Ob schriflich vereinbart, oder nicht. Ich frage mich: Was sind denn das für Leute hier in Duisburg?

Lothar Niemeyer sichert mir zu, daß der MSV zum Ausgleich den Geldbe-trag zahlt, den mir Uhlsport garantiert hat. Wenigstens etwas! Obwohl das gute Verhältnis zu den Verantwortlichen der Firma Uhlsport und die über die Jahre gewachsene Identifikation mit der Firma nicht mit Geld zu be-zahlen sind.

Doch was passiert: Weder in der Juli-, noch der August-Abrechnung ist der versprochene Posten berücksichtigt. Ich verlange ein Gespräch mit dem Präsidium.

Am 17. September ist es soweit. Fischdick, Niemeyer, Schatzmeister Köp-pen und MSV-Geschäftsführer Dirk Keiper sind im Besprechungszimmer auf der Geschäftsstelle im Ortsteil Meiderich anwesend. Fischdick stellt auf einmal in Zweifel, daß das MSV-Präsidium mir überhaupt eine verbindliche Zusage zu dem Uhlsport-Vertrag gegeben hat. Ganz ruhig wiederhole ich die Gesprächsinhalte unserer Vertragsverhandlungen.

Fischdick fragt, wer denn nun vom MSV-Präsidium mir versprochen haben will, für den Handschuhvertrag Geld zu zahlen.

Mein Ton wird aggressiver. »Weder Sie, noch Sie, noch Sie, noch Sie«, sage ich und deute mit dem Finger auf die Anwesenden im Raum, »haben mir etwas versprochen, sondern Sie waren alle bei unserem ersten Gespräch dabei und wissen genau, was damals gesprochen und versprochen wurde.«

Niemeyer sagt keinen Ton, sondern rutscht verlegen auf seinem Stuhl umher.

Fischdick meint, daß es keine Ausgleichszahlung an mich geben wird. Basta.

»Okay, meine Herren«, entgegne ich, »so etwas können Sie machen, mit wem Sie wollen, aber nicht mit mir, dann muß ich mir eben andere Schritte einfallen lassen.« Ich stehe auf, gebe den verdutzten Männern die Hand und verabschiede mich.

Fischdick ist sichtlich irritiert und stammelt, dann sehe er aber Probleme für die weitere Zusammenarbeit. »Die sehe ich auch«, entgegne ich und verlasse den Raum. Innerlich gekündigt und mit dem Gedanken, einen Rechtsanwalt einzuschalten, brause ich vom Trainingsgelände.

Trainer Reinders schildere ich am nächsten Tag die Situation. Er gibt mir volle Rückendeckung und verspricht, bei der Lösung dieses Problems behilflich zu sein. Auch sportlich hätte ich keine Nachteile zu befürchten. Diese Aussagen nehmen mir etwas die Anspannung. Zumal es für die Mannschaft und auch für mich in den ersten Wochen gut läuft. Wir sind von Anfang an in der Tabelle oben dabei. Spielerisch passiert nichts Berauschendes, aber wir sammeln Punkte.

Sechs Tage vor dem peinlichen Handschuh-Gespräch haben mich knapp 20 000 Zuschauer im Wedau-Stadion noch mit Sprechchören gefeiert. Im DFB-Pokal siegten wir gegen den Erstligisten und Favoriten 1. FC Köln im Elfmeterschießen. Nach dem 0:0 nach Verlängerung schaffe ich endlich das, was mir mit Bremen gegen Hannover leider nicht gelang: das Halten von zwei Elfmetern. Zuerst schnappe ich mir den von Alfons Higl, danach den von Pierre Littbarski. Wir sind weiter. Das ist einer der schönsten Momente in meinem Fußball-Leben. Lange Jahre habe ich Bodo Illgner nur am Fernseher beobachten können. Zwei von meinen neun Bundesliga-Spielen habe ich gegen Illgners FC verloren. Jetzt habe ich mal die Nase vor ihm. Vor dem Spiel haben wir uns noch unseren alten Spruch zugeraunt und gelacht: »Wir schaffen sie alle!« Nachher lache nur ich, Bodos Gratulation fällt weniger euphorisch aus.

Was für ein Torwart-Leben zwischen Sein und Schein! Auf der einen Seite die tiefe Enttäuschung über die Verantwortlichen, die mir eine Zukunft beim MSV unwahrscheinlich erscheinen lassen, auf der anderen Seite die sportliche Herrlichkeit für die Öffentlichkeit, die von der feindseligen Stimmung zwischen »Pokalheld« und MSV-Präsidium nichts weiß. Die *Neue-Ruhr-Zeitung* schreibt: »*Rollmann war für Duisburg Gold wert.*«

Weltmeister Bodo Illgner gratulierte:
Keeper Jürgen Rollmann: Glücksfall für den MSV

Duisburg (RS). Das dramatische Elfmeterschießen war gerade ein paar Sekunden beendet, MSV-Torhüter Jürgen Rollmann ließ sich von seinen Mannschaftskameraden feiern. Da ging Bodo Illgner auf seinen glücklichen Kollegen zu, gratulierte fair zum Sieg und zum abgewehrten Elfmeter von Alfons Higl, der den „Zebras" das Weiterkommen im Pokal gesichert hatte.

„Wir haben uns schon vor dem Spiel und nach der Verlängerung gegenseitig Glück gewünscht. Das ist bei uns eine ganz klare Sache", berichtete Jürgen Rollmann nach dem Spiel. Das Geheimnis der Freundschaft: „Wir kennen uns schon seit mindestens zehn Jahren, haben gemeinsam in der

Saison fast alles schief. In der Bundesliga (1:11 Punkte und schon 14 Gegentore) Schlußlicht, die Bevorzugung von Andreas Köpke als Nationaltorwart als vorläufiger negativer Höhepunkt und jetzt auch noch das frühe Scheitern im DFB-Pokal. Die Diskussionen der letzten Wochen nagen

sichtlich an den Nerven des Kölners, der in Duisburg seinen Kasten zwar 120 Minuten lang sauber hielt, jedoch große Unsicherheit verriet, sogar leicht zu fangende Bälle ängstlich wegfaustete. Beim Elfmeterschießen schließlich bekam er nur die Hand an Harforths Schuß, hatte sonst keine Abwehrchance. Bodo im Pech.

Für Jürgen Rollmann läuft es dage-

Solche Schlagzeilen motivieren natürlich zusätzlich

Daß ich nach der Handschuh-Episode in der Geschäftsstelle nicht gleich einen Rechtsanwalt einschalte, liegt am dichtgedrängten Spielplan und privatem »Streß«, wie der Geburt unseres Sohnes Lucas am 24. Oktober und einem Wohnungsumzug. Mittlerweile bin ich nämlich kein Junggeselle mehr, sondern seit August 1992 mit Andrea verheiratet.

Sportlich läuft es weiter in bekanntem Rhythmus, der die Duisburger Anhänger, die von einem glorreichen Durchmarsch zurück in die Erste Liga ausgegangen waren, nicht zufriedenstellt. Wir holen Punkte, glänzen aber nicht. Auch die Pokal-Euphorie hält nicht lange an. Zwei Runden nach dem Triumph über Köln kommt das Aus in Jena: 2:3 nach Verlängerung.

In die Verlängerung geht auch der Klein-Krieg mit dem MSV-Präsidium. Am 19. November kommt es zum nächsten Handschuh-Dialog. Geschäftsführer Keiper und Niemeyer empfangen mich und signalisieren, daß sie nun doch zahlen wollen. Na also, warum denn nicht gleich?! Aber wo ist Fischdick? Den hätte ich nach seiner September-Fragestunde in diesem Moment gerne dabei gehabt. Das Tischtuch zwischen uns scheint zerschnitten.

Die negativen Erfahrungen mit dem Duisburger Präsidium ermutigen mich, ein Amt anzunehmen, das mir vom damaligen Präsidenten Benno Möhlmann und Geschäftsführer Dr. Stefan Lottermann angeboten wird: nämlich den Posten des Vizepräsidenten der Vereinigung der Vertragsfußballspieler (VdV). Ab und zu hatte ich in der Vergangenheit für das Verbandsmagazin der VdV Beiträge geschrieben, ansonsten habe ich keine genaue Vorstellung von den Rechten und Pflichten dieses Ehrenamtes. Bei einem Treffen in Münster erklären mir Möhlmann und Lottermann Aufgabengebiete und Zielstellungen des Berufsverbandes, der 1987 auf Initiative von Benno Möhlmann gegründet wurde. Eigentlich relativ spät, denn beispielsweise in England gibt es die Spielergewerkschaft Professional Football Associations (P.F.A.) bereits seit 1907!

Als Mitglied gehöre ich der VdV seit 1989 an. Einige Werder-Spieler hatten mir den Eintritt empfohlen, um einerseits Solidarität mit dem Berufsstand zu zeigen, andererseits um die vielfältigen Leistungen in allen berufsspezifischen Angelegenheiten wie Rechtsberatung, Versicherungen oder Kapitalanlage nutzen zu können.

Mit der Duisburger Urlaubsentgelt-Formulierung komme ich erstmals mit VdV-Anwalt Horst Kletke in Kontakt. Der schildert mir, daß die VdV überhaupt erst den Anspruch auf Urlaubsentgelt für den Arbeitnehmer Fußballspieler geltend gemacht hat, und daß seit 1988 bereits Dutzende von Prozessen geführt worden sind. Eben von Spielern, die sich gegen jene Mogelpackungen, von denen mir eine der MSV an besagtem Sonntag im Mai untergeschoben hat, gewehrt haben.

Möhlmann und Lottermann versichern, daß ich als Vizepräsident zeitlich kaum belastet würde, lediglich drei-, bis viermal im Jahr an Präsidiumssitzungen teilnehmen müßte. Ich lasse mich zur Kandidatur überreden und werde schließlich am 30. November 1992 auf der VdV-Delegiertenversammlung in Frankfurt-Sulzbach zum VdV-Vizepräsidenten gewählt.

Als Nachfolger von Möhlmann, der zum Ehrenpräsident ernannt wird, übernimmt Geschäftsführer Dr. Stefan Lottermann auch noch das Präsidentenamt, Karl Allgöwer das des Schatzmeisters.

STATEMENT
Bruno Labbadia, Fußball-Profi seit 1987, Werder Bremen

»Der spektakulärste Wechsel war sicherlich der von Kaiserslautern zu Bayern. Als ich in München zusagte, konnte ich noch nicht abschätzen, daß wir mit Kaiserslautern am Ende ausgerechnet mit meinem neuen Verein in einen heißen Zweikampf um den Meistertitel verwickelt werden. Ich hatte frühzeitig meinen Wechsel bekanntgegeben. Als sich dann die Situation zuspitzte, war ich der Buhmann. Dabei habe ich trotz der Unterschrift noch öffentlich gegen die Bayern Stimmung gemacht, um Lautern zu helfen und noch ein bißchen was aus unserer Mannschaft herauszukitzeln. Auch in Absprache mit Trainer Karl-Heinz Feldkamp. Gedankt hat er es mir, indem er mich am letzten Spieltag in Köln, als Lautern die Meisterschaft mit einem 6:2 perfekt machte, auf die Bank verbannte. Im Rückblick muß ich aber sagen, daß diese Zeit die geilste war, die ich je erlebt habe.

So etwas hätte ich mir zu meiner Jugendzeit nie träumen lassen. Im letzten A-Jugendjahr bin ich vom SV Weiterstadt nach Darmstadt gewechselt, wo es dann auch den ersten Vertrag gab. Damit war das erste Großziel erreicht. Zweieinhalb Jahre war ich in der Zweiten Liga, dann lockte der Hamburger SV. Der damalige Manager Felix Magath machte auf mich einen tollen Eindruck, außerdem war der HSV gerade Vizemeister und Pokalsieger geworden. Das erste Jahr lief auch super für mich, mit elf Toren. Aber unter Trainer Willi Reimann habe ich dann kaum noch gespielt. Deshalb der Wechsel zu Kaiserslautern, wo ich insgesamt zweieinhalb Jahre war. Und daß ein Angebot von Bayern für einen Fußballer in Deutschland das Größte ist, brauche ich nicht weiter zu erklären. Die drei Jahre in München waren traumhaft. Die Stadt, die Fans – alles war super. Obwohl ich einen neuen Zweijahres-Vertrag unterschrieben hatte, wurde mir aber nach drei Jahren nahegelegt, einen neuen Verein zu suchen. Dieser Wechsel hat mir richtig weh getan. In Köln war wieder das erste Jahr fantastisch, besonders menschlich hat mich diese Zeit weiter gebracht. Als Mannschaftskapitän war ich wie nie zuvor eingebunden in die Vereinsabläufe. Dann gab es ein Angebot von Borussia Dortmund, jedoch keine Freigabe vom FC, eine schwere Verletzung mit anschließend langer Pause und eine schlechte Stimmung gegen mich auf und außerhalb des Platzes. Das Angebot von Werder Bremen kam mir gerade recht. Ob Werder mein letzter Profi-Verein ist? Ich kann es nicht sagen. Beim besten Willen nicht. Dafür ist das Geschäft einfach zu schnellebig und unberechenbar.«

7. Kapitel

Der Alltag

(I) Zwischen Sein und Schein

Es tut gut, nach der langen Frust-Zeit auf der Bank regelmäßig mit dem Gefühl im Tor zu stehen, gebraucht zu werden. Nach jedem gewonnenen Heimspiel laufen wir eine Ehrenrunde, klatschen die hinter dem Zaun stehenden, jubelnden Fans ab, die einerseits dankbar sind für jeden Erfolg, der den MSV näher an die Erste Liga bringt, andererseits überkritisch jeden Punktverlust mit Pfiffen quittieren. So auch das 1:1 gegen die Stuttgarter Kickers am 21. März 1993 im Wedaustadion. Zwei Tage später beginnt das Training mit einem Paukenschlag. In der Kabine verkündet Fischdick den Rücktritt von Trainer Reinders. Der verfolgt gesenkten Hauptes die kurze Ansprache des Präsidenten und verabschiedet sich anschließend mit wenigen Worten von uns. Mit seinem Rücktritt reagiere er auf die negative Stimmung im Stadion und wolle damit den Druck von uns Spielern nehmen. Ich bin darüber enttäuscht und kann diese Entscheidung nicht verstehen. Klar, einige Spiele waren nicht berauschend, aber wir stehen immerhin auf dem zweiten Tabellenplatz! Da laufe ich als Trainer doch nicht weg, nur weil es ein paar Pfiffe gegeben hat.

Noch in der Kabine rätseln wir, wer der Nachfolger von Reinders wird. Zusammen mit Co-Trainer Gerd Merheim gehen wir zum Trainingsplatz und beginnen uns aufzuwärmen. Auf einmal steht Ewald Lienen in Sportkleidung auf dem Platz. Präsident Fischdick holt uns zusammen und stellt Lienen als neuen Trainer vor. Ewald Lienen also! Der hat noch den letztjährigen Abstieg als Spieler mitgemacht, bevor er seine Laufbahn mit 38 Jahren beendete. Danach blieb er auf der Gehaltsliste des MSV und wurde Koordinator für den Jugend- und Amateurbereich. Die MSV-Amateure hatte er bereits während seiner Profizeit nebenher trainiert. Außerdem war er für die Materialausgabe für uns Profis verantwortlich. Ein neues Paar Schuhe? Neue Schienbeinschützer? Ewald fragen! Hieß es zumindest bis heute. Jetzt ist er unser Trainer. Die Reaktionen der Mitspieler sind unterschiedlich. Viele freuen sich. Weniger über die Beförderung von Lienen, sondern weil sie mit dem oftmals rüden Umgangston von Reinders (Standardspruch: »Ihr Hammerwerfer«) Schwierigkeiten hatten.

28. März, Trainerdebüt von Lienen. Ausgerechnet beim Tabellenführer SC Freiburg. Ewald, wir sind per du mit ihm, krempelt alles um. Taktik, Verpflegung, Ablauf im Trainingslager. Der Höhepunkt: das Training am Spieltag. Wir müssen ohne Frühstück auf einem Kartoffelacker in Emmendingen, dem Ort unseres Trainingslagers, antreten. Die Stimmung ist gereizt. Beim Kreisspiel kommt es fast zu einer Schlägerei. Die Aufstellung hat nichts mehr mit dem zu tun, was in den Wochen zuvor zwar keinen berauschenden Fußball brachte, aber Punkte. Lienen beordert Libero Oliver Westerbeek ins Mittelfeld, Spielmacher Reinmayr, Mittelstürmer Preetz und Stefan Böger auf die Bank sowie – zur allgemeinen Überraschung – Stürmer Markus Sailer ins rechte Mittelfeld, versehen mit hochkomplizierten taktischen Aufgaben. Wir verlieren sang- und klanglos 1:3. Bei besserer Chancenverwertung hätte der SC auch sieben Tore schießen können. Das Gute an der Niederlage: Danach gibt es wieder Frühstück, Westerbeek kehrt auf den Liberoposten zurück, und Markus Sailer spielt nie mehr im Mittelfeld. Die Autorität des Neu-Trainers wird durch diese Maßnahmen nicht unbedingt gestärkt. Die ersten Wetten werden im Mannschaftskreis abgeschlossen, wie lange sich der hektische, ständig Zettel vollkritzelnde Lienen wohl halten wird. Mir sind diese Witzchen ziemlich egal. Ich will zurück in die Erste Liga. Da kann von mir aus auch eine Vogelscheuche am Spielfeldrand stehen.

An unserer Spielweise vermag Lienen nichts entscheidend zu ändern. Wir stehen weiterhin in der Abwehr gut und zittern uns zum Aufstieg. Zusammen mit dem SC Freiburg und dem VfB Leipzig. Direkt nach dem vorletzten Saisonspiel, einem 1:0-Sieg zuhause gegen Darmstadt 98 am 30. Mai, der die letzten Zweifel am Sprung in die Erste Liga beseitigt, gehen öffentlich die Spekulationen los, welche Spieler von der jetzigen Mannschaft überhaupt bundesliga-tauglich und wieviele Neuverpflichtungen nötig sind, damit der MSV in der Ersten Liga bestehen kann. Als ich den Namen Claus Reitmaier, Torwart der Stuttgarter Kickers, in der Zeitung lese, klingeln bei mir die Alarmglocken. Klar ist, daß der MSV einen Torhüter holen muß, weil der bisherige Ersatzkeeper Ralf Kellermann zum hessischen Drittligisten FSV Frankfurt wechselt. Aber daß Reitmaier als Nummer 2 zum MSV kommt, ist eher unwahrscheinlich. Wahrscheinlicher ist für mich die späte Rache von Präsident Fischdick, mit dem ich seit unserer September-Auseinandersetzung kein Wort mehr gesprochen habe.

Am 1. Juni stelle ich Lienen telefonisch zur Rede. Ich will von ihm wissen, ob Reitmaier tatsächlich kommen und wie ich dessen mögliche Verpflichtung deuten soll. Er stottert herum, erzählt mir, daß ich schließlich eine schwere Schulterverletzung hätte, das wüßte er von Fischdick, und das deshalb mit mir nicht sicher zu planen sei. Bezüglich Reitmaier drückt er sich vor einer klaren Aussage. Mir reicht das, um meine schlimmsten Befürchtungen bestätigt zu sehen. Ich bin maßlos von Lienen enttäuscht. Einen Bänderriß in der Schulter hatte ich im vergangenen Jahr. Trotz diverser Untersuchungen und etlicher Trainingspausen, bedingt durch ärztliche Behandlung, habe ich als einziger MSV-Spieler alle 46 Punktspiele mitgemacht! Zudem habe ich mit Lienen in den vergangenen Wochen so manche Extra-Trainingseinheit eingelegt. Wie kann der mir jetzt erzählen wollen, daß ich schwer an der Schulter verletzt sei?

Ich verabrede deshalb mit Vizepräsident Niemeyer und Geschäftsführer Keiper einen Gesprächstermin. Auf der Geschäftsstelle will ich am 3. Juni von den Herren wissen, ob ich als Dank für meine Leistungen in Liga 2, mit immerhin den wenigsten Gegentoren und 19 zu-Null-Spielen, nun einen Bankplatz in Liga 1 bekommen soll. Unmißverständlich gebe ich Niemeyer und Keiper zu verstehen, daß ich nicht gewillt bin, auch nur ein einziges Spiel auf der Bank zu verbringen. Dort habe ich in Bremen lange genug gesessen. Wenn die MSV-Verantwortlichen diesbezüglich etwas vorhaben, sollen sie mir es bitteschön direkt mitteilen und nicht über die Medien. Dann lösen wir eben den Vertrag auf!

Am 6. Juni, vor unserem letzten Saisonspiel bei Eintracht Braunschweig, entnehme ich wiederum der Zeitung, daß Reitmaier dem MSV abgesagt und beim 1.FC Kaiserslautern unterschrieben hat. Damit ist die Attacke aus dem eigenen Lager vorerst abgewehrt.

Und weiter geht es mit dem schönen Schein für die Öffentlichkeit. Die *Westdeutsche Allgemeine Zeitung* (WAZ) ehrt mich mit einem Pokal zum ihrer Meinung nach besten MSV-Spieler der abgelaufenen Saison. Der MSV-Fanklub »Hopfenstube« überreicht mir eine wertvolle, selbstgemachte Wand-Uhr mit der Gravur: »Für den beliebtesten Spieler der Saison 1992/1993«.

(II) Abenteuer Bundesliga

Am 2. Juli beginnt um 10 Uhr offiziell die Spielzeit 1993/94. Nicht mit Training, sondern mit einem Fototermin. Ganze Scharen von Fotografen holen sich »ihr« Mannschaftsbild und »ihre« Porträts. Besonders interessant für die Presse: die neuen Spieler. Und das sind Peter Közle (Grashoppers Zürich), Jan-Ivar »Mini« Jacobsen (Young Boys Bern), Thomas Puschmann (Bayer Uerdingen), Torsten Wohlert, Uwe Weidemann (beide Waldhof Mannheim), Alois Schwartz (Stuttgarter Kickers) und Torwart Zoran Zeljko (Borussia Fulda).

Zudem werden an diesem Vormittag Schuhe, Trainingsanzug, T-Shirts und Taschen des neuen Ausrüsters diadora ausgegeben. In der Vereinsgaststätte essen viele Spieler eine Kleinigkeit, quatschen über den Urlaub. Die neuen Kollegen werden beschnuppert.

Den ersten Trainingstag beschließt eine Laufeinheit rund um die Duisburger Ruderregattastrecke, die vielen Spielern die ersten Blasen an den Füßen beschert.

Am 3. Juli steht nur eine Trainingseinheit auf dem Plan. Ohne Ball. Der Laktattest. Dieser Test ist bei der Mannschaft so unbeliebt wie beliebt bei unserem Trainergespann Gerd Merheim und Ewald Lienen.

Was ist ein Laktattest? Ein Ausdauertest, bei dem insgesamt 14 Runden a 400 Meter in vier verschiedenen Durchgängen gelaufen werden müssen. Die ersten vier Runden mit einem Tempo von drei Metern pro Sekunde.

Danach kurze Pause, Blut wird am Ohrläppchen abgenommen. Zweiter Durchgang drei Runden mit einer Laufgeschwindigkeit von 3,5 m/sek., kurze Pause, Blutabnahme. Dritter Durchgang drei Runden mit 4 m/sek., kurze Pause, Blutabnahme, dann folgt der letzte Durchgang mit vier Runden und 4,5 m/sek., wieder Blutabnahme.

Die Blutabnahme führt ein wissenschaftliches Team von der Sporthochschule Köln durch. Anhand der verschiedenen Proben wird nachher im Labor festgestellt, wie fit jeder Spieler ist. Wie schnell jeder laufen kann, ohne zu ermüden.

Vom 14. bis 21. Juli beziehen wir ein Trainingslager im norddeutschen Wiefelstede, in der Nähe von Oldenburg. Dreimal Training pro Tag ist angesagt. Lockere Läufe vor dem Frühstück, Frühstück, Training, Essen, Mittagsruhe, Training. Dazu vier Freundschaftsspiele gegen Oldenburg, Ohmstede, Carl Zeiss Jena und die U21-Nationalmannschaft Australiens.

Am 17. Juli setzt sich die Mannschaft nach dem Abendessen zusammen. Die Wahl zum Mannschaftskapitän steht an. Patrick Notthoff, der langjährige Duisburger Kapitän, stellt sein Amt zur Verfügung. In der Zweiten Liga hat er seinen Libero-Stammplatz an Oliver Westerbeek verloren, außerdem plagt er sich fortlaufend mit Verletzungen. Wir diskutieren angeregt, bis sich schließlich die vorgeschlagenen Alfred Nijhuis, Stefan Böger, Michael Preetz und meine Wenigkeit zur geheimen Wahl stellen. Schon im vergangenen Jahr war ich zur Wahl vorgeschlagen worden, hatte aber abgelehnt, weil ich als damals neuer Spieler das Umfeld gar nicht kannte. Diesmal will ich mich nicht drücken.

Die Auszählung ergibt für Nijhuis und Böger je zwei Stimmen, Preetz erhält acht und auf mich entfallen elf Stimmen. Ich bin also neuer Mannschaftskapitän! Mich freut es sehr, daß mir die Mehrheit der Kollegen ihr Vertrauen ausgesprochen hat. Der Mannschaftsrat, sozusagen der Betriebsrat einer Fußballmannschaft, setzt sich aus den bei der Kapitänswahl Unterlegenen zusammen, ergänzt durch Uwe Weidemann. Stefan Böger übernimmt zudem die Verwaltung der Mannschaftskasse. In diese kommen alle Geldstrafen, die wegen Unpünktlichkeit oder anderen Disziplinlosigkeiten anfallen.

Zusammen mit Michael Preetz verkünde ich das Wahlergebnis den Personen, die im Restaurant auf das Ergebnis warten. Präsidium, Trainer und Presse. Dieter Fischdick, der jahrelang mit Patrick Notthoff einen berechenbaren und damit genehmen Kapitän hatte, wird blaß. Während Merheim und Lienen gratulieren, sagt der MSV-Boß keinen Ton und versteckt sich noch intensiver hinter seinen verschränkten Armen. Wir verabreden ein Gespräch mit ihm und dem Mannschaftsrat für die nächsten Tage, um die Prämienregelung für die kommende Saison abzustimmen.

20. Juli, Spiel gegen Oldenburg. Das Schweigen zwischen mir und Fischdick hört auf. 20 Minuten sprechen wir vor dem Anpfiff miteinander, lassen noch einmal im Schnelldurchgang die Streitereien des vergangenen Jahres Revue passieren und vereinbaren ein ausführlicheres Gespräch am Abend. Dieses dauert dann über zwei Stunden und wirkt auf mich erleichternd, denn es war kein schönes Gefühl in den vergangenen Monaten, nach außen die heile Welt zu verkaufen, aber intern nicht wohlgelitten zu sein.

21. Juli, Ende des Trainingslagers. Von Wiefelstede fahren wir direkt zum Georg-Melches-Stadion in Essen, wo wir ein Freundschaftsspiel gegen Rot-Weiß bestreiten (2:2).

Endlich wieder zuhause, finde ich in der Post einen Brief vom Deutschen Fußball-Bund (DFB). Es geht um die Tätigkeit als Lizenzspieler-Beisitzer beim DFB-Sportgericht. Jeder Verein ist verpflichtet, Spieler an den DFB zu melden, die die Funktion als Beisitzer zeitweilig übernehmen. Kommt es beispielsweise nach einem Platzverweis zu einer Verhandlung vor dem DFB-Sportgericht, das das Strafmaß festlegt, wird auch der Lizenzspieler-Beisitzer nach Frankfurt geladen, um seine Meinung zum betreffenden Vergehen zu hören.

30. Juli. In der MSV-Geschäftsstelle findet das erste Prämiengespräch statt. Zusammen mit dem Mannschaftsrat stelle ich die zuvor mit den übrigen Kollegen abgestimmten finanziellen Vorstellungen dem Präsidium zur Diskussion. Unsere Zahlen für einen Punktgewinn oder das Erreichen des Klassenerhaltes unterscheiden sich erheblich von jenen, die Fischdick, Niemeyer und Köppen uns anbieten. Eine Nichtabstiegs-Prämie, bei anderen Mannschaften durchaus üblich, lehnen die Herren schroff ab. Wir sprechen noch über einige organisatorische Dinge, so die Erledigung von Autogrammwünschen, und vertagen uns auf den kommenden Montag.

2. August, zweite Prämien-Verhandlungsrunde. Die Tonlage wird schärfer. Wir bleiben bei unserer Forderung. Das Präsidium beklagt, daß doch die Arbeitslosigkeit in Duisburg so hoch sei und sie deswegen nicht so viel bezahlen könnten. Ich verweise auf die Stadt Dortmund, in der die Arbeitslosenquote ähnlich hoch, das Stadion dennoch so gut wie immer ausverkauft ist und sehr hohe Prämien bezahlt werden. Zudem hat der MSV bis zum damaligen Zeitpunkt so viele Dauerkarten verkauft wie nie zuvor in der Vereinsgeschichte. Der verbale Schlagabtausch, der vornehmlich zwischen Fischdick und mir abläuft, eskaliert. Der MSV-Präsident brüllt, die Kollegen sind spürbar irritiert …

So hatten wir uns das nicht vorgestellt. Eigentlich wollten wir vor dem ersten Bundesliga-Punktspiel alles geregelt haben. Aber was tun? Wir können nur Argumente bringen, aber ein Druckmittel zur Durchsetzung von Spieler-Forderungen gibt es nunmal nicht. Wir möchten einen festen DM-Betrag pro Punkt, nämlich 2500,- Mark, unabhängig vom Tabellenplatz. Das Präsidium dagegen will nur Prämien zahlen, wenn wir auf einem Nichtabstiegs-Platz stehen und favorisiert deshalb die sogenannte Päckchenregelung. Die besagt, daß immer nach vier Spielen, unabhängig vom Tabellenplatz, abgerechnet wird, also die Anzahl der errungenen Punkte mit dem festzulegenden Betrag multipliziert wird. Das Präsidium bietet folgende Summen an:

1 Punkt:	1000,- Mark	5 Punkte:	2000,- Mark
2 Punkte:	1500,- Mark	6 Punkte:	2500,- Mark
3 Punkte:	1500,- Mark	7 Punkte:	2500,- Mark
4 Punkte:	2000,- Mark	8 Punkte:	2500,- Mark

Würden wir also vier Punkte in vier Spielen holen, gäbe es 8 000,- Mark. Pro eingesetztem Spieler wohlgemerkt. Um in der Klasse zu bleiben, und nur das ist das realistische Ziel als Aufsteiger, brauchen wir im Schnitt drei Punkte aus vier Spielen. Darauf spekuliert das Präsidium.

Bei drei Punkten aus dem Päckchenmodell bekämen wir dann 4 500,- Mark. Bei 2 500,- Mark pro Punkt dagegen, so wie wir uns das vorstellen, wären es 7 500,- pro Mann. Bei in der Regel 13 eingesetzten Spielern sind das immerhin knapp 40 000,- Mark Differenz im Monat, um die wir uns fiktiv streiten. Wen wundert es also, daß kräftig gefeilscht wird. Da die angebotene Päckchenregelung von den Kollegen abgelehnt wird, vertagen wir uns erneut, um nochmals mit der Mannschaft Rücksprache zu halten.

4. August, Pflichtspielauftakt. Das Spiel in der ersten DFB-Pokal-Hauptrunde bei Amateurligíst Böblingen endet mit einem sicheren 5:0-Sieg. Wir übernachten in unserem Trainingslager und besprechen nach dem Abendessen mit der ganzen Mannschaft den Stand der Prämienverhandlungen. Die vorgeschlagene Päckchenregelung findet erneut keine Mehrheit. Wir einigen uns auf neue Zahlen, die ich niederschreibe und am anderen Morgen im Briefumschlag dem MSV-Boß übergebe.

Unser erstes Bundesligaspiel endet im Wedaustadion 2:2 gegen Bayer Leverkusen. Herrliches Wetter, 20 000 Zuschauer, Bernd Schuster feiert im Bayer-Dreß nach 13 Jahren Spanien seine Rückkehr in die Bundesliga. Der eigentlich als Mittelfeldregisseur verpflichtete Uwe Weidemann spielt für den verletzten Michael Preetz im Sturm, zusammen mit Peter Közle, Hannes Reinmayr erhält im Mittelfeld den Vorzug gegenüber Amateur Tebeck. Mit dem Unentschieden sind wir zufrieden. Schließlich konnte niemand vor der Partie so genau ahnen, welche Leistungsstärke die neu zusammengestellte Mannschaft hat. Was der Punkt auf dem Gehaltszettel wert ist, wissen wir nicht. Nach dem Spiel fahren wir aus dem Wedaustadion zurück in unser Hotel, in dem wir vor dem Leverkusener Spiel das sogenannte Trainingslager bezogen hatten, um gemeinsam mit den Frauen, Kindern, Präsidium, Trainern und nahestehenden MSV-Freunden zu essen, Fernsehen zu schauen und das erste Saisonspiel Revue passieren zu lassen. Das gemeinsame Essen soll den Zusammenhalt fördern und gefällt mir als feste Einrichtung sehr gut. Warum auch sollte es nur in der Amateurliga die so beliebte »dritte« Halbzeit geben?

10. August, dritte Verhandlungsrunde. Die Stimmung ist miserabel. Das Präsidium möchte weiterhin keinen festen Betrag pro Punkt ausschütten, sondern die sogenannte Päckchenregelung. Die Front steht. Wir brechen das Gespräch ab, um uns erneut mit den Kollegen zu beraten.

12. August, Abflug nach Dresden. Morgen steht das zweite Bundesliga-Spiel der Saison 1993/94 auf dem Programm. Ich teile mein Zimmer mit Torwartkollege Zeljko. Am Abend kommt Alfred Nijhuis zu mir und teilt mir mit, daß er aus dem Spielerrat ausscheiden will. Er sei dieser Art von Prämien-Verhandlungen nervlich nicht gewachsen und wolle den Kopf ganz frei haben für den Fußball. Nur mühsam kann ich ihn überreden, dieses Vorhaben wieder zu verwerfen.

In Dresden gewinnen wir 1:0 und sind überglücklich. Spielentscheidend und kurios ist die 84. Minute. Dresden bekommt einen Elfmeter zugesprochen. Mauksch schießt, ich bin in der richtigen Ecke, kann den Ball sogar festhalten, werfe sofort die Kugel dem sich freilaufenden Michael Tarnat

zu, der paßt auf Weidemann und dieser wird im Dynamo-Strafraum gefoult. Elfmeter für uns, nur Sekunden nach dem Dresdner Fehlschuß! Peter
Közle läßt sich die Chance nicht entgehen und verwandelt. Wir freuen uns
riesig. Unabhängig davon, daß wir weiterhin nicht wissen, was die zwei
Punkte auf dem Gehaltszettel wert sind.

16. August, endlich die Übereinkunft im Prämienpoker! Die Gesprächs-
Atmosphäre ist freundlich, nicht zu vergleichen mit der befremdlichen
Stimmung zuvor.

Wir einigen uns schließlich auf das Päckchenmodell mit folgenden Zahlen:

1 Punkt:	0 Mark	5 Punkte:	2000,- Mark
2 Punkte:	1000,- Mark	6 Punkte:	2500,- Mark
3 Punkte:	1400,- Mark	7 Punkte:	2500,- Mark
4 Punkte:	1600,- Mark	8 Punkte:	3000,- Mark

Wenn es schon keine Nichtabstiegs-Prämie geben soll, möchten wir im
Gegenzug die Festschreibung einer Prämie für das eventuelle Erreichen
eines UEFA-Cup-Platzes, der Deutschen Meisterschaft und des DFB-Pokal-
sieges. Fischdick, Niemeyer und Köppen schlucken und meinen, das wäre
doch abwegig und schwer im voraus zu regeln. Wir bräuchten aber keine
Angst zu haben, wenn es so toll laufen sollte, dann würde sich der MSV mit
Sicherheit nicht lumpen lassen und eine ordentliche Prämie ausschütten.
Da könnten wir ganz sicher sein. Wohl oder übel akzeptieren wir, wobei ich
mir nach meinen ganz persönlichen Erfahrungen meinen Teil denke … Im
DFB-Pokal verständigen wir uns auf die Regelung, die der MSV seit Jahren
praktiziert. 50 Prozent der Nettoeinnahme des Vereins wird pro Runde an
die Mannschaft ausgeschüttet. Sollte es eine TV-Übertragung geben, wird
neu verhandelt. Wir geben uns die Hände. Ich bin froh, daß dieses Theater
vorüber ist.

Der Alltag bleibt spannend. Gegen den VfB Stuttgart spielen wir in Duisburg 2:2, die zweite DFB-Pokalhauptrunde überstehen wir glücklich bei
Amateurligist Ricklingen mit 1:0. In Leipzig gibt es ein 1:1-Unentschieden.
Zum ersten Mal sind wir klar besser als der Gegner und hätten eigentlich
gewinnen müssen. Aber die erste gute Prämie nach vier Bundesligaspielen
ist im Sack: Fünf Punkte bedeuten 10 000,- Mark für die Stammspieler!

Das nächste Päckchen hat es in sich und beginnt gleich mit zwei »Hammerspielen«. Zuerst in Bremen, bei meinem Ex-Klub, dem amtierenden Deutscher Meister, danach in Duisburg gegen Bayern München.

30. August. Wir treffen uns am MSV-Trainingsgelände und fahren mit dem Bus nach Bremen. Unser Trainingslager beziehen wir in einem Hotel ganz in der Nähe der Universität, auf deren Sportgelände wir auch am Nachmittag trainieren. Viele Erinnerungen werden bei mir wach. Ich bin unwahrscheinlich heiß auf dieses Spiel und hoffe, daß ich nicht ausgerechnet in Bremen die Kiste voll bekomme. Zumal die Zeitungen die Partie auf das Wiedersehen zwischen mir und Werder reduzieren. *BILD*-Schlagzeile: »Werder heute gegen Duisburg – Rollmanns Abrechnung?«

31. August, Spieltag. Vormittags machen wir noch eine lockere Trainingseinheit, Mittagessen, Mittagsruhe, Besprechung, Abfahrt ins Weserstadion. Viele bekannte Gesichter laufen mir über den Weg, von den freundlichen Platz-Ordnern über den Werder-Geschäftsführer Barkhausen bis zu den Bremer Spielern. Ich bin angespannt und redefaul.

Das Spiel endet mit einem wahren Paukenschlag. Nachdem es zur Pause eher glücklich für uns 0:0 steht, ist in der zweiten Halbzeit jeder Schuß auf das Bremer Tor ein Treffer. Endstand: 5:1 für uns. Eine Sensation. Wir liegen uns in den Armen. Als sicherer Abstiegskandidat haben uns viele Experten vor der Saison bezeichnet, jetzt stehen wir auf einmal in der Tabelle ganz oben. Und gewinnen beim Deutschen Meister mit 5:1! Das muß man sich wirklich auf der Zunge zergehen lassen.

Ich drossele meine Freude, bin relativ ruhig gegenüber den Fernsehreportern und tue diesen nicht den Gefallen, die Frage, ob dieser Sieg für mich eine Genugtuung sei, zu bejahen. Irgendwie bin ich einfach nur glücklich, glücklich über meinen glücklichen Tag heute im Weserstadion, das ich lange Zeit nur passiv von der Bank aus erlebt habe, oftmals als lebendes Schutzschild für Otto Rehhagel, weil der nicht von den Fernsehkameras aufgenommen werden wollte und sich neben mich drängelte …

Die Presse feiert uns am nächsten Tag, dem 1. September, als Überflieger. Das Telefon steht nicht still. Viele Bekannte rufen an und gratulieren. Im Training blüht der Flachs, keine Spur von Anspannung, die Übungen sind intensiv und verursachen scheinbar keine Anstrengung. Das sind die Momente, die den Beruf als Fußballspieler zum Traumjob machen. Jedermann klopft einem auf die Schulter, die Rentner am Duisburger Trainingsgelände beklatschen jeden Spieler, der es schafft, einigermaßen fehlerfrei aus und nach dem Training wieder in sein Auto zu steigen.

2. September, ich schlafe bis 12 Uhr. Wir trainieren am Nachmittag. In einem großen Einkaufscenter in Mühlheim/Ruhr gibt es anschließend eine Autogrammstunde in einer Filiale unseres Hauptsponsors, zu der wir gemeinsam im Bus fahren. Nach dem Triumph in Bremen ist der MSV in aller Munde und der Menschenauflauf dementsprechend riesig.

3. September, Training am Nachmittag. Danach Bezug der Zimmer im sogenannten Trainingslager, einem Hotel im Duisburger Stadtteil Homberg. Peter Közle wird mein neuer Zimmerpartner. Ich habe persönlich nichts gegen Zoran Zeljko, aber gegen seine Fernsehgewohnheiten. Rein ins Zimmer, Fernseher an, egal, was läuft. Das vertrage ich nicht, vor allem brauche ich auch ab und an eine ruhige Minute, um zu lesen. Das funktioniert nicht, wenn die Glotze ununterbrochen läuft. Schon in Bremen habe ich einige Zimmerpartner mit Dauerfernsehdrang verschlissen: Allofs, Votava, Bratseth, Bockenfeld. Mit Marco Bode klappte es zuletzt am besten, weil der nebenher studierte und die vielen Stunden auf Reisen und in Hotels zum Lernen nutzte.

4. September, Spiel gegen Bayern München. Das Wedaustadion ist mit 30 000 Zuschauern ausverkauft. Wir können an die Bremer Leistung anknüpfen, gehen zweimal in Führung, Peter Közle vergibt in der Schlußphase mehrere hochkarätige Chancen. In der 90. Minute kassieren wir den Ausgleich durch Mehmet Scholl. Endstand 2:2. Die Zuschauer sind trotzdem begeistert und wir Spieler stolz, daß Bremen scheinbar keine Eintagsfliege war.

Was auffällt: Wir spielen richtig schönen Fußball. Mit Reinmayr und Tarnat im linken, Schmidt und Böger im rechten Mittelfeld sowie den laufstarken Stürmern Weidemann und Közle haben sich Spieler gefunden, die nicht nur rennen und kämpfen, sondern Kreativität versprühen.

5. September. Um 10 Uhr ist Training auf einem Sportplatz am Wedaustadion. Wir sind diesmal hier, weil sich im Stadion im Gegensatz zum Trainingsgelände an der Westender Straße eine Sauna und ein Kraftraum befinden.

6. September, nur einmal Training. Die Autogrammpost wird verteilt. An den Briefbergen läßt sich das gestiegene Interesse am MSV ebenfalls deutlich erkennen. Ob in der Fußgängerzone oder am Postschalter: Ich habe das Gefühl, ganz Duisburg liegt im Fußball-Fieber. Jeder spricht einen auf den MSV an und scheint irgendwie Stolz darauf zu sein, daß der kleine MSV den Großen in der Liga wie Werder Bremen und dem FC Bayern München Paroli geboten hat.

7. September. Am Vormittag erledige ich Post, darunter zahlreiche Autogrammanfragen, über die ich mich immer noch sehr freue und in Erinnerung an meine eigene Sammlerzeit gerne bearbeite, obwohl das Öffnen, Lesen, Zukleben oder Frankieren seine Zeit braucht. Training am Nachmittag. Danach schauen wir noch bei der Geburtstagsparty von Vizepräsident Lothar Niemeyer vorbei. Im Namen der Mannschaft spreche ich ein paar Worte und überreiche unserem Vize ein Buchpräsent: »Nieten in Nadelstreifen« von Günter Ogger …

Mit einem dreifachen Sportlergruß, den Joachim Hopp anstimmt, verlassen wir die Örtlichkeit und beziehen wieder unsere Zimmer in der Sportschule Duisburg-Wedau, denn schon morgen müssen wir in der »englischen Woche« bei Wattenscheid 09 antreten.

8. September, Spieltag. Der Wahnsinn geht weiter. Wattenscheid ist zwar die spielbestimmende Mannschaft, aber wir gewinnen am Ende mit 2:0 in einer wahren Abwehrschlacht bei strömendem Regen. Von den 10 000 Zuschauern ist die Mehrheit aus Duisburg mitgereist, die uns nach dem Spielen im wahrsten Sinne des Wortes euphorisch feiert. Wir laufen im gegnerischen Stadion eine Ehrenrunde!

Solche überschwenglichen Gefühle habe ich im Fußball bislang nie erlebt. Seit vier Wochen schaukeln wir uns zu immer prickelnderen Adrenalinschüben. Wie lange dauert so ein Rauschzustand wohl an?

In der Wattenscheider Kabine bekomme ich mitgeteilt, daß ich zur Dopingkontrolle muß. Seit der Saison 1988/89 gibt es dieses Procedere. Während des Spiels wird ausgelost, welche zwei Spieler pro Mannschaft Wasser lassen müssen. Grundsätzlich halte ich diese Kontrollen für Quatsch, denn es

Deutscher Fußball-Bund

Aufforderung zur Dopingkontrolle

Spiel	SG Wattenscheid 09 – MSV Duisburg

Spielort	Wattenscheid	Datum	8. September 1993
Name	*ROLLMANN*	Vorname	*Jürgen*
Verein	MSV Duisburg	Spielernummer	*1*

Sie wurden zur Dopingkontrolle ausgelost und werden gebeten, sich so schnell wie möglich, spätestens jedoch 30 Minuten nach Spielschluß, mit diesem Formular und dem Spielerpaß im Kontrollraum einzufinden.

Sie können vom Arzt, Trainer oder einem anderen Verantwortlichen Ihrer Mannschaft zur Kontrolle begleitet werden.

Sollten Sie sich nicht innerhalb der vorgesehenen Frist zur Kontrolle einfinden oder sich weigern, sich der angeordneten Kontrolle zu unterziehen, haben Sie mit Sanktionen gemäß der Rechts- und Verfahrensordnung des DFB zu rechnen.

8. September 1993	
Datum	Unterschrift des Dopingarztes

Keine Aufforderung zum Tanz, sondern zur Doping-Kontrolle

gibt keine Pille, die einen Spieler treffsicherer schießen oder einen Torwart besser die Bälle fangen läßt. Aber daß in der Vergangenheit Spieler Aufputschmittel wie Captagon oder Ephedrin genommen haben, ist ein offenes Geheimnis. Nicht erst seit dem »Anpfiff«-Buch von Toni Schumacher von 1987, das seine Nationalmannschafts-Karriere beendete und in Köln den Weg für Bodo Illgners steile Karriere ebnete …

12. September, Pokalspiel. Gegner ist der Amateurligist TSG Pfeddersheim. Erst nach Verlängerung gewinnen wir glücklich 3:1.

18. September. Der nächste Spieltag bringt wieder einen Knaller für die Fußball-Fans im Ruhrgebiet. Borussia Dortmund kommt. Das Wedaustadion ist rappelvoll. Schon beim Warmmachen feiern uns die Fans. Nach den letzten Spielen darf ich mich über eine besonders freundliche Begrüßung freuen. Zusammen mit Zeljko gehe ich immer 45 Minuten vor Spielbeginn, also 15 Minuten vor den Feldspielern, auf den Platz. Das Ritual ist immer gleich und nach über 50 Pflichtspielen für den MSV mittlerweile auch für die Fans vertraut. Aus den Katakomben laufe ich im schnellen Tempo zu unserem Warmmach-Tor, hinter dem sich die Fan-Kurve des MSV befindet. Schon beim Betreten des Platzes stimmen die Fans ein langgezogenes »Jüürgen, Jüürgen, Jüürgen« an. Ich lege die Bälle im Tor ab und winke den Menschen zu, die mich so freundlich empfangen. Diese Momente sind unbeschreiblich schön und motivierend zugleich, voll konzentriert ins Spiel zu gehen, um niemanden zu enttäuschen.

Nach 13 Spielminuten muß ich zum erstenmal aus meinem Aufwärm-Tor den Ball holen, den mir Stephane Chapuisat »eingelocht« hat. Einen Schuß von Matthias Sammer kann ich gerade noch an den Pfosten lenken, von unserer spielerischen Klasse der vergangenen Wochen ist nicht viel zu sehen. Dortmund ist klar besser. Kurz vor der Halbzeit schießt Ferenc Schmidt den Ausgleich, und kurz nach der Halbzeit Közle die Führung. Schaffen wir etwa auch die Dortmunder? In meine schönsten Träume platzt der 2:2-Ausgleich durch Matthias Sammer. Der Endstand. Drittes Spiel zuhause, zum drittenmal 2:2. Ein glückliches. Der eine Punkt ist auch finanziell für uns viel wert, genauer 5 000 Mark! Denn der sechste Punkt nach unserer Päckchenregelung bedeutet 15 000 Märker pro Stammspieler! Wir flachsen in der Kabine. Erst wollte niemand diesen Prämienmodus, jetzt auf einmal profitieren wir davon. Also, auf geht's, nach fünf und sechs Punkten nehmen wir jetzt die sieben für die nächsten vier Spiele ins Visier …

24. September, Spiel beim HSV. Regen, Schmuddelwetter. Die Hamburger sind überlegen, doch es ist einfach unglaublich, was für einen Glückslauf wir haben. Uwe Weidemann köpft bei dem ziemlich einzigen, gefährlichen Angriff von uns in der 71. Minute das »Goldene Tor«. Wir gewinnen 1:0 und liegen uns wieder einmal in den Armen. Der vierte Auswärtssieg. Damit haben wir auf Reisen 9:1-Punkte geholt und sind in der Tabelle ganz oben dabei: Vierter Platz!

1. Oktober. Wieder einmal Zusammentreffen mit Bodo Illgner. Der 1. FC Köln kommt ins Wedaustadion, das mit 25 000 Zuschauern gut gefüllt ist. Die MSV-Fans sind nach dem jüngsten Auswärtssieg euphorisch. Die »Jüürgen, Jüürgen«-Rufe sind noch lauter als bei den vergangenen Spielen.

Viel zu tun habe ich nicht. Bodo hält stark und rettet seinem FC ein 0:0. Damit bleiben wir nach zehn Spielen ungeschlagen und in der Tabelle oben dabei. Die WAZ schreibt: »Langsam wird jetzt Duisburgs Serie unheimlich.« Es folgt die letzte unheimliche Woche in der Ersten Bundesliga, denn am 9. Oktober müssen wir zu Borussia Mönchengladbach. Nach 42 Minuten habe ich drei Bälle im Tor liegen. Endstand 1:4. So richtig böse ist niemand. Irgendwann einmal mußte es schließlich passieren.

15. Oktober. Der mit 20:2 Punkten nach elf Spielen noch ungeschlagene Tabellenführer Eintracht Frankfurt kommt nach Duisburg. Lienen stellt die Mannschaft um. Nijhuis, Tarnat und Reinmayr fliegen nach der Pleite in Gladbach aus der Stammelf. Reinmayr ist den Tränen nahe, er ist genauso wie Nijhuis nicht einmal im 16er-Kader, sondern muß auf die Tribüne. Ich kann die Änderungen und vor allem die Art und Weise überhaupt nicht verstehen und befürchte, daß es heute zum erstenmal eine richtige Packung gibt. Ich bin nicht der einzige Spieler, der mit Bauchschmerzen vom Hotel zum Wedaustadion fährt.

Doch dann folgt ein Spiel vor 27 000 Zuschauern, das den tollen Erlebnissen der bisherigen Saison die Krone aufsetzt. Wir stehen fast die gesamten 90 Minuten eher in unserer Hälfte, als daß wir die Eintracht gefährden. Uli Stein hat so gut wie nichts zu tun. Uwe Bein und Maurizio Gaudino bringen uns ständig in Verlegenheit. Ausgerechnet Michael Preetz, der zu Saisonbeginn seinen Stammplatz an Weidemann verloren hatte, macht in der 42. Minute das einzige Tor. Statt der befürchteten Packung gewinnen wir mit 1:0 und dürfen wieder unsere Ehrenrunde laufen. Die MSV-Anhänger toben. Wahnsinn!

Zwar gibt es noch einige Enttäuschungen bis zum Ende der Hinrunde, so das Pokal-Aus bei Zweitligist Rot-Weiß Essen, eine 0:5-Packung in Karlsruhe, ein 0:2 in Kaiserslautern. Aber wir schaffen es, auf die Rückschläge mit Siegen zu antworten und stehen nach 17 Spielen nur zwei Punkte hinter Tabellenführer Eintracht Frankfurt ganz oben in der Tabelle. Die Statistik besagt, daß wir mit 22:12 Punkten nach der Hinrunde der zweitbeste Aufsteiger aller Zeiten sind. Trotz eines 0:4 im letzten Pflichtspiel 1993 in Stuttgart gehen wir am 12. Dezember stolz in die Winterpause.

Vergessen die Wetten, wie lange sich Lienen als Trainer wohl halten wird. Vergessen der Ärger über die chronische Unpünktlichkeit von Lienen, die sich auch nicht bessert, nachdem wir ihm zum Geburtstag am 28. November einen Wecker und einen Terminplaner schenken ...

5. Januar 1994, Trainingsauftakt. Zwei Hallenturniere in Duisburg und Köln folgen, bevor es mit dem Flieger am 15. Januar nach Portugal geht: Trainingslager. Vor einem Jahr waren wir auch mit Uwe Reinders an der Algarve. Drei Einheiten pro Tag. Der Strandlauf vor dem Frühstück fällt den meisten Spielern am schwersten. Obwohl diese Schinderei durchaus romantische Züge hat. Für mich wird das Trainingslager jedoch zur Quälerei, weil mir mein Knie Probleme bereitet.

Der Rückrunden-Start gelingt. Mit zwei Heimsiegen gegen Leipzig (2:1) und Werder Bremen (1:0) steigern wir noch die Hinrunden-Euphorie: Wir sind Tabellenführer! Nach 20 Jahren steht der MSV erstmals wieder auf Tabellenplatz 1! Trotz eines negativen Torkontos. Als Spitzenreiter fahren wir zum FC Bayern München. 40 000 Zuschauer im Olympiastadion, darunter meine Eltern, die extra aus Lorbach angereist sind. Ob es eine weitere Sensation gibt? Zur Halbzeit ist die Frage gegen uns beantwortet. Die Bayern führen 4:0. Für uns ist es lediglich ein kleiner Erfolg, in den zweiten 45 Minuten keinen Treffer mehr zu kassieren.

Zuhause schaffen wir gegen Wattenscheid einen 2:1-Sieg. Die nächsten Spiele katapultieren mich vom Hochgefühl in die Trübsal. In Dortmund verlieren wir mehr als unglücklich 1:2. Das entscheidende zweite Dortmunder Tor fällt nach einem Eckball. Der lange Michael Schulz behindert mich, ich komme im Getümmel nicht richtig an den Ball, dieser hoppelt fast in Zeitlupe in unser Tor. Nach dem Spiel bin ich außer mir vor Wut über diese »Graupe«, die allgemein mir angelastet wird. Daß Schulz mich im Fünfmeter-Raum gefoult hat, daß Peter Közle nicht wie abgesprochen die Ecke bewachte, in die der Ball zum Dortmunder Siegtreffer kullerte – das interessiert scheinbar niemanden. Ich bin halt der Depp.

STATEMENT
Klaus Thomforde, Fußball-Profi seit 1989, FC St. Pauli

»An den Job als Nummer 1 habe ich vor drei Jahren schon fast nicht mehr geglaubt. Erst war Volker Ippig vor mir, dann Andreas Reinke und zuletzt René Müller. Zwischendurch habe ich zwar meine Einsätze gehabt, aber richtiges Vertrauen haben mir weder die Trainer noch die Presse entgegengebracht. Die Wende kam eigentlich mit einem Trainerlehrgang in Köln, den ich besuchte. Viele andere Bundesligaspieler waren auch da. Und die redeten gar nicht so schlecht über meine Torwart-Leistungen, jedenfalls viel besser, als die Hamburger Presse mich hinstellte. Bei dem Lehrgang lernte ich auch Toni Schumacher kennen. Wir haben zusammen trainiert, und ich habe richtig Spaß gekriegt. Spaß daran, Bälle zu halten, besser zu werden, zu trainieren. Selbstverständlich war das nicht. Damals war ich immerhin schon 30 Jahre alt.

Diese neugewonnene positive Einstellung habe ich mit in das Mannschaftstraining nach Hamburg genommen. Ich habe nur für mich gearbeitet, alles andere war mir ziemlich egal. Als sich René Müller verletzte, stand ich auf einmal in der Zweiten Liga im Tor. Die Skepsis mir gegenüber wich schnell. Wir haben nämlich gut gespielt und sind aufgestiegen. Die Euphorie aus der Zweiten Liga habe ich dann mitgenommen in die Erste Liga. Es war einfach ein geiles Gefühl nach den Rückschlägen und Demütigungen zuvor, in der höchsten Spielklasse im Tor zu stehen und Bälle zu halten. Ich gehörte auf einmal zu den besten 18 Torhütern Deutschlands.

Das Kribbeln setzt am Spieltag immer so gegen 13.30 Uhr ein, nach dem Kaffee. Im Stadion versuche ich mich dann beim Warmmachen richtig einzustimmen. Danach versuche ich mich selbst starkzureden, mir einzureden, daß ich der Beste bin. Dieses Ritual habe ich von englischen Torhütern übernommen, die ich mal in einem Trainingslager kennengelernt habe.

Viel beigetragen zu meiner positiven Einstellung haben auch meine Kinder. Wenn ich die so beobachte, was die für einen Spaß am Fußball haben, dann will man automatisch selbst dieses Gefühl spüren. Selbst wenn Fußballspielen mein Beruf ist.«

(III) Die Medien

Mit dem Aufstieg in die 1. Bundesliga steigt das Medien-Interesse spürbar am MSV Duisburg. Nach meiner Wahl zum Kapitän bin ich mittendrin im Show-Geschäft Fußball. In zwei Tagen erfülle ich Interview-Wünsche der *Neuen Ruhr-Zeitung* (NRZ), *Neuen Westfälischen Zeitung, Rheinischen Post,* Reviersport, Radio Bremen und der *Westdeutschen Allgemeinen Zeitung* (WAZ). Am 3. August, im Trainingslager vor unserem Pokalspiel in Böblingen, bietet mir ein Mitarbeiter der Handschuh-Firma reusch einen Vertrag an, der sich auf das Tragen des Firmenlogos bei Fernsehauftritten bezieht. Da reusch einen Vertrag mit dem MSV hat, steht einer zusätzlichen vertraglichen Vereinbarung zwischen mir und reusch nach § 3 des Musterarbeitsvertrages (siehe Seite 28) nichts im Weg.

Schon am 9. August macht sich diese Zusatzvereinbarung zum ersten Mal für mich bezahlt. Der *Westdeutsche Rundfunk* lädt mich nach dem Saisonauftakt gegen Leverkusen zur Montags-Sendung »Doppelpaß« ein. Ich trage ein reusch-T-Shirt und erhalte wenige Tage später den ersten Scheck über 1000,- Mark. Das sensationelle zweite Spiel in Dresden bringt mich genauso mit reusch-logo vor die TV-Kameras wie unser 5:1-Streich in Bremen. Am 10. August stehe ich einem Redakteur der NRZ zwei Stunden lang Rede und Antwort, der eine Geschichte über den »Menschen Rollmann« schreiben will. Für den Pay-TV-Sender *Premiere* bin ich als Co-Kommentator des Spiels Kaiserslautern gegen Werder Bremen im Einsatz.

Das Bayern-Spiel hat eine strittige Szene, die zum 1:1-Ausgleich führt. Die Medien-Reaktion kommt prompt. Das *Lokal-Radio KW* (Kreis-Wesel) lädt mich ein zur sonntäglichen Nachmittagssportsendung, das *Deutsche Sportfernsehen* (DSF) am Abend zu einem Interview aus dem Studio Essen. Nach unserem Pokalspiel in Pfeddersheim bekomme ich vom *Südwestfunk* (SWF) sogar einen eigenen Chauffeur. Denn am Abend soll ich zur Sportsendung »Flutlicht« kommen. Danach bringt mich der SWF-Fahrer im dicken Benz zurück nach Duisburg. Nobel, nobel. Fast wie im Film!
   Die WAZ kommt vor dem Ruhrgebiets-Schlager gegen Dortmund gleich mit zwei Redakteuren, um später aus dem Gespräch eine Geschichte mit der Überschrift »Rollmanns Stärke sind nicht nur die Fäuste« zu machen.

Karl Reusch · Postfach 1251 · Metzinger Straße 75 · D-7430 Metzingen (W.-Germany) · Telefon (0 71 23) 16 90-0
Fernschreiber 7 245 345 · Telefax 0 71 23 / 1 84 71

MSV Duisburg
Herrn Jürgen Rollmann
Westender Strasse 36

47138 Duisburg

ste-ve
03.08.199

Zusatz-Vertrag
----

1. Herr Jürgen Rollmann
   erhält bei Fernseh-Interviews in reusch-Bekleidung
   für Studio-Auftritte in SAT 1, bzw. ZDF
   pro Auftritt DM 2.000,-- + MWST.

   pro Studio-Auftritt in ARD-Regional wie RTL, DSF
   pro Auftritt DM 1.000,-- + MWST.

2. Für Interviews vor, während oder nach den Spielen
   bei denen der Schriftzug "reusch" mindestens ca.
   8 - 10 Sekunden gut sichtbar ist

   in SAT 1, ZDF, ~~ARD~~, ~~RTL~~ pro Auftritt DM 800,--

   in DSF, Regional-Programmen der ARD DM 400,--
                                  RTL
3. Zusätzlich erhält Herr Rollmann reusch-Freizeit-Be-
   kleidung im Wert von DM 2.000,-- + MWST.

4. Die Laufzeit dieser Vereinbarung geht vom
   1.7.1993 bis 30.06.1995.

----------------------------------   ----------------------------------
Herr Jürgen Rollmann   Firma Reusch, 72555 Metzingen

Solche Zusatz-Verträge lassen nicht nur das Herz des Fußball-Profis Jürgen Rollmann höher schlagen – in diesem Fall macht's die Firma reusch möglich!

Am selben Tag Interview mit *WELT am SONNTAG* (WamS). Titel: »Wir müssen bei Lienen nicht nur Müsli essen …«

Nach dem hervorragenden Saisonstart suchen viele Medien-Vertreter intensiv nach dem Erfolgs-Geheimnis des MSV. Trainer Ewald Lienen und Peter Közle haben in diesen Tagen fast mehr Medien- als Ballkontakte.

Besonders intensiv ist die Mediennachfrage in der Woche vor dem Frankfurt-Spiel. Die *Frankfurter Rundschau* und die *Neue Presse* wollen wissen, was ich mir als Hesse gegen die Landsleute von Tabellenführer Eintracht vorgenommen habe. Als wir das Spiel unerwartet 1:0 gewinnen, meldet sich sogar *SAT.1* mit einer Einladung für die Sonntagssendung *»ranissimo«*. Neben dem *»ZDF-Sportstudio«* haben Auftritte bei den *SAT.1*-Fußball-Sendungen einen besonders hohen Stellenwert für den Sponsor, wie sich leicht auch an der Dotierung im reusch-Zusatzvertrag ablesen läßt …

An diesem Tag, dem 17. Oktober, habe ich zwar Geburtstag, aber die Feier war bereits am Samstag. Also ab mit dem Flieger am frühen Nachmittag von Düsseldorf nach Hamburg. Moderator Reinhold Beckmann begrüßt mich als den Mann, der mit seinen Paraden dafür gesorgt hat, daß die Bundesliga spannend bleibt und fragt mich, ob ich mir Chancen als Nummer 3 der Nationalmannschaft für die Weltmeisterschaft 1994 ausrechne. Das Fußball-Karussell dreht sich für mich mit Höchstgeschwindigkeit, nachdem es Jahre mehr oder weniger still gestanden hat …

Der Gang zum Zeitungs-Kiosk ist prickelnd in den ersten Wochen der Saison. WAZ, NRZ, *Rheinische Post, kicker-sportmagazin, Sport-Bild, Reviersport.* Fast jeden Tag berichten mehrere Zeitungen und Zeitschriften über uns, bewerten, machen Noten-Tabellen. Nach dem Eintracht-Spiel stehe ich zum wiederholten Mal in der »Elf des Tages«, die der *Sport-Informations-dienst* (sid) nach jedem Spieltag benennt. Das macht mich schon ein bißchen stolz …

Die *WELT am SONNTAG* (WamS) bittet jeden Monat die Bundesliga-Kapitäne, den »Spieler des Monats« zu wählen. Das *kicker-sportmagazin* schickt sogar nach einem Interview als Dankeschön eine Kiste Wein.

Nur nach dem 0:5-Debakel in Karlsruhe tut das Lesen der Presse[7] weh. »Pannen-Rolli – selbst seine Mutter nahm ihn auf die Rolle« oder »Rollmann

Olympia-Verlag GmbH · 90327 Nürnberg

Herrn
Jürgen Rollmann
c/o MSV Duisburg
Westender Straße 38-41

47137 Duisburg

Badstraße 4-6   Telefon   **Chefredaktion**
90402 Nürnberg   (09 11) 21 60
                     Direkt-Durchwahl
                     2 16 22 42
                     Telex: 6 22 906 olymp
                     Telefax: (09 11) 9 92 24 20

Nürnberg, 08.12.1993 Ho/ko

Lieber Jürgen,

Du hast Dich kürzlich mit Engagement beteiligt, unseren
Lesern eine attraktive Ausgabe des **kicker** zu präsentieren.
Dafür darf ich mich im Namen der gesamten Redaktion recht
herzlich bedanken.

Als Ausgleich für den entstandenen Aufwand bitte ich,
beiliegende Aufmerksamkeit zu betrachten, die Dir in
einer Mußestunde munden möge.

Ich würde mich freuen, wenn wir in Zukunft weiterhin den
guten Kontakt pflegen.

Mit bestem Dank und herzlichen Grüßen

Rainer Holzschuh
(Chefredakteur)

Anlage

Commerzbank 5 221 452 (BLZ 760 400 61), Deutsche Bank 277 699 (BLZ 760 700 12), Bayerische Vereinsbank 2 083 000 (BLZ 760 200 70), Hypobank 1 560 245 196 (BLZ 760 202 14), Stadtsparkasse 1 088 887 (BLZ 760 501 01); Postbank 610 00-858 (BLZ 760 100 85), sämtlich Nürnberg. Geschäftsführer: Bruno Schnell, Horst Weickmann · Sitz der Gesellschaft: Nürnberg · Registergericht Nürnberg HRB 607 · USt.-IdNr. DE 811186870

*Eine kooperative Zusammenarbeit mit der Presse zahlt sich in jedem Fall aus – siehe
Dankschreiben des* kicker-*sportmagazins*

hatte einen rabenschwarzen Tag« oder die 5 in allen Zeitungen, die Noten-Tabellen machen, wirken eben anders auf das Gemüt als positive Schlagzeilen.

Meine eigene journalistische Arbeit beschränkt sich auf gelegentliche Artikel für das VdV-Magazin »Profis« und die monatliche Moderation der Kindersendung »Sternschnuppe« bei Radio Duisburg. Dort lade ich zu verschiedenen Themen vier bis fünf Kinder und einen erwachsenen Studiogast ein, der einen potentiellen Kindertraumberuf verkörpert. Beispielsweise Lokführer, Profi-Fußballer oder Clown. Die Kinder im Studio und auch die Zuhörer per Telefon dürfen dem »Traumberufler« Fragen stellen. Zum Schluß jeder Sendung lese ich live die Gute-Nacht-Geschichte, meist ein kurzes Märchen von zwei Minuten Länge. Eine schöne Übung für mich, schließlich habe ich die Sprecherausbildung in Bremen ja nicht aus Langeweile gemacht …

STATEMENT
Oliver Reck, Fußball-Profi seit 1983, Werder Bremen

»Klar, die Medien machen Stars, das hat man ja bei Radrennfahrer Jan Ullrich gesehen, wie der auf einmal boomte. Aber sie können einen auch kaputtschreiben. Wenn ich die Berichterstattung über Mehmet Scholl so sehe, dann ist da schon eine Trendwende erkennbar. Als ich in Bremen Dieter Burdenski ablöste, hatte ich von Anfang an das Gefühl, aus bestimmten Lagern beschossen zu werden. Der Dieter war halt zugänglicher, hatte einen guten Draht zu vielen Medienvertretern, war immer für die da. Ich dagegen habe nicht jedem ein Interview gegeben, bin auch schon mal barsch an Reportern vorbeigegangen, weil ich anfänglich keine Lust dazu hatte und geglaubt habe, ich bräuchte die Presse nicht.

Im Rückblick denke ich mir: Hättest du denen doch damals ein, zwei Sätze gesagt, dann wäre vielleicht alles nicht so schlimm gekommen wie zu der Zeit, als ich sportlich angreifbar wurde. Denn was da teilweise abgelaufen ist, das war schon hart. Aber ich hatte die Unterstützung vom Verein und vor allem von einem starken Trainer. Wenn Otto Rehhagel nicht so zu mir gehalten hätte – ich wage zu bezweifeln, ob ich heute überhaupt noch im Tor spielen würde.

Ich habe mir in dieser Phase vor jedem Spiel selber eingeredet, daß ich jetzt auf keinen Fall Nerven zeigen darf, und irgendwie hat es auch geklappt. Wenn ich nicht immer wieder nach Fehlern meine Leistung gebracht hätte, dann hätte auch Rehhagel reagiert.

Heute sehe ich das alles viel gelassener. Mit Teilen der Presse habe ich zwar immer noch meinen Kampf, aber letztendlich leben wir Spieler von den Medien, und die Medien wiederum leben von uns. Da muß jeder was abgeben, dann geht es auch normalerweise ganz gut miteinander.

Werder hat in der schwierigen Zeit zu mir gestanden, ohne spezielles Medientraining zu machen. Am Anfang einer Profi-Karriere würde ich das aber für sinnvoll halten. Ich hätte das bestimmt auch gut gebrauchen können, aber im Grunde muß doch jeder sehen, wie er klarkommt.«

(IV) Familie und andere Verpflichtungen

Der gute Saisonstart bringt dem MSV und uns Spielern neben Punkten, Prämien und Medienresonanz auch gesellschaftliche Anerkennung. Viele Einladungen werden ausgesprochen. Das *kicker-sportmagazin* veranstaltet am 20. September den 7. kicker-Treff in Gelsenkirchen, am 6. Oktober findet der vom ZDF initiierte NRW-Treff in Düsseldorf statt, am 11. Oktober die Fete der *Neuen Ruhr-Zeitung* in Essen.

Wir machen eine Grubenfahrt. Wahnsinn, unter welchen Bedingungen die Bergmänner in 1000 Meter Tiefe Kohle abbauen! Was für eine Atmosphäre – gespenstisch! Genauso besichtigen wir die in Duisburg beheimatete König-Brauerei, haben ein Essen bei MSV-Sponsor »Sparkasse«, werden von der Westdeutschen Genossenschafts-Bank (WGZ), deren Chef im MSV-Verwaltungsrat sitzt, zu einem Empfang geladen, erscheinen zu verschiedenen Veranstaltungen des MSV-Hauptsponsors »Götzen«, einer Baumarkt-kette.

Es gibt zahlreiche Angebote für Autogrammstunden. Die werden in der Regel bezahlt und sind deshalb im Mannschaftskreis heiß begehrt. In der Zweiten Liga passierte diesbezüglich gar nichts. Am 2. Oktober bin ich zusam-

EBERHARD HEINKE
VORSITZENDER DES VORSTANDES
WGZ-Bank
Westdeutsche
Genossenschafts-Zentralbank eG

Ludwig-Erhard-Allee 20
40227 Düsseldorf
Telefon 0211/778-1100
23.03.94

Herrn
Jürgen Rollmann
Dinslakener Straße 110

46562 Voerde

Sehr geehrter Herr Rollmann,

auf den gemeinsamen Abend mit der Mannschaft des MSV Duisburg im Hause der
WGZ-Bank am 28.03.94, 18.00 Uhr, freue ich mich sehr. Gerne schlage ich Ihnen
nachfolgenden Ablauf vor.

Nach der Begrüßung im Foyer des großen Sitzungsraumes im I. OG möchte ich

*Die Pflichten des Alltags rufen – hier ist es eine Einladung zu einem gemeinsamen
Abend in der WGZ-Bank*

men mit Peter Közle gleich bei zwei Veranstaltungen. Zuerst bei einem Tep-
pich-Großhändler in Duisburg, anschließend in einem Kaufhaus in Mühl-
heim/Ruhr.

Doch es gibt nicht nur bezahlte und für jedermann angenehme Termine.
Das Institut zur Objektivierung von Lern- und Prüfungsverfahren (IZOP)
möchte, daß eine Schulklasse für das medienkundliche Projekt »Zeitung in
der Schule« das Training besuchen und anschließend mit einigen Spielern
sprechen kann.

Die Katholische Kirchengemeinde St. Bernhard wünscht einen Besuch
bei den Jugendlichen der Gemeinde. Der FC St. Hubert benötigt Spieler für
die Plakatvorstellung »8. Bambini-Treff zugunsten krebskranker Kinder«.
Und, und, und …

Als Kapitän muß ich die Masse der Bitten und Anfragen koordinieren. Es
ist nicht einfach, für jede Veranstaltung willige Kollegen zu finden, vor

allem, wenn kein Geld fließt. Da hat der eine schon mal einen überraschenden Zahnarzt-Termin, der andere eine kranke Tante, um die er sich kümmern muß ... Keine Überredungskünste sind allerdings notwendig, um eine Einladung vom Friedensdorf Oberhausen mit einigen Spielern wahrzunehmen.

Das Friedensdorf ermöglicht seit den frühen siebziger Jahren Kindern aus Kriegs- und Krisengebieten eine in deren Heimat nicht mögliche medizinische Behandlung in deutschen und österreichischen Krankenhäusern. Die mit dem Friedensdorf zusammenarbeitenden Kliniken übernehmen diese Behandlung kostenlos. Zusammen mit Michael Preetz und Stefan Böger bin ich zugleich erschüttert und tief beeindruckt. Das Friedensdorf betreut zum damaligen Zeitpunkt Kinder aus elf Nationen. Die größte Gruppe stammt aus Afghanistan. Zumeist Minenopfer. Schrecklich verstümmelt. Ohne die Hilfe des Friedensdorfes wären viele Kinder längst gestorben.

Die Bitte eines Friedensdorf-Mitarbeiters, für etwa zehn transportfähige Kinder Karten für ein Bundesliga-Spiel zu besorgen, wird sofort erledigt. Statt zur Weihnachtsfeier für Präsidium, Trainer, Masseure und Ärzte Geschenke zu kaufen, spenden wir aus der Mannschaftskasse 1000 Mark. Weitere Geldbeträge folgen. Ein Duisburger Fan-Klub sammelt noch heute für das Friedensdorf, nachdem er von dem Engagement der Mannschaft aus der Zeitung erfahren hat.

Das Feiern kommt ebenfalls nicht zu kurz. Nach dem Dortmund-Spiel besuchen Stefan Böger, Roland Seitz und ich das Münchner Oktoberfest. Mit dem Auto flitzen wir die 700 Kilometer nach München und lassen uns halbe Hendl, Brez'n und einige Maß Bier schmecken. Nach den stolzen Prämien der ersten beiden Bundesliga-Monate interessiert uns herzlich wenig, ob die Maß 9,20 oder 9,60 Mark kostet. Am trainingsfreien Montag düsen wir zurück.

Einen feuchtfröhlichen Mannschaftsabend gönnen wir uns am 15. November. Die neuen Spieler geben ihren Einstand und spendieren Essen und Trinken für die Mitspieler ...

Gute Ergebnisse, gute Prämien, Nebeneinkünfte wie Autogrammstunden, reusch-Medienhonorare – der Rubel rollt. Genauso wie das regelmäßige

FRIEDENSDORF INTERNATIONAL

Aktion Friedensdorf e.V. · 46147 Oberhausen · Pfeilstr. 35 · Tel (0208) 9 96 18-0 · Fax (0208) 67 54 45 · Telex 856 805

Aktion Friedensdorf e.V. · Postfach 14 01 82 · 46131 Oberhausen

MSV Duisburg
Spieler der 1. Bundesligamannschaft

Oberhausen, den   9.2.94
Auskunft erteilt: Wolfgang Mertens
Aktenzeichen: me-mb
Durchwahl: (0208) 9 9618 - 50

Mitglied im Deutschen Paritätischen
Wohlfahrtsverband

Schirmherr: DZI Spenden-Siegel :
Hans-Dietrich Genscher   Zeichen für Vertrauen

Liebe "Zebras",

wir haben uns im *FRIEDENSDORF* sehr über die tolle Spende in Höhe von 1.000,-- DM gefreut, die mir von Jürgen Rollmann, Michael Preetz und Stefan Böger am 4. Februar im *FRIEDENSDORF* übergeben wurde. Ich danke Ihnen und Euch für die erneute Hilfe und im Namen aller Schützling des *FRIEDENSDORFES*.

In diesen Tagen ist unsere Freude stark getrübt. Wir alle hier im *FRIEDENSDORF* sind geschockt und traurig über den Tod zweier Kinder. Am 28. Dezember 1993 verstarb unser Schützling Feerouza aus Afghanistan in einem süddeutschen Krankenhaus. Die Ärzte konnten dem kleinen Mädchen nicht mehr helfen, weil die Behandlung ihrer schwersten Verletzungen einfach zu spät erfolgte. Feerouza war gerade 9 Jahre alt.

Am 3. Februar 1994 konnte das *FRIEDENSDORF* erstmals 29 verletzten Kindern aus dem afrikanischen Bürgerkriegsland Angola helfen. Einen Tag nach Ankunft dieser Kinder am

Keine Pflichtaufgabe ist dagegen die Unterstützung für die Initiative FRIEDENSDORF INTERNATIONAL

Training gehört der regelmäßige Gang zum Leiter einer Sparkassen-Filiale zum Alltag. Da sich mein Lebensstandard trotz Frau und Kind nicht wesentlich nach oben entwickelt hat, bleibt jeden Monat ein hübsches Sümmchen auf dem Gehaltsstreifen, das angelegt werden muß.

Eine mitunter lästige, aber angenehme Pflichtaufgabe. Einen neuen Steuerberater habe ich auch, der ebenfalls mit Informationen über die bisherige und zukünftige Geldanlage versorgt werden muß.

Wertvoll ist mir die Teilnahme an einem sogenannten Hauskreis, der von dem christlichen Verein »Sportler ruft Sportler« veranstaltet wird. Mindestens einmal im Monat treffen wir uns, zumeist in der Wohnung von Heiko Herrlich, Profi-Kollege von Bayer Leverkusen, mit anderen Spielern, aber auch Nichtsportlern. Schon in Bremen war ich ständiger Gast bei den Hauskreisen von Rune Bratseth und Wynton Rufer. Die gemeinsamen Gespräche, das Singen und die Gebete haben mir immer sehr gut getan

und oftmals über die fußballerischen und privaten Alltagssorgen hinweg-
geholfen.

Meine kleine Familie ist, wo immer es geht, mit dabei. Im Hauskreis, bei
Autogrammstunden, auch im Fernsehstudio, sofern es zeitlich für unseren
Lucas möglich ist. Sicherlich erlaubt der Tagesablauf als Fußballspieler
gegenüber einem normalen Arbeitnehmer, der irgendwann zu einer festen
Zeit morgens das Haus verläßt und irgendwann zu einer festen Zeit am
Nachmittag nach Hause kommt, schon eher einmal ein gemeinsames
Frühstück, wenn nur am Nachmittag eine Trainingseinheit auf dem Pro-
gramm steht.

Aber durch die vielen Trainingslager, die selbst bei Heimspielen immer
einen Tag vorher bezogen werden, den permanenten Leistungsdruck, der
nicht eine Minute nach Schlußpfiff verarbeitet ist, sowie der ständigen
Medienpräsenz hat es auch meine Andrea, wie vermutlich viele andere
Spielerfrauen, nicht immer leicht ...

Tagebucheintrag vom 29. Oktober 1993:

*»Warum bin ich so freudlos? Trotz absoluter finanzieller Sicherheit, trotz
Gesundheit, trotz blühender Familienstimmung sogar so freudlos, daß Andrea mich anspricht, warum ich so böse bin, obwohl ich selbst meine, gar
nicht böse zu sein. Ich bin so freudlos, weil ich den sportlichen Erfolg will.
Aber ist diese Freudlosigkeit, dieses Unterordnen von normalen Gefühlen
der Preis für den Erfolg? Ist die Gier nach noch mehr Anerkennung, nach
noch mehr Geld, nach ›noch mehr!‹ schon so ausgeprägt, daß sie zu ele-
mentaren Verhaltensänderungen bei mir geführt hat?«*

8. Kapitel

Der Druck

Nach dem gelungenen Rückrunden-Auftakt schwindet die Angst vor einem Abrutschen in der Tabelle, vor einem Einbruch, wie ihn der MSV Duisburg zwei Jahre zuvor erlebt hatte, als der Verein nach einem ebenfalls tollen Saisonstart letztlich doch absteigen mußte. Schon Ende des vergangenen Jahres war ich im Namen der Mannschaft beim Präsidium vorstellig geworden, um die vor Saisonbeginn in Aussicht gestellte Prämie für das Erreichen eines UEFA-Pokalplatzes zu verhandeln. Zusammen mit Trainer Lienen hatten mich Fischdick und Co. jedoch zurückgewiesen mit der für mich unverständlichen Begründung, daß viele Spieler nervös werden könnten, wenn jetzt die Zielsetzung verändert würde. »Nervös?«, hatte ich zurückgefragt, »warum denn sollte ein Spieler in unserer Situation nervös werden? Weil wir soviel gewinnen?«

Nach dem Wattenscheider Spiel mache ich einen neuen Versuch. Diesmal trifft meine Anfrage nicht auf taube Ohren. Das Präsidium schlägt einen Termin nach dem Dortmunder Spiel vor. Ausgerechnet beim BVB machen wir ein starkes Spiel, verlieren aber 1:2. Durch dieses dumme Tor, bei dem ich nicht gut aussehe. Am 16. März sitzen wir zusammen – Präsidium und Mannschaftsrat. Das Gespräch ist eine einzige Enttäuschung für uns. Denn im Gegensatz zu unserer Vereinbarung vom 16. August 1993 zeigt sich jetzt der Vorstand nicht generös.

Wir stellen uns 30 000 Mark pro Stammspieler als realistische Größenordnung vor. Die Gegenseite macht ein Angebot, das sich knapp bei der Hälfte dieser Summe bewegt. In mir kocht es. Das kann doch nicht wahr sein! Da spielen wir eine riesen Saison, haben eine Sensation vor Augen, die dem Verein viel Geld und Anerkennung bringen kann, und jetzt so etwas. Warum nur haben wir vor der Saison nicht darauf bestanden, daß ein bestimmter Betrag festgeschrieben wird?

Zwei Tage später Heimspiel gegen den Hamburger SV. Nach der vermeidbaren Pleite im Westfalenstadion habe ich mir besonders viel vorgenommen, denn nur mit einem Sieg bleiben wir im Geschäft. Aber es kommt ganz »dicke« für mich.

War Dortmund ein schlechter Traum, so wird das Spiel gegen den HSV zum Alptraum. Wir verlieren 0:1. Zum erstenmal überhaupt im Wedaustadion, seitdem ich in Duisburg spiele. Das Tor schießt in der 78. Minute Thomas von Heesen, ach was – geschenkt bekommt er es von mir! Der Hamburger will von der Außenlinie flanken, der Ball rutscht ihm aber über den Fuß Richtung Tor, ich bin schon leicht in der Vorwärtsbewegung und will deshalb fausten. Doch statt aus der Gefahrenzone befördere ich den Ball selbst hinter die Linie. Ein grausames Tor. Ausgerechnet mir passiert das. Mir, dem Kapitän, der so vehement mit dem Präsidium um die UEFA-Cup-Prämie streitet, der seit Monaten intern eine andere Zielsetzung fordert als nur die Sicherung des Klassenerhaltes. Jetzt bin ich gleich zweimal hintereinander mitverantwortlich dafür, daß meine Mannschaft verliert. Ich könnte mich eingraben vor Scham. Aus meinem Heimatort Lorbach ist zum HSV-Spiel ein Bus mit 30 Leuten gekommen. Und dann so etwas. Nein, das darf doch einfach nicht wahr sein …

Drei Tage später die nächste Sitzung mit dem Präsidium wegen der UEFA-Cup-Prämie. Die Atmosphäre ist entspannter. Trotzdem brechen wir wieder einmal ohne Ergebnis ab. Zwei Tage darauf eine erneute Verhandlungsrunde. Für mich ist das alles unprofessionell. Wir Spieler haben kein anderes Druckmittel in der Hand, als beleidigt zu gucken. Warum reden wir überhaupt noch miteinander, wenn das Präsidium sich so verhält? Ich ärgere mich. Noch einmal wandele ich meinen Frust in eine flammende Rede an den Vorstand um, mit einer vernünftigen Prämie ein Signal an die Mannschaft zu setzen, damit sie noch einmal alles gibt, alles rausholt, um die Saison zu krönen und nicht selbstzufrieden und halbherzig auslaufen zu lassen. Es kann doch nicht sein, daß wir uns in dieser wichtigen Phase der Meisterschaft selbst das Leben schwer machen …

Schließlich einigen wir uns auf einen Betrag, der den Spielern, die fast alle Saisonspiele machen, bei Erreichen der UEFA-Cup-Qualifikation knapp 18 000 Mark bringen könnte. Für die anderen, und das ist die Masse, wird es deutlich weniger sein. Das ist im Grunde ein Witz! Keine Prämie für den Klassenerhalt, aber im Erfolg dann auch noch knausern.

Wir sind enttäuscht, schütteln uns dennoch die Hände und verlassen verärgert die Geschäftsstelle. Ich freue mich darauf, das Verhandlungs-Ergebnis den Kollegen mitzuteilen …

Nicht nur deswegen bin ich angespannt. Die Begegnung beim 1. FC Köln steht an. Nach meinen beiden unglücklichen Spielen der vergangenen Wochen und dem Ärger bei den Prämienverhandlungen ist das Selbstvertrauen weg. Nichts mehr zu spüren von der Leichtigkeit der vergangenen Wochen. Die Partie in Köln betrachte ich als die wichtigste seit der mit Werder Bremen bei Schalke 04 im April 1992. Wenn ich mir jetzt noch einen reinschmeiße, dann kann ich mich dorthin setzen, wo ich eigentlich nie mehr hinwollte: auf die Bank. Im Trainingslager in der Nähe von Köln kommt mir Oliver Reck in den Sinn. Wie muß der sich denn vor jedem Spiel gefühlt haben, als er über lange Monate so mächtig in der Kritik stand?

Wir verlieren 0:1. Die dritte Pleite in Folge. Mich interessiert das Resultat ausnahmsweise weniger. Mit einem mulmigen Gefühl war ich neben Bodo Illgner auf den Platz gelaufen. Fast so wie bei meinem ersten Bundesligaspiel überhaupt. Das war mit Werder Bremen am 9. September 1989.

Wichtig für mich ist an der 0:1-Niederlage nur eines: Ich habe keinen Fehler gemacht, ganz gut gehalten und keine Schuld am Gegentor von Patrick Weiser. Wie war das noch mit Oliver Reck im Oktober 1991? Das Schauspiel in der Kabine, für das ich damals kein Verständnis hatte? In vier gemeinsamen Jahren habe ich Oliver Reck niemals so gut verstanden wie in diesen Momenten.

Das 0:1 habe ich mit dem Schlußpfiff abgehakt. Meine große Erleichterung behalte ich für mich. Die folgenden Trainingseinheiten bestreite ich mit wesentlich größerer Sicherheit als in den Tagen vor dem Spiel beim 1. FC Köln. Und siehe da: Das folgende Heimspiel gegen Borussia Mönchengladbach läuft super. Wir gewinnen 2:0, ich kann mich auszeichnen, habe in einigen Situationen auch das nötige Quentchen Glück. Wir laufen unsere Ehrenrunde. Ich könnte jeden Fan umarmen. Die Presse produziert durchweg positive Kritiken, wieder einmal stehe ich in der Elf des Tages vom *sid*. So schnell geht das. Vor einer Woche noch zitternde Knie, jetzt kann ich mit stolzgeschwellter Brust den VIP-Raum des Wedaustadions betreten …

STATEMENT
Hans-Georg Huber, Diplompsychologe aus Freiburg,
seit vielen Jahren Coach von Führungskräften und Spitzensportlern

»Im Profifußball findet eine extreme Auslese statt wie in kaum einem Berufsfeld. Es gibt ca. 400 Plätze an der Sonne, sprich in der 1. Bundesliga. Und Tausende machen sich auf den Weg. Fußballspielen können sie alle. Der Konkurrenzdruck ist enorm. Was ist mit all denjenigen, die dabei auf der Strecke bleiben? Wie verkraften sie das Ende ihrer Träume?

Es ist nicht nur die eigene Leistungsfähigkeit, die zählt, man braucht auch eine gehörige Portion Glück. Der richtige Trainer, der richtige Verein, eine Formkrise oder Verletzung eines Stammspielers, all das sind entscheidende Faktoren, die nur teilweise in der Hand des Spielers liegen. Das einzige, was er tun kann, ist im Training dafür zu sorgen, daß er gute Leistungen zeigt und sich nicht unterkriegen läßt.

Hier wird offensichtlich, wie wichtig es ist, das eigene Lebensglück nicht ausschließlich vom Fußball abhängig zu machen. Es braucht das volle Engagement, wirklich alles zu probieren, die eigenen Leistungsgrenzen auszutesten, um seine Ziele zu erreichen. Aber auch die Bereitschaft zu akzeptieren, wenn es dann nicht klappt und sich mit dem gleichen Engagement neuen Zielen zuzuwenden.

Aber auch bei denjenigen, die sich sportlich durchsetzen, ist die mentale Belastung enorm. Von einem Tag auf den anderen stehen die Spieler plötzlich voll in der Öffentlichkeit. Sie werden vereinnahmt, bewundert und beneidet, sind Stars, die in anderen Menschen tiefe Gefühle wecken.

Der Spieler ist plötzlich mit Erfahrungen konfrontiert, die viele Menschen in ihrem ganzen Leben nicht machen. In der aufgeheizten Stadionatmosphäre vor 60 000 Zuschauern werden Adrenalinschübe freigesetzt, die andere Menschen vielleicht ein- oder zweimal in Extremsituationen ihres Lebens erleben. Der Profifußballer ist damit fast jede Woche konfrontiert. Nicht zu unterschätzen der tägliche Konkurrenzkampf um einen Stammplatz in der Mannschaft, einen neuen Vertrag etc. Diese Energie in Leistung und Kreativität umzusetzen, ist einer der wichtigsten Erfolgsfaktoren. Der Schuß kann auch nach hinten losgehen, wenn der Spieler so überreizt ist, daß diese Energie in unkontrollierten Aggressionen innerhalb oder außerhalb des Spielfeldes ihr Ventil findet.

Außerhalb des Stadions ist der Druck ebenfalls enorm. Die Medien sind auf der Jagd nach Schlagzeilen und versuchen dem Fußballer Aussagen zu entlocken, die oft weder im Interesse des Spielers noch des Vereins sind. Selbst das Privatleben ist vor den Medien nicht sicher. Sich all dem einfach entziehen kann der Spieler nicht, da die Medien ein wesentlicher Faktor der Vermarktungsmaschinerie Profifußball sind und damit auch die hohen Gehälter der Spieler ermöglichen.

Ein Privatleben außerhalb der eigenen vier Wände zu führen, ist nicht so einfach. Es wird immer schwerer für den Spieler zu unterscheiden, wer einfach nur von ihm profitieren will und wer wirkliches Interesse an ihm als Mensch hat. Das führt dazu, daß viele Sportler eine innere Barriere zu ihrer Umgebung aufbauen und sich in ihre Subkultur zurückziehen.

In vielen Vereinen fehlt die Unterstützung, mit diesem Druck konstruktiv umgehen zu lernen. Das Fußballgeschäft ist so schnellebig, daß Spieler, die dem auf Dauer nicht gewachsen sind, aussortiert werden. Medien- und Entspannungstrainings oder psychologische Betreuung finden kaum statt. Selbst der naheliegende Zusammenhang zwischen Druck, Anspannung und Verletzungsanfälligkeit wird kaum beachtet.

Dabei läge es im ureigensten Interesse der Vereine, ihr größtes Kapital, die Spieler, nicht nur sportlich, sondern auch mental zu fördern, da auf Dauer die Entwicklung beider Seiten nötig ist, um Erfolg zu haben. Die Fußballer sind deshalb häufig gefordert, nach dem Prinzip »Versuch und Irrtum« aus ihren eigenen Erfahrungen zu lernen. Im Idealfall gibt es in ihrer Umgebung kompetente Menschen, die ihnen dabei helfen.

Während der Fußballer sportlich und finanziell auf der Sonnenseite steht, finden die Schattenseiten eher im Innern statt. Die Zeit der Fußballerkarriere, das Alter von 20 bis 35 Jahren, ist gleichzeitig auch eine ganz wichtige Zeit für die eigene Persönlichkeitsentwicklung. Wachsen Bankkonto und Ruhm schneller als die eigene Persönlichkeit, besteht immer die Gefahr, daß der Spieler sich mit dem Bild identifiziert, das die Öffentlichkeit von ihm als Star hat. Wenn das passiert, entwickelt er ein falsches oder sehr eingeschränktes Selbstbild, denn jeder erfolgreiche Profi ist viel mehr als ein Medienstar: in erster Linie ein ganz normaler Mensch mit Träumen und Ängsten, Stärken und Schwächen.

In der Regel kann die Persönlichkeit nicht parallel mit der sportlichen Entwicklung mitwachsen, denn Persönlichkeitsentwicklung braucht einfach ihre Zeit. Dennoch sind auch hier Spitzensportler gegenüber vielen anderen Menschen im Vorteil. Die Vielzahl der Erfahrungen, Herausforderungen und Krisen sind immer auch eine Entwicklungschance, vorausgesetzt, man ergreift sie und erkennt, daß die Welt größer ist als ein Fußball.

Profifußballern wir häufig der Vorwurf gemacht, sie lebten in einer Scheinwelt. Dabei wird meist übersehen, daß es Zeit braucht, in eine neue Umgebung hineinzuwachsen. Woher soll ein junger Spieler die Fähigkeit haben, mit dem vielen Geld, mit dem Ruhm, den Medien, den hohen Leistungsanforderungen, mit all den Menschen umzugehen, die etwas von ihm wollen? Hier wären die Verantwortlichen in den Vereinen gefordert, die jungen Sportler zu unterstützen. Wenn überhaupt, besteht die Unterstützung jedoch meist darin, daß man dem Spieler alles abnimmt, damit er sich ausschließlich auf den Sport konzentrieren kann. Dabei gilt auch hier die alte Weisheit: Wenn du jemandem helfen willst, dann schenke ihm keinen Fisch, sondern bringe ihm das Fischen bei.

Die wichtigsten Funktionen in den Vereinen werden meist mit ehemaligen Spielern besetzt, und die sind häufig betriebsblind, da sie beruflich nie über den Tellerrand des Profifußballs hinausgeschaut haben. Woher sollen sie die Fähigkeit haben, jungen Menschen in ihrer persönlichen Entwicklung zu fördern? Auf diese Weise hat der Profifußball manchmal etwas von einem Inzuchtbetrieb, der Defizite von Fußballergeneration zu Fußballergeneration weitergibt.

Gleichzeitig betonen die Vereine, daß sie Spieler wollen, die auf dem Platz Verantwortung übernehmen. Das setzt eine starke Persönlichkeit voraus. Und mündige Spieler sind für die Vereinsverantwortlichen manchmal unbequem. In meiner Arbeit mit Profifußballern erlebe ich immer wieder, daß es in den Vereinen Probleme gibt, auftretende Konflikte konstruktiv so zu lösen, daß es zwei Gewinner gibt. Nicht Sieger und Verlierer.«

9. Kapitel

Die Gesundheit

Mein rechtes Knie macht mir seit dem Januar-Trainingslager Probleme. Immer wieder fahre ich in ein Düsseldorfer Therapiezentrum und lasse mich behandeln: Strom, Eis, Krankengymnastik. Nur noch sechs Spiele soll es halten. Ganze sechs Spiele, dann haben wir vielleicht unseren ersehnten UEFA-Cup-Platz, dann kann ich mich in aller Ruhe am Meniskus operieren lassen, wenn der es denn ist, der mir die Schmerzen beschert.

Nach dem 2:0-Sieg über Mönchengladbach geht es mir richtig gut. Das nächste Spiel müssen wir bei Eintracht Frankfurt machen. In meiner hessischen Heimat. Nach dem tollen Sieg aus der Hinrunde fiebere ich dieser Partie entgegen. Im Training stellt sich wieder diese gewisse Leichtigkeit ein, der Schuß Lockerheit, mit dem einem das Training nicht wie Arbeit, sondern wie ein streßfreies Hobby vorkommt.

6. April, Spieltag. Es kribbelt wohlig. Ich will gut sein gegen die Eintracht. 20 000 Zuschauer im Waldstadion, darunter meine Eltern und viele Bekannte. Die erste Halbzeit läuft super für uns. Großchancen der Eintracht kann ich vereiteln, Uwe Weidemann schießt uns nach 25 Minuten in Führung. Die zweite Halbzeit beginnt ähnlich. Frankfurt drückt, wir stehen relativ sicher. Was an Westerbeek, Nijhuis oder Hopp vorbeikommt, fische ich weg. Bis zur 77. Minute. Anthony Yeboah dribbelt sich in den Strafraum, schießt, für mich verdeckt, plötzlich taucht der Ball vor mir auf, ich reagiere irgendwie, unter mir geht der Ball ins Tor – 1:1. Als ich den Ball ins Tor rollen sehe, flippe ich fast aus und schlage vor Wut einen Purzelbaum. So ein blödes Tor, das gibt es doch gar nicht, schießt es mir durch den Kopf, dann erst nehme ich einen stechenden Schmerz in meinem Knie wahr. Ich kann das Bein nicht mehr beugen, nach wenigen Sekunden weiß ich, daß das Spiel für mich beendet ist.

Die Zuschauer lärmen, der Schiedsrichter deutet auf seine Uhr, alle denken wohl, nach dem blöden Gegentor schauspielere ich jetzt vor Verlegenheit und Ärger. Als mich Mannschaftsarzt und Masseur vom Platz führen, ich die Kapitänsbinde an Preetz weitergebe, pfeift scheinbar das ganze Waldstadion.

Mein letzter verletzungsbedingter Abgang in Bremen war angenehmer. Kollege Zoran Zeljko kommt zu seinem ersten Bundesliga-Spiel.

Ich liege in der Kabine auf der Massagebank. Während der Mannschaftsarzt mein Knie untersucht, bin ich total niedergeschlagen. Mir will dieses verfluchte Yeboah-Tor nicht aus dem Kopf. Habe ausgerechnet ich damit unsere UEFA-Cup-Träume und -Prämie kaputt gemacht, für die ich mich so eingesetzt hatte?

Mitten in meine Grübelei fliegt die Tür auf, irgend jemand schreit, der MSV habe gewonnen, weil Weidemann in der 90. Minute noch ein Tor geschossen hätte. Kurz darauf stürzen die ersten Spieler jubelnd in die Kabine. Tatsächlich, wir haben mit 2:1 gewonnen! Jawoll, wir können weiterträumen! Der Ärger verflüchtigt sich langsam bei mir. Mit dem Sieg bei der Eintracht sind wir punktgleich mit dem Tabellenzweiten Leverkusen! Von den letzten fünf Spielen sind drei zuhause. Das müßte doch zu schaffen sein! Auch ohne mich.

Noch im Waldstadion einige ich mich mit dem Mannschaftsarzt von Eintracht Frankfurt, Dr. Degenhardt, daß er mein Knie operiert. Ich habe mich vor Jahren schon einmal von ihm behandeln lassen. Und wenn wir schon in Frankfurt sind, dann kann er den notwendigen Eingriff gleich mit erledigen.

Während die Duisburger Kollegen frohgelaunt über den Erfolg mit dem Bus die Heimreise antreten, bringt mich Dr. Degenhardt ins Krankenhaus. Die notwendigen Operationsvorbereitungen werden getroffen, Blut abgenommen, geröntgt. Diagnose: Korbhenkelriß. Das heißt, in meinem Meniskus ist ein frischer Riß in der Form eines Korbhenkels. Dr. Degenhardt erklärt mir, daß dieser Schaden relativ leicht zu beheben ist und daß er nur einen Teil des Meniskus entfernen muß.

Möglich ist diese Teilentfernung mit der sogenannten arthroskopischen Operationsmethode. Wo früher das ganze Knie aufgeschnitten und meistens der komplette Meniskus entfernt wurde, geht heute der Arzt mit zwei nur Millimeter großen Sonden ins Knie. An der einen Sonde befindet sich das Operationswerkzeug, an der anderen eine Minikamera, die die Innenansicht des Knies auf einen Bildschirm überträgt.

Vorteil dieser Methode: Es gibt keine langwierige Wundheilung mehr, weil lediglich zwei Mini-Löcher zurückbleiben. Vermindert wird weiterhin die Infektions- und die Arthrosegefahr durch vorzeitigen Knorpelverschleiß. Jedes Knie hat zwei Menisken, die zwischen Oberschenkel und Knie wie Stoßdämpfer und gleichzeitig als Stabilisator wirken. Sind die weg, verändert sich das Zusammenspiel zwischen Ober- und Unterschenkel zu Lasten des Knorpels, der als Gleitfläche eine wichtige Funktion innehat.

Als ich am anderen Tag aus der Vollnarkose erwache, ist mir ziemlich schummerig. Im Knie steckt ein Schlauch, der das Blut aus dem Knie in ein Plastiksäckchen befördert, das neben meinem Bein hängt. Damit soll verhindert werden, daß sich das Blut im Knie sammelt und eine Schwellung verursacht. Als mir die Schwester aufhilft, um einen Toilettengang zu machen, klappt mein Kreislauf zusammen. Erst langsam komme ich wieder zu mir.

Tags darauf zieht mir Dr. Degenhardt den Schlauch aus dem Knie. Am Nachmittag kommt eine Krankengymnastin und beginnt mit ihren Übungen. Ich glaube zuerst gar nicht, daß ich aufstehen und gehen kann, aber sie ist unerbittlich. An Krücken humpele ich schließlich doch die ersten Schritte durch den Flur.

Vier Wochen würde ich ausfallen, meint Dr. Degenhardt. Die Saison ist damit für mich beendet. Am Samstag, nur zwei Tage nach der Operation, werde ich entlassen und verbringe den Tag bei meinen Eltern in Lorbach. Den Sonntag bestimmt das Kribbeln, wie wohl der MSV zuhause gegen Kaiserslautern spielen wird. Als ich am Abend den Videotext einschalte, fällt mir beinahe die Fernbedienung aus der Hand. Was steht da zu lesen? MSV – Kaiserslautern 1:7? Das muß doch ein Druckfehler sein. Ist es aber nicht.

Dr. Degenhardt schaut sich nochmals das Knie an, am Montag geht es zurück nach Duisburg. Dienstagmorgen beginne ich mit dem Rehabilitationstraining in Düsseldorf. Den Nachmittag widme ich organisatorischen Tätigkeiten wie beispielsweise der Prüfung, ob alle Unterlagen bezüglich meiner Verletzung an die richtigen Stellen unterwegs sind. Als Arbeitnehmer muß ich nämlich den Arbeitsunfall der Berufsgenossenschaft (BG) melden, eine Krankmeldung vom behandelnden Arzt ausfüllen lassen und dem Verein übergeben und meine Krankenversicherung[8] benachrichtigen. Warum das alles? Ganz einfach, es geht es ums Geld.

**AOK Rheinland
Die Gesundheitskasse**

Regionaldirektion Kreis Wesel

Geschäftsstelle Voerde

AOK Rathausplatz 18 46562 Voerde

Herrn
Jürgen Rollmann

Dinslakener Str. 110

46562 Vorde

Rathausplatz 18
46562 Voerde
Telefon (0 28 55) 79 81
Telefax (0 28 55) 8 58 21

Unser Zeichen 331-hü

Ihr Gesprächspartner Frau Hüwels

Durchwahl –

Datum 12.09.1994

Ihr Verletztengeld im Auftrage der Verwaltungs-Berufsgenossenschaft

Sehr geehrter Herr Rollmann,

die für Sie zuständige Verwaltungs-Berufsgenossenschaft hat mir
einen Zahlungsauftrag von Verletztengeld zugeschickt.

Danach erhalten Sie für die Zeit vom 19.05.94 bis 30.05.94 Verletztengeld.

*Die richtige Versicherung – vor allem im Verletzungsfall – ist ganz wichtig für den Fuß-
ball-Profi*

In den ersten sechs Wochen nach einer Verletzung ist der Verein zur Lohnfortzahlung verpflichtet. Als Stammspieler gibt es in dieser Zeit nicht nur
das Grundgehalt weiter, sondern auch alle Prämien, wie Einsatz- und
Punktprämie. Schließlich darf der Arbeitnehmer nach § 45, Sozialgesetz-
buch VII ff. im Krankheitsfall finanziell nicht schlechter gestellt sein. Und
was für den Bürokaufmann rechtens ist, gilt nunmal auch für den Fußball-
Profi.

Während man als Spieler automatisch einer Berufsgenossenschaft
angehört, und die VBG mal schneller, mal langsamer einen Unfall bearbeitet, muß sich der Spieler um Krankenversicherung und Invaliditätsversicherung selbst kümmern. Verdient ein Arbeitnehmer mehr als 5900 Mark im
Monat, kann er sich privat versichern lassen. Vorteil: Die Leistungen sind
besser. So bietet eine Privatversicherung in aller Regel eine Chefarztbe-
handlung an, erstattet im Gegensatz zur gesetzlichen Krankenversicherung eventuellen Zahnersatz voll, zahlt ein Krankentagegeld.

STATEMENT
Karsten Bäron, Jahrgang 1973, Fußball-Profi seit 1992,
Hamburger SV

»Als mir vor ein paar Jahren der Meniskus am linken Knie entfernt wurde, da habe ich mir nichts Schlimmes gedacht. Nach vier Wochen habe ich wieder gespielt. Aber nach einem Jahr ist das Knie dick geworden. Wieder Operation. Und da hat man festgestellt, daß ich einen Knorpelschaden habe. Sechs Monate habe ich anschließend nur im Rehazentrum zugebracht, bis ich wieder fit war. Aber nach fünf schmerzfreien Wochen war das Knie erneut dick – dritte Operation.

Der Knorpelschaden hatte sich noch verschlimmert. Drei Wochen nach der Operation habe ich mich entschlossen, mich von dem Spezialisten Professor Klümper in Freiburg behandeln zu lassen. Eine Woche habe ich Spritzen bekommen. Die Schmerzen waren weg. Drei Monate später habe ich wieder auf dem Platz gestanden und 38 Spiele in Folge ohne Probleme gemacht, bis ich mir bei einem Zweikampf das Knie verdreht habe.

Zur vierten Operation habe ich dann den Arzt gewechselt, um eine neutrale Beurteilung meines Knies zu bekommen. Tatsächlich hatte sich der Zustand an meinem alten Knorpelschaden gebessert. Da ist wohl die Therapie von Professor Klümper angeschlagen, für den kaputten Knorpel eine Art Ersatzmasse aufzubauen. Aber an einer anderen Stelle hatte ich einen neuen Knorpelschaden. Daraufhin ging alles wieder von vorne los. Statt einer Woche verbrachte ich gleich vier Wochen bei Professor Klümper mit dem täglich gleichen Programm: eine Spritze ins Knie, zwei in den Po, Krankengymnastik, Massagen. Jetzt kann ich nur hoffen, daß alles wieder gut wird.

Natürlich überlege ich mir, wie das Knie wohl aussieht, wenn ich 50 Jahre alt bin, aber so richtige Gedanken ans Aufhören habe ich mir noch keine gemacht. Ich wüßte auch gar nicht, was ich statt Fußball machen sollte. Das verdränge ich jetzt erst einmal so gut es geht. Versichert habe ich mich Gott sei Dank ganz gut. Mal schauen, wie sich alles entwickelt. Ich bin ja noch jung.«

10. Kapitel

Die Schattenseiten

Mein Heilungsprozeß verläuft reibungslos. Jeden Tag bin ich in Düsseldorf bei Fitmacher Bernd Restle und mache bis zu vier Stunden ein intensives Rehabilitationsprogramm: Krankengymnastik, Behandlung, Kraftraum.

Zwei Wochen nach der Operation jogge ich erstmals wieder, Schritt für Schritt geht es vorwärts. Die restlichen Saisonspiele als Zuschauer dagegen werden zur Qual. Nach dem 1:7-Debakel gegen Kaiserslautern gibt es ein 0:0-Unentschieden in Nürnberg, aber zuhause gegen Karlsruhe treten die Kollegen durch ein 1:2 die UEFA-Cup-Hoffnung mit Füßen. Mit einem 3:1-Sieg bei Schalke 04 keimt noch einmal etwas Hoffnung. Doch eine 0:2-Pleite zuhause gegen den SC Freiburg vermasselt die Restchance auf internationale Aufgaben. Auch die Möglichkeit, zum letztenmal in der Saison 1993/94 eine große Prämie einzufahren, wird verfehlt. Statt bei einem Sieg 10 000,- Mark für fünf erzielte Punkte einzustreichen, gibt es für die erzielten drei nach unserer Päckchenregelung DM 4 500,-. Ein schwacher Trost für einen geplatzten Traum. Was bleibt, ist Wehmut und eine geringe Portion Freude mit dem SC Freiburg, der sich mit dem Sieg in Duisburg am letzten Spieltag den Klassenerhalt sichert.

Ausgerechnet in den entscheidenden letzten Wochen belasten Personaldiskussionen das Klima der Mannschaft negativ. Verträge laufen aus, nach neuen, vermeintlich besseren Spielern wird Ausschau gehalten. Planspiele sind zu diesem Saisonzeitpunkt zwar normal. Bei uns aber bieten die Verantwortlichen nahezu die halbe Mannschaft in einer Phase über die Presse zum Verkauf an, die eigentlich alle Konzentration auf die Minimal-Chance UEFA-Cup erfordert hätte: Notthoff, Preetz, Schmidt, Zeljko, Tarnat, Reinmayr, Ogaba, Minkwitz, Seitz sind betroffen, die ausgeliehenen Peter Közle und Ivica Vastic wissen bis zum letzten Spiel nicht, ob sie gekauft und damit in Duisburg bleiben werden.

Hannes Reinmayr, der spielerisch stärkste Mann im Kader, wird regelrecht weggeekelt. Wegen wiederholt schlechter Laktat-Werte hatte Lienen den Österreicher wohl schon länger im Visier, obwohl der sich in der Vorrunde in den erweiterten Kreis seiner Nationalmannschaft gespielt hatte. Daß Reinmayr gern auch mal eine Zigarette raucht, war zudem allgemein bekannt.

Vor Antritt des Winterurlaubes 1993 hatte Lienen von Hannes gefordert, regelmäßig zu laufen, um so seine Defizite zu verringern, die der Laktattest angeblich ergeben hatte. Sofort nach Beendigung des Urlaubes gab es den nächsten Test, dessen Ergebnis Lienen so auslegte, daß Reinmayr in der freien Zeit seine Defizite nicht bekämpft, sondern eben Urlaub gemacht hatte. Da flippte er vollends aus.

Dabei läßt sich über den Sinn einer solchen Überprüfung durchaus streiten. Bei meinem Ex-Klub Werder Bremen gab es unter Otto Rehhagel keine Laktattests. Wenn ich den alten Kollegen zwischendurch mal geschildert habe, welchen Stellenwert bei uns der Laktattest einnimmt, wie sehr er in einigen Fällen sogar die Aufstellung bestimmt, dann haben sich die Jungs kaputtgelacht …

Neben Reinmayr erwischt es auch Michael Tarnat. Mit ihm war Lienen in der Rückrunde nicht zufrieden, Tarnat akzeptiert wiederum das finanzielle Angebot des MSV für eine Vertragsverlängerung nicht, das eine Reduzierung seiner Bezüge vorsah, und unterschreibt in Karlsruhe.

Als Ersatz für Reinmayr und Tarnat holt der MSV die 30 Jahre alten Roger Ljung, schwedischer Nationalspieler, und Rainer Schütterle vom Karlsruher SC. Auch die Verpflichtung des nigerianischen Nationalspielers Emmanuel Amunike wird bekanntgegeben.

Die Mannschaftsfahrt nach Mallorca beschließt die Saison. Bezahlt für alle von einem wohlhabenden MSV-Anhänger, der diese Reise vor einem Jahr leichtsinnigerweise für den Fall in Aussicht gestellt hatte, daß wir den Klassenerhalt schaffen.

27. Juni, Trainingsauftakt. Obwohl ich die freie Zeit sehr genossen und niemand aus dem Dunstkreis des MSV vermißt habe, freue ich mich auf der Fahrt von unserem Wohnort Voerde zum Trainingsgelände auf das Wiedersehen mit den alten und neuen Kollegen sowie den Fans.

Sofort nachdem ich aus dem Wagen gestiegen bin, kommt mir unser Super-Fan Knut entgegen, der eifrig Zeitungsausschnitte sammelt und jedes Fitzelchen signiert haben will. In der Kabine gibt es ein allgemein freundliches Hallo. Stefan Böger umarme ich, er hat im Urlaub geheiratet und sieht Vaterfreuden entgegen. Mit Ferenc Schmidt, dem gelernten Bankkaufmann, diskutiere ich die jüngste Börsenentwicklung. Späßchen werden gemacht. Einen neuen Torwartkollegen habe ich auch: Martin Pieckenhagen. Er kommt von Union Berlin und macht auf mich einen sympathischen Eindruck.

Nachdem alle Hände, auch die der Zeugwarte, Masseure und Ärzte, geschüttelt sind, suche ich mir meine Trainingsklamotten zusammen. Es ist kaum noch etwas da, viele Sachen sind verschwunden, wie das immer so ist, wenn nach dem letzten Spiel die Souvenirjagd beginnt.

Ewald Lienen begrüßt uns offiziell, wünscht besonders den neuen Spielern Schütterle, Krohm, Osthoff und Pieckenhagen viel Glück in neuer Umgebung und gibt einige Termine für die nächsten Wochen bekannt. Die WM-Fahrer Ljung und Amunike sind nach der Weltmeisterschaft noch nicht in Duisburg, sollen aber im Trainingslager zur Mannschaft stoßen.

Wenn ich mich so umschaue im Kabinenrechteck, hat sich doch einiges verändert. Das schallende Lachen von Michael Tarnat ist nicht mehr zu hören. Michael Preetz macht noch Flitterwochen auf Jamaika, aber wahrscheinlich kommt er gar nicht mehr, denn Wattenscheid möchte ihn verpflichten und die Vereine hätten sich bereits, so Lienen, über die Ablösesumme geeinigt. Hannes Reinmayr wechselte zu Uerdingen, Patrick Notthoff zu Wattenscheid und Michael Struckmann zu Rot-Weiß Oberhausen.

Damit sind drei Cliquen der Truppe zerschlagen und mit Tarnat, Notthoff, Struckmann drei langjährige Duisburger Spieler gegangen, mit denen Ewald Lienen noch selbst zusammengespielt hat. Die Stimmung ist ruhig, die Neuen sagen nicht viel, die Reste der gesprengten Cliquen müssen erst noch zueinander finden.

1. Juli. Im Klubheim treffe ich MSV-Präsident Dieter Fischdick. Ich spreche ihn bezüglich einer Beteiligung der Mannschaft an einer eventuellen Sieg-Prämie in der Intertoto-Runde an, an der wir teilnehmen. Sein Kommentar hierzu: »Da ist nichts drin …« Am Montag sei Präsidiumssitzung, erklärt er mir eher gelangweilt, da werde er dieses Thema noch einmal ansprechen, aber dem Schatzmeister und dem Vizepräsidenten empfehlen, so abzustimmen, wie er das mir schon geschildert hat. Er sei sich ziemlich sicher, sagt er noch, daß die Herren ihm auch folgen werden …

2. Juli. Es wird zum erstenmal wieder halbwegs ernst. Zumindest was die Konzentration auf ein Spiel betrifft. Doch schon vor dem Anpfiff des Inter-toto-Rundenspiels gegen Grashopper Zürich wird deutlich, daß diese Partie wirklich nicht mehr werden kann als ein besseres Freundschaftsspiel.

Neben den ohnehin verletzten Uwe Weidemann, Peter Közle und den WM-Fahrern Azzouzi, Ljung und Amunike fehlen kurzfristig auch noch Westerbeek und Krohm, so daß uns nur eine Rumpfmannschaft zur Verfügung steht.

Bei über 30 Grad Hitze bekomme ich in der ersten Halbzeit gleich drei Tore eingeschenkt, davon eineinhalb Eigentore. Die anfänglichen »Rollmann für Deutschland«-Rufe der MSV-Fans verstummen schnell. Die zweiten 45 Minuten laufen besser, was meinem Selbstvertrauen gut tut. Immerhin ist dieses Match mein erstes richtiges Spiel seit meiner Verletzung Anfang April. Wichtig für mich: Mein Knie ist wieder vollständig hergestellt. Ich bin absolut belastbar.

Kurz vor Antritt des Trainingslagers werden zwei junge Mädchen zum Mannschaftsgespräch, nachdem sie über Monate vorher nicht aufgefallen waren. Sie gehörten bislang einfach zu dem Pulk von regelmäßigen Trainingsbesuchern. Nun schreibt aber eine von ihnen Liebesbriefe an Oliver Westerbeeck, die andere hat sich unterdessen in Rainer Schütterle verliebt. Nach eigener Auskunft hat »Oli« noch nie ein Wort mit der Schreiberin gewechselt. Zunächst fand er die Briefaktion einfach nur lustig.

Deshalb hat er wohl auch aus diesen Schreiben keine Geheimnisse gemacht. Heute lese ich einige Auszüge und schüttele nur den Kopf: »Ich kann nachts nicht mehr einschlafen, sehe Deine Bilder an meiner Wand und fange an zu träumen …«

Die Briefschreiberin hat nun angekündigt, mit ins Trainingslager zu fahren, um auch dort die Trainings- und Spieleinheiten zu verfolgen. Ich bin mal gespannt, ob die beiden auch noch kommen, wenn die ersten Sprüche der Kollegen fallen – sie also erfahren, daß von ihren Sehnsüchten die ganze Mannschaft weiß.

Bei nächster Gelegenheit will »Oli« mit seiner Verehrerin reden, um den Spuk zu beenden, schließlich ist er kein Junggeselle mehr, sondern verheiratet und zweifacher Familienvater.

Die weiteren Spiele in der Intertoto-Runde bringen wir mit unterschiedlichem Erfolg über die Bühne. Am 19. Juli beziehen wir das Trainingslager, wiederum im norddeutschen Wiefelstede. Die neuen Spieler fügen sich reibungslos ein, und doch sorgt ein vermeintlich neuer Spieler für den meisten Gesprächsstoff: Emmanuel Amunike. Der will nämlich gar nicht mehr nach Duisburg kommen, sondern nach seinen guten Spielen bei der Weltmeisterschaft bei einem anderen Verein schlicht mehr Geld verdienen. Die Frage: »Kommt er, oder kommt er nicht?« verunsichert Ewald Lienen sichtlich. Da hatte er viel Aufwand betrieben, um den Duisburger Zuschauern einen richtigen Star zu präsentieren, und jetzt das ...

Im Trainingslager werde ich als Kapitän bestätigt, Alfred Nijhuis scheidet mit Verspätung aus dem Spielerrat aus, dafür rückt Rainer Schütterle nach, der seine langjährige Erfahrung vor allem in die anstehenden Prämienverhandlungen einbringen soll. Am längsten streiten wir uns darum, wer die Mannschaftskasse führt. Stefan Böger will nicht mehr den »Geld-Eintreiber« spielen. Schließlich übernehmen Rachid Azzouzi und Markus Osthoff gemeinsam den unbeliebten Job.

25. Juli. Es kommt zum ersten Gespräch zwischen Spielerrat und MSV-Präsident Fischdick sowie Schatzmeister Köppen. Noch geht es nicht um Geld, sondern vornehmlich um Details, die in der vergangenen Spielzeit für Ärger auf beiden Seiten gesorgt haben. So die Bereitstellung von VIP-Raumkarten für unsere Frauen oder Angehörige sowie die Schaffung eines Raumes in oder am Stadion, wo während unserer Spiele die Kinder untergebracht werden können. Viele Spielerfrauen können nämlich oft nicht die Spiele live verfolgen, weil sie keinen Babysitter bekommen.

Das Präsidium stört das Verschwinden kompletter Trikotsätze am Ende der Saison und die fehlende Autogramm-Disziplin bei Bällen und Postern. Die Prämiengespräche sollen in der nächsten Woche stattfinden.

Am selben Abend wird das Essen nicht im Trainingslager eingenommen, sondern in einem Hotel in Westerstede, dem Nachbarort. »Menu Cabaret« ist angesagt. Eine Theatergruppe ulkt durch die Gegend, bringt den Nachtisch zuerst, spritzt Sahne ins Bier. Es wird jongliert, Luftballons werden aufgeblasen und zu seltsamen Formen umgestaltet. Die anfänglich gedrückte Stimmung schlägt langsam ins Gegenteil um. Die Bierchen fließen in Strömen. Die bislang so angespannten Trainer Lienen und Mehrheim sind gut drauf und stimmen sogar immer wieder Lieder an.

Zurück im Hotel, nehmen wir an der Theke die letzten Absacker. Zwischen drei bis fünf Warsteinern diskutiere ich mit Schütterle und Co-Trainer Merheim die Trainingsabläufe. Merheim unterstreicht noch einmal seine Meinung, daß nur eine gute läuferische Verfassung die Grundlage für Erfolg bilden kann und rechtfertigt damit seinen Spitznamen »Schleifer«. Na denn Prost! Um 1 Uhr ist der Zauber für uns Spieler beendet, die Tainer machen fröhlich weiter.

30. Juli. Wieder zurück in Duisburg. In einer kleinen Halle, die zur Schrebergarten-Anlage neben dem Trainingsgelände gehört, feiert der MSV-Fanclub »Die Zebras« seine Saisoneröffnungsfete. Dieser Fanclub ist einer der größten und rührigsten in Duisburg. Präsident Fischdick, Schatzmeister Köppen, Joachim Hopp, Peter Közle, Rainer Schütterle und Markus Osthoff bilden mit mir die Abordnung der Lizenzspieler-Mannschaft. In einer kleinen Talkrunde können die zahlreichen Fans Fragen stellen. Zu spüren ist eine große Euphorie, eine große Erwartungshaltung. »Deutscher Meister wird nur der MSV« hallt es durch die Räumlichkeiten.

Ich bin ganz baff über die Freundlichkeit, die uns entgegengebracht wird. Es tut gut zu wissen, daß einen die Fans auch nach längerer Abstinenz, immerhin habe ich die letzten Saisonspiele wegen meiner Verletzung nicht mitmachen können, noch schätzen und feiern. Als realistisches Saisonziel geben wir Spieler eine Plazierung zwischen sechs und zehn an.

3. August. Das Morgentraining wird von nur einem Thema bestimmt: Emmanuel Amunike. Denn der Transfer des nigerianischen Stürmers, der in Duisburg nach seiner vermeintlich bindenden Unterschrift die Fan-Massen elektrisierte und entscheidend zum neuen Dauerkarten-Verkaufsrekord beigetragen hat, ist geplatzt. Der kleine Linksaußen unterschrieb nämlich bei Sporting Lissabon ebenfalls einen Vertrag und wurde in Portugal bereits als Neuzugang präsentiert. Sämtliche Sportseiten der Zeitungen sind voll zu diesem Thema und gehen in der Kabine von Hand zu Hand. Die Kollegen sind enttäuscht, denn im Stillen hatten wir uns auf diesen guten Fußballer gefreut und darauf gehofft, durch ihn sportlich stärker zu werden.

Trainer Lienen tritt wie ein Häufchen Elend vor die Mannschaft und sucht nach Erklärungen für diesen Skandal. Von Vereinsseite aus würde man auf die Unterstützung von DFB und FIFA hoffen, um Amunike doch noch nach Duisburg zu holen, und wenn das nicht klappen sollte, so Lienen, hoffe er, daß dann zur Strafe die Portugiesen zahlen müssen, bis sie schwarz werden. Außerdem berichtet er, hätte die Suche nach personellen Alternativen bereits begonnen, und es sei durchaus möglich, daß schon in der nächsten Woche ein oder sogar zwei neue Spieler anstelle von Amunike zum MSV geholt werden.

Am Abend geht es mit dem Bus zum Freundschaftsspiel nach Düsseldorf, zum vorletzten Härtetest gegen die Fortuna, bevor mit dem DFB-Pokalspiel in Erfurt die Pflichtspielzeit beginnt. Dementsprechend konzentriert sind die Kollegen. Trotzdem ist unsere spielerische Verfassung erneut katastrophal. Zur Halbzeit liegen wir völlig verdient 0:1 hinten, Lienen tobt in der Kabine, wechselt drei Spieler aus und verlangt Besserung in der zweiten Hälfte. Die geht aber genauso in die Hose, vielleicht noch schlimmer als die erste. Endstand: 0:2.

In der Kabine ist es hinterher still, Betroffenheit ist in den Gesichtern zu erkennen. Zu allem Übel hat sich Thorsten Wohlert wahrscheinlich eine Oberschenkelzerrung eingehandelt. »Zehn Tage Pause«, gibt er traurig die erste Diagnose der Ärzte wieder. Lienen, völlig fertig mit den Nerven, bringt dann noch den Spruch des Tages, der allgemein Kopfschütteln auslöst: »Ja, Leute, es gibt noch viel zu tun, aber die zweite Halbzeit war schon ein Schritt nach vorne!«

4. August. Die Stimmung ist im Keller. Das blamable 0:2 gegen die Fortuna hat Spuren hinterlassen. Am deutlichsten bei Ewald Lienen, der einen Eindruck macht, als hätte er die ganze Nacht nicht geschlafen. Wütend hält er vor dem Training eine Besprechung ab, bemängelt vor allem die lasche Einstellung einiger Spieler, ohne Namen zu nennen, und streicht den für kommenden Montag auf dem Trainingsplan vermerkten freien Tag. Ich nehme die Kollegen argumentativ in Schutz und bezweifele gegenüber Lienen, ob unser schlechtes Spiel wirklich pauschal mit lascher Einstellung zu erklären ist. Während ich mit dem Trainer kurz diskutiere, schweigt der Rest der Mannschaft.

5. August. Vor dem Training kommt es zur ersten Verhandlungsrunde über die Prämienregelung der neuen Spielzeit. Im Gegensatz zur letztjährigen, aggressiven Verhandlung ist heute die Atmosphäre wesentlich freundlicher. Es ist allerdings nur ein erstes Kontaktgespräch, in dem uns das vollzählig anwesende Präsidium sowie Geschäftsführer Dirk Keiper wie in der Vorsaison die Päckchenregelung anbieten. Ändern gegenüber dem Vorjahr, das ist die einzige definitive Entscheidung aus diesem ersten Gespräch, wird sich die Festsetzung einer Prämie für den Fall eines Titelgewinns oder das Erreichen eines UEFA-Pokal-Platzes.

Nach der gereizten Stimmung von gestern geht es heute im Training schon wieder lockerer zu, vereinzelt wird sogar gelacht. Wir laufen uns ein, Gerd Merheim macht ein Dehnprogramm, während Lienen die erste halbe Stunde auf dem Platz steht und seinen Notizblock foltert. Es folgen Sprints, ein Kleinfeldspiel und ein paar Schuß-Serien für mich, während die Feldspieler auslaufen.

Der Hammer kommt dann in der Kabine. Als ich gehen will, bittet mich Lienen in den Trainerraum: »Jürgen, komm doch mal, nur zwei Minuten.« Zuerst fängt er an, mich sportlich zu kritisieren, ohne richtige Argumente, ziemlich gezwungen, bevor er mit seiner zögernden, zaudernden Art den eigentlichen Grund des Gesprächs herausläßt. Er habe sich geärgert über meinen despektierlichen Tonfall in der Sitzung von gestern, in der ich ihn ziemlich bloßgestellt hätte vor der Mannschaft. Ich muß zunächst fragen, was despektierlich bedeutet, denn dieses Wort höre ich zum erstenmal. Danach versuche ich ihm klarzumachen, daß ich als Kapitän – wie in der vergangenen Saison auch – lediglich meine Meinung geäußert habe. Das verstehe ich als Anregung und nicht als Bloßstellung seiner Person.

Lienen bringt noch zwei, drei andere unbedeutende Punkte, die er mir vorwirft, so sein Ärger, daß ich ihn im Trainingslager nicht rechtzeitig über die Kapitänswahl informiert hätte, bevor ich um kurz vor 21 Uhr, also nach fast einer Stunde, die Trainerkabine verlasse.

Im nachhinein bin ich bin froh über das Gespräch und hoffe, daß nun ein paar Sachen aus der Welt sind. Vielleicht hat er sich auch nur über meinen Beitrag für das SAT.1-Fußball-Buch der Saison 1993/94 geärgert, in dem ich meine Einschätzung zur Überraschungsmannschaft MSV Duisburg abgegeben habe und Lienen keine Hauptrolle zugestehe:

Was war das wohl in der abgelaufenen Spielzeit – Anfängerglück oder wirklich Können, Zufall oder Lohn harter Trainingsarbeit? Diese Frage beschäftigte insgeheim Zuschauer und Journalisten, wenn sie über den MSV Duisburg der Saison 93/94 nachdachten.

Nach dem freudlosen Aufstieg aus der Zweiten Liga traute uns kaum jemand etwas Ordentliches in der Eliteklasse zu. Ganz ehrlich: Selbst wir Spieler blickten eher skeptisch den kommenden Aufgaben entgegen.

Doch siehe da – spätestens nach den ersten beiden Auswärtssiegen in Dresden und bei Meister Bremen war das Selbstvertrauen da, die Gewißheit, jawoll, wir können mit den »Großen« mithalten. Das Wehren gegen die Vorurteile hatte Kräfte freigesetzt, die noch in der mäßigen Vorbereitung nicht vorhanden schienen. Die Aufstellung für das erste Meisterschaftsspiel wurde mehr oder weniger gewürfelt. Ein Beispiel:

Mittelstürmer Preetz verletzt, der eigentlich als Mittelfeldregisseur geholte Weidemann mußte in den Sturm, blieb dort und wurde zum Glücksgriff der Saison für die Mannschaft.

Das Duisburger Publikum, als kritisch verschrien und zu Beginn der Runde mit nur einer Bitte an die Mannschaft herangetreten, nämlich nicht gegen den Ruhrgebietsrivalen Schalke 04 zu verlieren, nahm eine schon fast devote Haltung ein, feierte jeden Punktgewinn überschwenglich und reagierte auf Niederlagen gelassen. Frei nach dem Motto: je bescheidener die Ansprüche, desto größer die Freude. Doch der Mensch bleibt selten bescheiden. Schon gar nicht im Showgeschäft Profifußball.

Was ist vom MSV Duisburg in der Saison 94/95 zu erwarten?

Erst nach dem oftmals verflixten zweiten Jahr werden wir alle die eingangs gestellten Fragen definitiv beantworten können. Ich schätze, daß Ewald Lienen sein Mantra »Klassenerhalt« ein weiteres Jahr benutzen darf.

6. August. Langsam, aber sicher wird es ernst. In einer Woche startet mit dem Pokalspiel in Erfurt die Saison 1994/95. Dementsprechend ist auch die Konzentration beim letzten Test gegen Wattenscheid. 0:0 lautet das Endergebnis. Nicht berauschend, aber immerhin nicht verloren. Nach den letzten Pleiten ist dieser »Auswärtspunkt«, wie wir hinterher flachsen, ein kleiner Hoffnungsschimmer.

Ich bekomme keinen einzigen Ball aufs Tor, sondern muß nur ein paar Flanken entschärfen und per Fuß einige Male Steilpässe abfangen. Lienen lobt mich in der Halbzeit, was ich als kleine Versöhnungsgeste nach dem jüngsten Gespräch auffasse. Wenigstens ist die Tendenz zu erkennen, daß es positiv zwischen uns weitergeht.

Im Bus, während der kurzen Rückfahrt, beherrscht wieder Emmanuel

Amunike die Gespräche. Lienen schildert in kurzen Worten ein einstündiges Telefongespräch, das er gestern mit dem Nigerianer geführt habe. Der hätte ihm gegenüber deutlich gemacht, daß er für das vom MSV angebotene Geld nicht in Duisburg spielen könne.

Dann würde er so schnell gar nicht mehr spielen, habe Lienen ihm entgegnet, denn Sporting Lissabon müßte ihn für viel Geld aus dem Vertrag herauskaufen, und das würde teuer. Sehr teuer, stündlich teurer, so ungefähr sechs Millionen als Entschädigung stelle sich der MSV vor, »und das werden wir knallhart durchziehen«, so Lienen.

Knapp vier Wochen nach dieser Ankündigung kommt es tatsächlich zu einer knallharten Auseinandersetzung. Aber nicht zwischen Amunike und dem MSV, sondern zwischen Lienen und mir. Nachdem wir in Erfurt mit einem 2:0 die erste Runde im DFB-Pokal überstehen, gibt es ein 1:1 zum Bundesliga-Auftakt in Uerdingen. Zuhause gegen Schalke ein 2:2, in Karlsruhe eine deftige 1:4-Packung. Dabei schießt der in Duisburg als »ewiges Talent« abgestempelte Michael Tarnat zwei Tore für den KSC. Lienen ist hypernervös. In Uerdingen attackiert er nach dem Schlußpfiff verbal den Schiedsrichter: »Der Wiesel ist ein Schaumann. Der freut sich, daß er vor vollem Haus pfeifen kann, der Knallkopp.«

Unterstützung erhält er bei seiner Schimpfkanonade von Präsident Fischdick: »Das war ein typischer Heimschiedsrichter. Die Rote Karte für Weidemann war ein Witz.« Und in der NRZ äußert sich Fischdick auch zu den Spielern: »Einige glaubten wohl, sie können sich hier ein bißchen in die Sonne stellen …«

Lienen dagegen hat einen anderen Schuldigen ausgemacht: Ferenc Schmidt. In der Halbzeit war er für Rainer Schütterle, der sich von der Duisburger Presse bereits als Fehleinkauf bezeichnen lassen muß, eingewechselt worden. Nach zwei weiteren Toren der Karlsruher wechselt der Trainer Schmidt nach nur 31 Minuten wieder aus – die Höchststrafe für einen Fußballspieler. Lienen zu dieser Maßnahme: »Das soll auch eine Warnung für die anderen Spieler sein.«

Die Stimmung in der ohnehin verunsicherten Mannschaft ist nach nur drei Spielen im Keller. Einen Tag nach der Karlsruher Niederlage bittet mich Lienen um eine Einschätzung der momentanen Lage. Eine halbe Stunde reden wir über den mäßigen Saisonstart, die kommende Trainingswoche und den nächsten Gegner Bayern München.

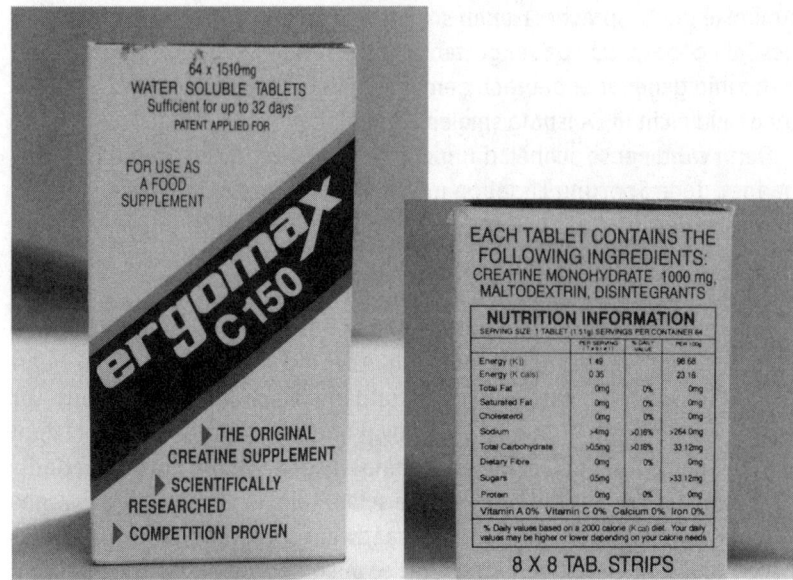

64 x 1510mg
WATER SOLUBLE TABLETS
Sufficient for up to 32 days
PATENT APPLIED FOR

FOR USE AS
A FOOD
SUPPLEMENT

ergomax C 150

▶ THE ORIGINAL
CREATINE SUPPLEMENT

▶ SCIENTIFICALLY
RESEARCHED

▶ COMPETITION PROVEN

EACH TABLET CONTAINS THE
FOLLOWING INGREDIENTS:
CREATINE MONOHYDRATE 1000 mg,
MALTODEXTRIN, DISINTEGRANTS

NUTRITION INFORMATION

SERVING SIZE 1 TABLET (1.51g) SERVINGS PER CONTAINER 64			
	PER SERVING 1 TABLET	% DAILY VALUE	PER 100g
Energy (KJ)	1.49		98.68
Energy (K cals)	0.35		23.16
Total Fat	0mg	0%	0mg
Saturated Fat	0mg	0%	0mg
Cholesterol	0mg	0%	0mg
Sodium	>4mg	>0.16%	>264.0mg
Total Carbohydrate	>0.5mg	>0.16%	33.12mg
Dietary Fibre	0mg	0%	0mg
Sugars	0.5mg		>33.12mg
Protein	0mg	0%	0mg
Vitamin A 0% Vitamin C 0% Calcium 0% Iron 0%			

% Daily values based on a 2000 calorie (K cal) diet. Your daily
values may be higher or lower depending on your calorie needs

8 X 8 TAB. STRIPS

Mitunter müssen Trainer wohl auch an »Wunderpillen« glauben – bei Ewald Lienen war es seinerzeit „ergomax C150" – ohne daß freilich wahre Wunder für den MSV eintraten ...

30. August. Lienen, ohnehin sehr abergläubisch, verteilt in der Kabine kleine, blaue Päckchen mit der Aufschrift »ergomax C 150«: Creatine-Pillen. Jeder Spieler wird von ihm in scharfem Ton angehalten, die Pillen vor dem Bayern-Spiel einzunehmen. Nach seiner Ansprache zieht Ewald mich in seine Trainerkabine und schwärmt mir vor, daß Creatine die Ermüdungs-zeit der Muskulatur vermindern würde, diese Pillen in Deutschland noch nicht erhältlich seien, aber bereits von diesem und jenem Leichtathleten erfolgreich getestet worden seien. »Aber das sind doch alles keine Fußballer«, sage ich ihm und kann mir dabei das Lachen nicht verkneifen. Lienen kriegt ein Flattern ins Gesicht und bellt zurück: »Ach, geh doch raus, mit dir kann man doch über so etwas gar nicht reden!«

2. September, Spieltag. Das Wedaustadion ist ausverkauft. Die Geschichte der ersten Halbzeit gegen Bayern München ist schnell erzählt.
    4. Minute: Peter Közle schießt einen Elfmeter am Tor vorbei. 8. Minute: 0:1 Nerlinger, mit einem abgefälschten Schuß aus 18 Metern. 26. Minute:

0:2 Witeczek, der einen Abpraller aus sieben Metern einschiebt. 42. Minute: 0:3 Helmer, Kopfball nach Flanke Ziege.

Ein Pfeifkonzert begleitet uns in die Halbzeitpause. In der Kabine sagt Lienen auf einmal: »Der Martin geht jetzt für den Jürgen ins Tor.« Ich glaube im ersten Moment, mich verhört zu haben. »Hast du überhaupt gesehen, wie die Tore gefallen sind?« rufe ich Ewald zu und springe von meinem Platz. Vizepräsident Niemeyer baut sich schützend vor Lienen auf und sagt: »Ruhe jetzt, reden können wir später.« Um die Mitspieler nicht zu belasten, halte ich mich zurück, koche aber innerlich. Lienen hat sich hundertprozentig verguckt bei den Toren, denn keinem Treffer ging ein Torwartfehler voraus. Und da er in den vergangenen Wochen stets einen Sündenbock gesucht hat, um von seiner eigenen Unsicherheit abzulenken, bin heute ich dran.

Nach dem Duschen verfolge ich den Rest der zweiten Halbzeit auf der Bank, in der trotz der Creatine-Wunderpillen kein Tor mehr fällt, gebe zahlreiche Interviews und gehe demonstrativ zur Pressekonferenz nach dem Spiel.

Lienen wettert wieder einmal gegen den Schiedsrichter, der nach seiner Meinung Bayern-Torwart Kahn nach einem Foul vom Platz hätte stellen müssen. Den Fragen nach meiner Person weicht Lienen aus und sagt nur einen einzigen Satz: »Wenn ich den Torwart auswechsele, dann war ich nicht mit seiner Leistung zufrieden.«

Die Journalistenschar wundert sich mit mir über die Auswechslung, denn den Kapitän und Torwart derart bloßzustellen, obwohl nachweislich keine Fehlleistungen vorlagen, deutet auf andere Spannungen hin, die vorhanden sein müssen. Ich verkneife mir, Handschuhvertrag, Urlaubsentgelt, das Theater um die Prämienverhandlungen, meinen angeblich despektierlichen Ton oder die Creatine-Lachnummer aus dieser Woche zu erwähnen ...

3. September, Mannschaftsbesprechung. Ewald Lienen ist nicht da. Co-Trainer Merheim leitet die Diskussion. Wir sprechen über das gestrige Bayern-Spiel, die seit Wochen schlechte Stimmung in der Mannschaft, über die große Verunsicherung bei einigen Spielern, zu der auch die Pressesticheleien wesentlich beigetragen haben. Merheim sagt, davon wisse er nichts, er lese keine Zeitungen.

Daraufhin empfehle ich ihm, dies zukünftig zu tun, damit er wisse, was in den Köpfen vieler Spieler vorgehe. Denn schlechte Leistungen auf dem Platz hängen nicht immer mit einer schlechten körperlichen Verfassung zusammen, sondern maßgeblich auch mit einer schlechten Psyche.

Zumal die Lokalpresse in Duisburg relativ leicht zu durchschauen ist. *Rheinische Post* und *Neue Ruhr-Zeitung* sind die Sprachrohre von Fischdick und Lienen, die *Westdeutsche Allgemeine Zeitung* hat einen alkoholkranken Schreiberling, der wiederum von Vizepräsident Niemeyer regelmäßig mit Exklusiv-Informationen, sehr zum Ärger von Fischdick und Lienen, gefüttert wird.

Alfred Nijhuis und Franz-Josef Steininger unterstützen mich bei der Diskussion und der Forderung nach einem klärenden Gespräch mit Lienen und dem Präsidium, um so die angestauten Spannungen zu beseitigen und ein besseres Miteinander zu finden. Vorgeschlagener Termin, um dessen Koordinierung sich Merheim kümmern will, ist der nächste Trainingstag, der kommende Montag. So gehen wir auseinander.

Am Nachmittag habe ich noch zwei Fernseh-Termine. Zum einen bin ich aus einem Essener Studio bei *Premiere* zugeschaltet. Thema: elektronischer Schiedsrichter. Zu dieser Thematik hatte ich vor einiger Zeit einen Beitrag für ein Buch geschrieben.

Danach holt mich ein Fahrer vom *Westdeutschen Rundfunk* und bringt mich in ein Kölner Studio. Sportschau-Interview mit Jochen Sprentzel. Thema: das Freitag-Spiel gegen Bayern und meine Auswechslung. Ich schildere noch einmal meine Sicht der Dinge, daß Lienen sich bei den Toren verguckt hat, was mittlerweile jeder, der die TV-Bilder gesehen hat, bestätigen kann, und momentan überhaupt sehr nervös ist, ja überhaupt derzeit auftrete, als ob der Abstieg kurz bevorstünde. Dabei sind doch erst vier Spiele gelaufen!

Auf die Frage Sprentzels, ob denn auch für den MSV Duisburg nach dem Aufstieg das zweite Bundesliga-Jahr das schwerere werden wird, antworte ich, ohne mir darüber ernsthafte Gedanken zu machen: »Wenn weiter Spieler derart öffentlich demontiert werden wie Schmidt, Schütterle oder zuletzt ich, dann müsse man tatsächlich aufpassen.«

4. September. Am Sonntag weckt mich ein NRZ-Reporter per Telefon. Als ich auflege, klingelt ein Journalist der *BILD-Zeitung*, anschließend ein Mitarbeiter vom *kicker-sportmagazin*. Danach schalte ich den Anrufbeantworter ein und fahre nach Dortmund zur Abschlußkundgebung der SPD vor der Bundestagswahl im Westfalenstadion.

5. September. Am Montag lasse ich den Anrufbeantworter an und besorge mir vor dem Nachmittagstraining nur die Duisburger Zeitungen, um den Tenor der Berichterstattung zu erfahren. Die Zeitungen überschlagen sich: »Rollmann geht auf Lienen los«, »Machtkampf«, »Lienen sauer auf Rollmann«, »Fliegt Rollmann?«

16 Uhr, Training. Am Trainingsgelände erwarten mich drei Fernsehteams und eine Vielzahl anderer Journalisten. Ich vertröste die Damen und Herren auf die Zeit nach dem Training, bin innerlich ziemlich aufgekratzt und gespannt, ob es zu der am Samstag ins Auge gefaßten Besprechung kommt.

In der Kabine empfangen mich die Kollegen mit der Bitte, ich solle mich doch bei Lienen entschuldigen, dann wäre die Sache erledigt. »Entschuldigen?«, frage ich zurück. »Wenn sich überhaupt jemand entschuldigen muß, dann Lienen mir gegenüber für die Auswechselung vom Freitag!«

Kurz nach 16 Uhr kommt Ewald aus seinem Trainerraum, begleitet von Vizepräsident Lothar Niemeyer. Er sagt kurz einige Takte zum Spiel, bevor er massiv gegen mich losschimpft. Die Fälle Stein und Effenberg wären ein Dreck gegen das, was ich gemacht hätte, ihn, Lienen, öffentlich anzugreifen, das wäre der größte Bundesliga-Skandal, der bis jetzt dagewesen sei. Beim MSV wäre so schön Ruhe gewesen, und jetzt gäbe es den ganzen Ärger, vor allem mit den Journalisten! Er sei schwer enttäuscht und entziehe mir deshalb nicht nur sportlich, sondern auch menschlich das Vertrauen.

Als ich etwas sagen will, schneidet Lienen mir das Wort ab mit der Bemerkung, daß jetzt nicht diskutiert wird, außerdem hätte ich schon genug gesagt. Ich entgegne ihm darauf: »Das ist doch typisch für dich, Feigheit vor dem Feind, ja keine Diskussion zulassen.«

Ich hätte um 18 Uhr einen Termin beim Präsidium, teilt er mir darauf mit, dann würden wir weitersehen. Lienen geht zurück in seine Kabine. Peter Közle will ihn noch bremsen und sagt, »jetzt können wir doch nicht einfach so rausgehen und trainieren, als wenn nichts passiert wäre, Trainer«. »Doch, wir gehen jetzt raus«, meint Lienen, »keine weitere Diskussion!«

Für mich ist damit das Kapitel MSV beendet. Wenn der Trainer so reagiert, erübrigt sich eigentlich alles Weitere. Warum soll ich überhaupt noch trainieren? Spontan ziehe ich mich um, verabschiede mich von einigen Kollegen, bin erschrocken und nachdenklich über die gerade erlebte Szene. »Vize« Niemeyer guckt um die Ecke und meint, ich könnte das Gespräch auch früher haben als 18 Uhr, der Präsident wäre in der Geschäftsstelle. »Ja, gerne«, antworte ich. Als schon fast alle Spieler die Kabine Richtung Trainingsplatz verlassen haben, kommt Ferenc Schmidt zu mir und meint, ich solle auf jeden Fall mittrainieren, sonst könnte mir der MSV wegen Arbeitsverweigerung einen Strick drehen.

Je länger ich überlege, desto mehr wird mir bewußt, daß die ganze Aktion vielleicht nur gedacht war, um mich zu provozieren und zu unüberlegten Handlungen zu verleiten. Ferenc hat recht! Ich wieder raus aus den Privatklamotten, rein in den Trainingsanzug und im Laufschritt hinter der Mannschaft her. Vor unserem Umkleidehäuschen stehen Dutzende von Fans und zahlreiche Medienvertreter, die sichtlich überrascht sind, als ich als letzter aus der Kabine gestürmt komme. Stimmengewirr. »Da isser ja«, »Herr Rollmann, eine kurze Stellungnahme«, »Der ist doch nicht rausgeflogen«. Ich rufe nur der Menge zu, daß ich um 18 Uhr einen Termin beim Präsidium habe und erst dann etwas sagen kann.

Während des Trainings wird wenig gesprochen. Ernste Gesichter überall, bei mir rattert es im Kopf. Was soll denn bei dem Gespräch rauskommen? Was soll besprochen werden? Viel wichtiger wäre eine offene Aussprache zwischen Präsidium, Trainer und Mannschaft.

Das Gespräch mit Fischdick und Niemeyer dauert drei Stunden. Die beiden fragen mich vielleicht zwanzigmal, warum ich Lienen öffentlich kritisiert hätte und ob ich mir eine weitere Zusammenarbeit mit ihm vorstellen kann. Meine Antwort ist stereotyp: »Wenn ich öffentlich demontiert werde, vor 30 000 Zuschauern im Stadion und einem Millionenpublikum am Fernseher, und die Auswechselung des Torwarts und Kapitäns ist ja wohl eine Demontage, dann steht mir auch das Recht zu, mich öffentlich zu äußern.

Meine Bemerkungen waren sicherlich kritisch, aber in keiner Weise beleidigend. Und natürlich kann ich mir eine weitere Zusammenarbeit mit Lienen vorstellen, darum geht es doch überhaupt nicht, aber es müssen verschiedene Sachen im Sinne der Mannschaft angesprochen werden, sonst geht der Schuß für den MSV in dieser Saison nach hinten los.«

»Welche Sachen?«, fragen Fischdick und Niemeyer.

Ich erläutere detailiert, warum meiner Meinung nach große Teile der Mannschaft zur Zeit so verunsichert sind. Die permanente Kritik an der körperlichen Fitness der Spieler durch Lienen und Merheim, bedingt durch eine völlige Überbewertung der Laktatteste. Psychische Faktoren dagegen lassen die Trainer unberücksichtigt. Beispielsweise das massive In-Frage-Stellen von Spielern in der Presse, auch durch das Präsidium, weshalb eine Aussprache mit Präsidium und Trainer, wie wir sie mit der Mannschaft am vergangenen Samstag vereinbart hatten, wichtig wäre.

Wenn der Co-Trainer keine Zeitungen liest, somit überhaupt nicht über eine wesentliche Ursache des Spielerärgers informiert und nur mit der Auswertung des in der Mannschaft höchst umstrittenen Laktatests beschäftigt ist, dann ist das wenig effizient. Der Disziplin und der Autorität des Chef-Trainers auch nicht zuträglich ist seine chronische Unpünktlichkeit. Das nervt mittlerweile viele Spieler.

Ich fordere deshalb noch einmal gegenüber Fischdick und Niemeyer eine Aussprache, damit nach einem reinigenden Gewitter sich alle Beteiligten wieder auf das gemeinsame Ziel konzentrieren können: den Fußball.

»Also«, sagt der MSV-Präsident nach über drei Stunden, »der Ewald ist auch im nächsten Jahr mit tödlicher Sicherheit unser Trainer.« Und er glaube nicht, daß das Präsidium Lienen zumuten könne, weiter mit mir zusammenzuarbeiten. Er würde vorschlagen, wir schlafen noch eine Nacht darüber und schauen dann, wie wir uns bezüglich meines Vertrages einigen.

»Okay«, sage ich, »da ich eine solche Situation noch nie erlebt habe, werde ich die Angelegenheit an meinen Anwalt übergeben. Muß ich morgen zum Training kommen?«

»Nein«, antwortet Fischdick, »bis zur Klärung des Vertragsverhältnisses« bräuchte ich nicht mehr zu kommen.

Ich gebe den Herren die Hand, wünsche ihnen alles Gute und verlasse die Geschäftsstelle.

Ein Pulk von Journalisten hat die ganze Zeit gewartet. Ich sage in die Mikrofone, daß ich zwar noch Angestellter des Vereins bin, aber wohl nicht mehr im Tor des MSV spielen werde, weil eine Diskussion mit Ewald Lienen zuvor in der Kabine gar nicht möglich war und das Präsidium hinter dem Trainer steht. Ob mein Vertrag aufgelöst wird oder ich beispielsweise als Jugendtrainer für den MSV weiterarbeite, wird in den nächsten Tagen geklärt.

6. September. Wieder weckt mich das Telefon. Einer der Anrufer ist ein Reporter von RTL, der gerne eine Stellungnahme zur Trennung hätte.

Nebenbei erwähnt er, daß sich beim Vormittagstraining Präsident Fischdick vor den anwesenden Journalisten sehr überrascht gezeigt hätte über mein Fehlen. Sofort rufe ich VdV-Anwalt Horst Kletke an und berichte ihm über das Gespräch mit dem Präsidium gestern und die Äußerung von Fischdick heute. Kletke sagt, daß sei typisch, mit diesen Tricks würden viele Vereine versuchen, den in Ungnade gefallenen Spieler öffentlich zu verunglimpfen, um zu versuchen, die Abfindung zu sparen.

Er rät mir, auf jeden Fall zum Nachmittagstraining zu gehen und meine Arbeitskraft anzubieten. Das sei arbeitsrechtlich erforderlich, denn wenn es zu einer gerichtlichen Auseinandersetzung komme, und danach sieht es aus, dann wäre mein einmaliges Fehlen am Morgen keinesfalls ein ausreichender Grund für eine fristlose Kündigung.

Den nächsten unangenehmen Adrenalin-Schub bekomme ich bei der Zeitungs-Lektüre. Die *BILD-Zeitung* titelt: »Lienen gewinnt den Machtkampf: Käpt 'n Rollmann fliegt über Bord!« Die NRZ zitiert Fischdick: »Rollmann zeigt nicht den Hauch von Einsicht. Im Gegenteil, er hat weitere Ungeheuerlichkeiten ausgepackt und den Trainer auf übelste Weise beschimpft. Daher ist eine weitere Zusammenarbeit wohl nicht möglich. Trotzdem werden wir vor der endgültigen Entscheidung noch eine Nacht schlafen.«

Außerdem kommentiert ein NRZ-Reporter: »Torwart Jürgen Rollmann hat ein Eigentor geschossen. Dabei geht es nicht um seine Leistungen im MSV-Kasten. Es geht vielmehr um seine öffentliche Kritik an Trainer Ewald Lienen, die in ihrer Art und Weise unverschämt war. Das können sich Trainer und Verein nicht bieten lassen.«

Ein bißchen komme ich mir in dieser Situation wie ein Krimineller vor. Aber warum eigentlich? Weil ich die Wahrheit gesagt habe? Weil ich konstruktive Vorschläge gemacht habe? Weil ich es als Kapitän als Pflicht betrachtet habe, Mißstände anzusprechen, so wie in der vergangenen Spielzeit ebenfalls? Intern wohlgemerkt! Wer denn sonst sollte etwas in dieser schwierigen Situation sagen? Und bei dem Gespräch mit Fischdick und Niemeyer waren keine Medienvertreter zugegen. Die öffentliche Behauptung, ich hätte den Trainer auf übelste Weise beschimpft, ist Rufmord.

Am Nachmittag fahre ich zum MSV-Trainingsgelände, schaue kurz in der Geschäftsstelle vorbei und gehe die 150 Meter zur Umkleidekabine. Es sind nur eine Handvoll Spieler anwesend, der Rest hat frei. Auf einmal kommen zwei Mitarbeiter der Geschäftsstelle zu mir und sagen, ich solle mich mit Fischdick in Verbindung setzen. Der eine Mitarbeiter wählt aus der Trainerkabine eine Nummer und drückt mir den Telefonhörer in die Hand: »Hier Fischdick.« Was es denn solle, daß ich beim Training auftauche, fragt er mich.

Ich erkläre ihm, daß ich auf Anraten meines Anwaltes gekommen wäre, nachdem am Morgen der RTL-Reporter mich über seine, Fischdicks, Reaktion unterrichtet hatte. »Alles Quatsch, es bleibt so, wie gestern besprochen«, entgegnet der MSV-Boss, ich bräuchte nicht mehr am Training teilnehmen, bis wir die Vertrags-Details geklärt hätten.

»Da bin ich ja beruhigt, daß ich nichts falsch verstanden habe«, sage ich und lege auf.

Einen Moment später steht Ewald Lienen in der Tür. Er macht einen wesentlich gefaßteren Eindruck als gestern und drückt mir die August-Gehaltsabrechnung in die Hand. Wir reden knapp 20 Minuten miteinander. Ich teile ihm mit, daß ich seine gestrige Reaktion für total überzogen halte, weil es mir überhaupt zu keiner Zeit um einen Machtkampf geht. Dann wünsche ich ihm alles Gute und verlasse das MSV-Trainingsgelände.

Als ich auf der Duisburger Stadtautobahn bin, wird auf *Radio Duisburg* ein Live-Interview mit Fischdick zum »Fall Rollmann« gesendet. Mir fällt beinahe das Lenkrad aus der Hand. »Rollmann war heute vormittag nicht beim Training, damit hat er sein Arbeitsverhältnis selbst aufgelöst, und für den MSV ist die Sache erledigt«, sagt Fischdick. Vor nicht einmal 45 Minuten haben wir noch telefoniert, und jetzt erzählt der MSV-Präsident öffentlich etwas ganz anderes. Es ist unfaßbar. In welchen Film bin ich eigentlich reingeraten?

Am Abend bin ich Studiogast in der »Aktuellen Stunde« des WDR und erkläre der verduzten Reporterin, daß ich weder gefeuert, noch gekündigt, noch entlassen bin, sondern weiterhin beim MSV Duisburg unter Vertrag stehe, lediglich vom Training freigestellt wurde.

7. September. Am Morgen bespreche ich die Situation mit dem Duisburger Rechtsanwalt Dr. Engeln. Wieder zuhause komme ich nicht mehr vom Telefon weg. *SPIEGEL, Süddeutsche Zeitung, WELT am SONNTAG, FAZ* und, und, und ... Fast zehn (zehn!) Stunden hänge ich am Telefon, unterbrochen nur vom Pizza-Service, von dem ich mir eine Portion Nudeln bringen lasse. Jeder will die Hintergründe der Trennung wissen. Geduldig erzähle ich meine Version und versuche, das Intrigenspiel der MSV-Verantwortlichen zu entlarven. Die wollen doch tatsächlich der Öffentlichkeit weismachen, ich hätte selbst gekündigt!

Die Lokalzeitungen WAZ, NRZ und *Rheinische Post*, die allesamt in den vergangenen zwei Jahren große Geschichten über mich, den »kritischen und unbequemen« MSV-Kapitän, gebracht haben, melden sich nicht. Genausowenig die Manschaftskameraden. Das Intrigenspiel der MSV-Verantwortlichen funktioniert perfekt ...

9. September. Diesmal weckt mich der Briefträger und überreicht mir ein Einschreiben – die fristlose Kündigung meines Arbeitsvertrages durch den MSV Duisburg. Zwar ginge der MSV davon aus, daß ich selbst gekündigt hätte, aber sicherheitshalber kündigen sie hiermit fristlos, entnehme ich dem Schreiben. Ich informiere Dr. Engeln. Jetzt beginnt definitiv die juristische Auseinandersetzung.

Die hektischste und schmutzigste Woche in meinem Leben beschließt tags darauf ein Studiobesuch bei SAT.1 in Hamburg. Moderatorin Gaby Papenburg empfängt mich bei »ran« zu den Vorfällen beim MSV in den vergangenen Tagen. Meine Frau ist ebenfalls mit dabei. Nach der Live-Sendung besuchen wir zusammen auf Einladung von SAT.1 das Musical »Cats«, von dessen Handlung ich aber nicht sehr viel mitbekomme. Zu sehr belastet mich die Entwicklung der vergangenen Woche ...

21. September. Dr. Engeln erhebt Klage beim Arbeitsgericht Duisburg gegen den MSV Duisburg wegen Unwirksamkeit einer außerordentlichen Kündigung. Gleichzeitig stellt er einen Antrag auf Erlaß einer Einstweiligen Verfügung, nach der der MSV Duisburg aufgefordert wird, mich wieder am Mannschaftstraining der Lizenzspielermannschaft bis zum Erlaß des erstinstanzlichen Urteils im Kündigungsschutzverfahren teilnehmen zu lassen. Schließlich kann ich nur durch Training meine Arbeitskraft als Fußballspieler erhalten.

Das Arbeitsgericht Duisburg beschließt am 23. September, daß nicht ohne mündliche Verhandlung über die Einstweilige Verfügung entschieden werden soll und ordnet für den 30. September das persönliche Erscheinen der Parteien an.

```
                    Rechtsanwälte und Notare

      Paul  Märzheuser  —  Curt  Noèl
                          - auch Fachanwalt für Arbeitsrecht -
               Gabelsberger Straße 7/9, 47137 Duisburg (Meiderich)
                       Postfach 120455, 47124 Duisburg
                 Telefon: 0203-442157 u. 448422 Telefax: 0203-434661
          PS Essen Kto.: 240 97 - 439  Deutsche Bank Duisburg Kto: 5122999
                 Stadtsparkasse Duisburg 202 001 202 BLZ 350 500 00
------------------------------------------------------------------------

per Einschreiben/Rückschein
=============================
Herrn
Jürgen Rollmann
Dinslakener Str. 110

46562 Voerde




07.09.94
N/Ri

Betr.: Fristlose Kündigung des Lizenzspielervertrages zwischen Ihnen und dem
       MSV Duisburg

Sehr geehrter Herr Rollmann,

wir zeigen auf Grund anliegender Vollmacht an, daß wir beauftragt sind, die
Interessen des MSV Duisburg eV wahrzunehmen.

Namens und im Auftrag unseres Mandanten kündigen wir hiermit rein vorsorglich
fristlos den mit Ihnen bestehenden Lizenzspielervertrag.

Wir stellen ausdrücklich klar, daß diese Kündigung nur für den Fall gelten
```

Konflikte zwischen Verein und Spieler können auch auf dem Rechtsweg ausgetragen werden, wie die Fallstudie MSV Duisburg gegen Jürgen Rollmann beweist

29. September. Dr. Engeln übersendet mir einen Schriftsatz, den er gerade vom Anwalt des MSV Duisburg zugestellt bekommen hat. Dieses Dokument, das ebenfalls an das Arbeitsgericht gegangen ist, soll die Einstweilige Verfügung über meine Teilnahme am Mannschaftstraining zurückweisen. Der Inhalt macht mich sprachlos.

Auf zwölf Seiten wird behauptet, daß ich in der Besprechung vom Montag Lienen als besseren Zeugwart tituliert und den Co-Trainer Merheim als »letzten Heini, der nur Pfeife und Stoppuhr bedienen könne«, bezeichnet hätte, sowie den Spieler Schmidt als »Weich-Ei« und »Absahner« und den

Spieler Schütterle als »jemanden ohne Rückgrat« und als »Weich-Ei« charakterisiert haben soll. Eidesstattliche Versicherungen von Fischdick, Niemeyer und Lienen sind beigefügt.

Sofort nachdem mir Dr. Engeln per Fax die Seiten übermittelt hat, setze ich mich an meine Schreibmaschine und stelle die einzelnen Passagen richtig. Es ist wirklich unglaublich, ja absurd. Merheim oder Lienen hatten noch nie beim Training eine Pfeife dabei! Und insbesondere für die frustrierten Schmidt und Schütterle habe ich mich gegenüber den Trainern vehement eingesetzt. Dazu hat mir Ferenc Schmidt größeren Ärger mit seinem Hinweis erspart, ich solle doch am Training teilnehmen. Und ausgerechnet diese Leute soll ich beschimpft haben? Bislang wußte ich nur, wie Intrige geschrieben wird, aber jetzt weiß ich, was das ist.

Dr. Engeln schafft es noch, vor dem Gerichtstermin den Antwort-Schriftsatz einzureichen. Telefonisch informiere ich Ferenc Schmidt und Rainer Schütterle über die ungeheuerlichen Verdrehungen der MSV-Verantwortli-

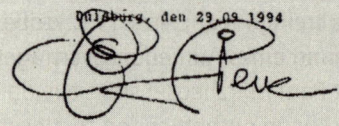

```
                    Eidesstattliche Versicherung

              des Herrn Ewald Lienen, Am Holderstrauch 9, 47447 Moers

Nach Belehrung über die Bedeutung einer eidesstattlichen Versicherung, insbe-
sondere die Strafbarkeit einer falschen eidesstattlichen Versicherung versi-
chere ich folgendes an Eides Statt:


3. Zutreffend ist, daß er auch in meiner Anwesenheit bei dem Gespräch am
   05.09.1994 mich angegriffen und beleidigt hat. Er hat u.a. erklärt, ich
   würde Spieler demontieren und vo  .ren. Seine Auswechslu..., im Spiel gegen
   FC Bayern München stelle eine Enthauptung dar.

4. Richtig ist auch, daß mich Herr Kollmann am 05.09.1994 vor der versammel-
   ten Mannschaft in der Kabine als Feigling bezeichnet hat.

Duisburg, den 29.09.1994
```

Warum sich MSV-Trainer Ewald Lienen zu dieser Eidesstattlichen Versicherung »hinreißen« ließ, ist wohl sein Geheimnis. Vor Gericht freilich wird sich Punkt 4 als eine eindeutige Falschaussage erweisen

chen. Ferenc signalisiert, wenn es nötig werden sollte, mich auch vor Gericht als Zeuge zu unterstützen. Denn es ist schon frech von Lienen, aus meiner Aussage »Das ist typisch für dich, Feigheit vor dem Feind« per Eidesstattlicher Versicherung eine Beschimpfung als »Feigling« zu machen.

30. September, Gütetermin. Das Arbeitsgericht Duisburg ist gut besucht. Viele Zuschauer und Medienvertreter haben sich eingefunden, um das Verfahren »Rollmann gegen MSV Duisburg« zu verfolgen. Während ich zusammen mit Dr. Engeln erscheine, zwar mit einem mulmigen Gefühl im Bauch, aber voller Zuversicht, daß das MSV-Lügengebäude in sich zusammenstürzt, ist kein Präsidiumsmitglied des Vereins im Saal. Mich wundert es nicht, daß die Herren einer öffentlichen Auseinandersetzung aus dem Wege gehen.

Lediglich Vereins-Rechtsanwalt Paul Märzheuser, ein über 70 Jahre alter Mann, früher selbst MSV-Präsident, ist anwesend und versucht die Suspendierung vom Training mit meinen angeblichen Beleidigungen gegenüber Trainer und Mitspielern zu rechtfertigen.

Ich widerspreche energisch den Ausführungen von Märzheuser und betone daß die Behauptung in keiner Weise den Tatsachen entsprechen würde, ich hätte während der Besprechung mit Fischdick und Niemeyer die Trainer und die Spieler Schmidt und Schütterle beleidigt.

Der Richter macht schließlich Märzheuser klar, daß es für ihn keine Gründe gäbe, die Einstweilige Verfügung nicht zu erlassen und mir damit wieder den Zugang zum Mannschaftstraining zu erlauben. Er unterbreitet den Vorschlag, bis zum Verhandeln der Kündigungsschutzklage am 12. Oktober das Verfahren zu vertagen, um bis dahin keine weiteren Emotionen zwischen dem MSV und mir zu schüren.

Mein Anwalt kann sich mit dieser Lösung nicht anfreunden, aber ich bin einverstanden. Es wird vertagt.

Einen weiteren Gerichtstermin gibt es freilich nicht. Am 11. Oktober schließt sich für mich mit der Unterzeichnung eines Aufhebungsvertrages das Kapitel MSV Duisburg. Rechtsanwalt Paul Märzheuser sieht ein, daß das MSV-Präsidium mit seiner jeder Grundlage entbehrenden fristlosen Kündigung vor Gericht keine Chance hat. Um mich nicht auch noch per Einstweiliger Verfügung wieder zum Trainingsbetrieb zulassen zu müssen, verpflichtet sich der MSV zur Zahlung einer Abfindung.

Zwischen

Herrn Jürgen Rollmann, Dinslakener Str. 110, 46562 Voerde, dieser vertreten durch Herrn Rechtsanwalt Dr. Wilbert Engeln, Kösterstraße 1a, 47053 Duisburg,

und

dem MSV Duisburg e.V., Westender Str. 36, 47138 Duisburg, dieser vertreten durch Herrn Dieter Fischdick und Herrn Lothar Niemeyer, dieser vertreten durch Herrn Rechtsanwalt Paul Märzheuser, Gabelsberger Str. 7-9, 47137 Duisburg,

wird zur Erledigung der vor dem Arbeitsgericht Duisburg schwebenden Verfahren mit den Aktenzeichen: 3 (5) Ca 2549/94 und 3 Ga 24/94, folgende Vereinbarung getroffen:

1. Die Parteien sind sich darüber einig, daß das Arbeitsverhältnis zum 30.09.1994 auf Veranlassung des MSV Duisburg e.V. aus betriebsbedingten Gründen vorzeitig endete. Vom MSV Duisburg e.V. ist eine ordnungsgemäße Abrechnung des Arbeitsverhältnisses zum 30.09.1994 zu erstellen, wobei insbesondere die Einsatzprämien für die von Herrn Rollmann bis einschließlich 02.09.1994 absolvierten Meisterschaftsspiele Berücksichtigung finden müssen.

   Der aus der Abrechnung resultierende Betrag ist sofort fällig.

2. Anläßlich dieses Aufhebungsvertrages wird Herrn Rollmann vom MSV Duisburg e.V. wegen Aufgabe des sozialen Besitzstandes gem. §§ 9 und 10 KSchG i.V.m. § 3 Ziff. 9 EStG eine Abfindung in Höhe von DM 120.000,00 gezahlt. Die Abfindung ist am 20.10.1994 fällig und zahlbar auf das dem MSV Duisburg e.V. bekannte Konto des Herrn Rollmann.

3. Mit Abschluß des Aufhebungsvertrages sind sämtliche wechselseitigen Ansprüche der Parteien aus dem Arbeitsverhältnis abgegolten.

Duisburg, den 11. Oktober 1994

Jürgen Rollmann
vertr.d. Herrn Dr. Engeln

MSV Duisburg e.V.
vertr.d. Herrn Märzheuser

Das Kapitel MSV Duisburg ist für Jürgen Rollmann mit dieser Vereinbarung vorzeitig beendet ...

Die Schlammschlacht ist aber keineswegs vorbei. Dr. Engeln läßt zwischenzeitlich die Konten des MSV sperren, weil die Abfindungssumme – nicht wie vereinbart – am 20. Oktober auf meinem Konto ist. Der MSV wiederum revanchiert sich mit einem Stadionverbot aus für mich fadenscheinigen Gründen.

Die Hamburger Morgenpost bittet mich um einen Kommentar, den ich am 28. Oktober abliefere:

Langsam aber sicher kann ich begreifen, warum der Profifußball schon mal abfällig als Hurengeschäft bezeichnet wird. Mein Rausschmiß in Duisburg Anfang September hat mir die turbulentesten Wochen beschert, seitdem ich 1988 Lizenzspieler wurde. Jeder Kriminalfilm ist langweilig dagegen. Daß sich ein Trainer aus persönlichen Gründen gegen einen Spieler ausspricht, ist alltäglich. Die Form der Trennung war und ist wohl einmalig. Entgegen einer klaren Absprache erklärte Präsident Fischdick, immerhin SPD-Ratsherr, öffentlich, ich hätte meinen Vertrag selbst aufgelöst, damit sei für den MSV das Thema vom Tisch. Die Gehaltszahlungen wurden eingestellt.

Ich war der böse Bube, auch für viele Medienvertreter, insbesondere die Duisburger Presse berichtete vornehmlich einseitig, scheinbar ohne jeden Skrupel bei der Vernachlässigung der journalistischen Sorgfaltspflicht. Vor Gericht fiel der MSV schließlich kräftig auf die Nase. Die Abfindung, ein satter sechsstelliger Betrag, sollte am 20. Oktober auf meinem Konto sein. War er aber nicht. Erneut entgegen anderslauternder Zusagen von Vereinsseite. Zudem erteilte mir der MSV … Verbot, das Stadion und auch das Trainingsgelände zu betreten. Ohne konkrete Begründung. Per Einstweiliger Verfügung fegte … mein Anwalt das lächerliche Stadionverbot vom Tisch und ein Gerichtsvollzieher sperrte sämtliche Konten des MSV. Da mir für solcherlei Machenschaften der Verantwortlichen die passenden Worte fehlen, möchte ich an dieser Stelle Max Merkel zitieren, der 1986 in seinem Buch »Das Runde ist der Ball« im Kapitel Präsidenten und Funktionäre schrieb: »Präsidenten und Funktionäre, die im Privatleben durchaus zu ihrem Wort stehen, sind zu jedem Wortbruch bereit, wenn es um ihren Verein geht. Sie erinnern mich an jemanden, der einer Frau Brillanten verspricht, wenn sie nur ›ja‹ sagt und nachher fragt: ›Kannst mir nicht einen Zwanzger fürs Taxi borgen?‹

Bei Politikern mischen sich Karriere, Geld, Frauen und Eitelkeit als wichti-

ge Entscheidungshilfen zu der Erklärung, die sie bei ihrer Amtsübernahme normalerweise abgeben:

›Mein Entschluß, ausschließlich im Dienste der Sache, zusätzlich zu allen anderen uneigennützigen Funktionen, auch noch die Bürde des ehrenamtlichen Postens eines Fußballpräsidenten auf mich zu nehmen, entsprang reiflicher Überlegung …‹«

Gut möglich, daß das MSV-Präsidium deshalb so orientierungslos um sich schlägt, weil der sportliche Erfolg ausbleibt. Nach meiner Auswechslung gegen Bayern München und der folgenden Trennung gewinnt die verunsicherte Mannschaft kein (!) Spiel mehr. Im Pokal kommt zudem das Aus mit einer 0:2-Heimpleite gegen Zweitligist Mainz 05. Mein Torwartkollege Martin Pieckenhagen, den Ewald Lienen mit großen Lobeshymnen versehen als neue Nummer 1 der Öffentlichkeit vorgestellt hatte, hält dabei so unglücklich, daß der MSV gezwungen ist, eine neue Nummer 1 zu kaufen. Für ca. 700 000 Mark kommt Holger Gehrke vom Drittligisten Tennis Borussia Berlin, der seine Profi-Karriere eigentlich schon beendet hat.

Nach dem elften Spieltag am 1. November 1994 wird Ewald Lienen entlassen, über dessen Zukunft am 5. September Fischdick gesagt hatte, daß er auch im nächsten Jahr mit tödlicher Sicherheit noch MSV-Trainer sei. Duisburg ist Tabellenletzter mit 2:20-Punkten.

Rainer Schütterle kommentiert den Rausschmiß in der *Neuen Ruhr-Zeitung*: »Endlich wird bei uns nicht mehr nach Laktat-Werten aufgestellt.«

Nur wenige Tage später melde ich mich auf Anraten meines Steuerberaters Heinz Pudell beim Arbeitsamt Dinslaken arbeitslos und beantrage Arbeitslosengeld.[9] Ein wirklich blödes Gefühl. Formal aber der richtige Weg, denn der Fußballspieler ist nunmal Arbeitnehmer und unterliegt somit den sozialrechtlichen Bestimmungen. Damit ist er bei Ausscheiden aus dem Arbeitsverhältnis in der Lage, sich arbeitslos zu melden, und auf eine Vermittlung durch das Arbeitsamt an einen neuen Arbeitgeber berechtigt.

Nach Ablauf der Sperrfrist, die aufgrund der Abfindungszahlung eintritt, steht mir dann im Rahmen der gesetzlichen Höchstbeträge ein Arbeitslosengeld von ca. 2 800,- Mark zu. Bei der Berechnung des Arbeitslosengeldes wird nicht das hohe Profigehalt zugrunde gelegt, sondern Basis sind nur die Beträge, für die nach versicherungsrechtlichen Bestimmungen auch das Arbeitslosengeld bezahlt wurde.

STATEMENT
Uli Stein, Fußball-Profi von 1978–1997, 512 Bundesliga-Spiele

»Man sieht an meinem jüngsten Ärger mit Arminia Bielefeld, daß der Spieler bei Auseinandersetzungen mit dem Verein eigentlich keine Chance hat. Man ist den Launen eines Präsidenten oder Trainers ausgesetzt, die einen ausheben können, wie sie es brauchen, wenn ihnen auf einmal deine Nase nicht paßt oder du ihnen zu groß und beliebt geworden bist.

Daß die Angelegenheit bei der Arminia nach zwei erfolgreichen Jahren derart eskaliert, hätte ich nie gedacht. Aber so ist das eben, wenn der Trainer nur ein kleines Licht ist und damit nicht umgehen kann. Außerdem finde ich es unmöglich von den Gerichten, daß sie eine juristische Klärung so lange aufschieben. Der Verein hat somit die Möglichkeit, alles hinauszuzögern. Ich dagegen bin kaltgestellt, bekomme kein Geld und muß monatelang untätig herumsitzen. Das kommt doch einem Berufsverbot gleich.

Meine erste richtige Schattenseite als Bundesliga-Fußballer habe ich 1987 in Hamburg erlebt. Die Trennung ging aber im Gegensatz zu Bielefeld mit Stil über die Bühne. Ohne Anwalt und ohne Abfindung. Den damals handelnden HSV-Verantwortlichen kann ich heute noch in die Augen schauen. Mit dem ehemaligen Präsidenten Dr. Klein bin ich sogar befreundet, und der frühere Manager Felix Magath war an meiner späteren Rückkehr zum HSV maßgeblich beteiligt. Das sagt alles.

Nach dem Krach bei Eintracht Frankfurt 1994 brauchte ich dann erstmals anwaltliche Unterstützung. Die Klärung meiner vertraglichen Situation lief aber auch ohne gerichtliche Auseinandersetzung ab, da wurde trotz der Emotionen alles einigermaßen vernünftig geregelt.

Ich bleibe aber dabei: Der Spieler hat bei Auseinandersetzungen keine Chance. Wenn selbstherrliche Vereinsverantwortliche dich absägen wollen, dann schaffen die das auch.«

11. Kapitel

Die Spielerberater

(I) Vermittler

Als die Entscheidung gefallen ist, daß sich die Wege von mir und dem MSV Duisburg trennen, steht das Telefon nicht mehr still. Meinen bereits beschriebenen Telefonmarathon habe ich einerseits Medienvertretern zu verdanken, andererseits Anfragen von Vereinen und sogenannten Spielervermittlern.

»Hallo, hier Willi Konrad«, begrüßt mich beispielsweise eine wohlvertraute Stimme mit hessischem Akzent am 7. September »Wie sieht's aus, wir möchten dich gerne holen«, teilt mir der Mann mit, der einst meinen Wechsel nach Bremen einfädelte und mittlerweile Manager von Dynamo Dresden ist. »Warum denn das«, frage ich zurück, »ihr habt doch den russischen Nationaltorwart Tschertschessow.«

»Der Präsident ist sauer auf den, weil der am Samstag gegen Gladbach Mist gebaut hat«, entgegnet Willi Konrad. »Wir tauschen einfach. Der Tschertschessow geht nach Duisburg und du kommst zu uns.«

»So einfach ist das nicht«, antworte ich. »Zuerst muß ich die vertragliche Situation in Duisburg klären. Und bevor das nicht erfolgt ist, verhandele ich mit keinem Verein«, sage ich, als mich Konrad unterbricht.

»Augenblick, es klingelt auf der anderen Leitung.« »Ja, hallo, ich habe gerade den Jürgen Rollmann in der Leitung, ja, ich sag's ihm, bis nachher. Tschüß.« »Das war gerade der Präsident, du sollst net zuviel babbele, sondern beikomme«, teilt mir Konrad mit, außerdem hätte Dynamo gute finanzielle Möglichkeiten, daran würde die Sache bestimmt nicht scheitern.

»Bevor die Sache mit dem MSV nicht geklärt ist, brauchen wir nicht ins Detail zu gehen«, wiederhole ich und beende das Gespräch.

Meine Standardantwort an alle, die anfragen, denn die Vermittlung von Bundesliga-Spielern kann ein sehr gutes Geschäft sein. Wenn es gut geht, sind mit ein, zwei Telefonaten sechsstellige Beträge zu verdienen.

Während die Headhunter, die für Wirtschaftsunternehmen qualifizierte Mitarbeiter suchen, nach einem branchenüblichen Schema (1/3 des Honorars bei Auftragserteilung, 1/3 bei Präsentation des Kandidaten, 1/3 bei Vertragsabschluß) entlohnt werden, weiß im Fußball niemand so genau, welche Beträge zwischen Vereinen und Vermittlern fließen.

Bis 1994 werkeln die Spielervermittler zudem illegal. Denn das Vermittlungsmonopol liegt bei der Bundesanstalt für Arbeit in Nürnberg. Da aber die bundesdeutschen Arbeitsämter keine Spezialisten beschäftigen, die einem arbeitslosen Rechtsaußen mit Auskünften über die Personal- und Finanzsituation der einzelnen Vereine im In- und Ausland weiterhelfen können, und die überwiegend ehrenamtlichen Vorstände der Bundesliga- und Regionalliga-Vereine noch viel weniger Zeit haben für die professionelle Spielersuche, bleibt dieses Arbeitsfeld den Spielerberatern überlassen, zu deren Aufgaben elementar die Vermittlung gehört. Spielerberater, Spielervermittler, Spielermanager: Unterschiedliche Bezeichnungen für weitgehend denselben Aufgabenbereich.

Ein moderner Sklavenhandel mit überwiegend zufriedenen Sklaven. Mir war es doch 1988 völlig egal, ob Willi Konrad legal oder illegal arbeitet, als er mir von der Chance bei Werder Bremen erzählte. Außerdem hat er von mir für seine Dienste keinen Pfennig verlangt. Das hat er mit Werder geregelt, mit seinem Freund Otto Rehhagel, den er seit den siebziger Jahren kennt. Damals war Konrad Geschäftsführer von Kickers Offenbach und Rehhagel Trainer des Vereins.

Viele Spieler hatten wie ich im Laufe der Karriere zwar Kontakt zu etlichen Spielervermittlern, unterschrieben aber keine Verträge. Viele andere haben dagegen mit unseriösen Spielervermittlern schlechte Erfahrungen gemacht. Sittenwidrige Verträge verpflichteten sie zu verschiedensten Zahlungen an Spielervermittler, die sich in den vergangenen Jahrzehnten wie Parasiten im Geschäft Profifußball eingenistet haben.

Immer auf der Jagd nach dem schnellen Geld, meistens ohne Blick auf die Zukunft der Spieler, für die in der Regel nach zehn Jahren das Kapitel Profifußball und damit das hohe Einkommen beendet ist.

Um den Wildwuchs des grauen Marktes der Vermittler und Berater einzudämmen, schafft der Weltfußballverband FIFA im Frühjahr 1994 die sogenannte FIFA-Lizenz. Der durchaus positive Grundgedanke: Ein kleiner Kreis von ausgesuchten Fachleuten kümmert sich um das Arbeitsfeld der

Spielervermittlung, eine Gebührenordnung vereinheitlicht und vereinfacht die Entlohnung dieser Dienstleistung, schwarze Schafe der Branche werden durch ein strenges Reglement ausgeschlossen, das einen einwandfreien Leumund und finanzielle Liquidität der Bewerber vorsieht.

Für die Tätigkeit als Spielervermittler ist eine Arbeitsvermittlungserlaubnis für Berufssportler der Bundesanstalt für Arbeit sowie eine Lizenz des Weltfußballverbandes FIFA erforderlich.

Nach dem erwähnten FIFA-Reglement ist unter anderem die Teilnahme an einem Prüfungsgespräch beim DFB erforderlich, in dem festgestellt werden soll, ob der Bewerber über angemessene Kenntnisse der einschlägigen Bestimmungen des nationalen und internationalen Sportrechts verfügt und den Eindruck vermittelt, die Spielervermittlung kompetent im Interesse des Sports, des Spielers und der Wettbewerbsgrundsätze betreiben zu können. Geprüft werden Kenntnisse zur Satzung und Ordnungen bzw. Statuten des DFB, des europäischen Fußballverbandes UEFA und der FIFA.

Soweit das Erörterungsgespräch beim DFB erfolgreich verläuft, leitet der DFB den Antrag weiter an die FIFA. Diese erteilt die Lizenz, sobald die als Sicherheit erforderliche Bankbürgschaft von 200 000 Schweizer Franken nachgewiesen ist.

Aus dem ursprünglich angedachten kleinen Kreis sind mittlerweile in Deutschland fast 40 Personen geworden – ehemalige Profis, Vereinsfunktionäre, andere Geschäftsleute.

Die FIFA-Lizenz ist zugleich begehrt wie zweifelhaft, weil sie gegen ein deutsches Gesetz verstößt: das Rechtsberatungsgesetz (RBerG). Dieses Gesetz besagt, daß das Aushandeln von Verträgen nur Rechtsanwälten oder wenigen anderen, beispielsweise Rentenberatern, erlaubt ist. Dr. Reinhard Rauball, ehemaliger Präsident von Borussia Dortmund und renommierter Rechtsanwalt, dazu: »Wer mich fragt, dem empfehle ich, diese Lizenz nicht zu machen. In Deutschland braucht man sie nicht. Sie ist nur ein Instrument zur Umgehung des RberG geworden. Um den Beruf seriöser zu machen, und das war ja das Ziel der FIFA, müßte man dieses Gesetz aufheben.«

Und so wird um Geld weiterhin fleißig gefeilscht und in den seltensten Fällen nach der Gebührentabelle von FIFA und Bundesanstalt für Arbeit abgerechnet. Willi Lemke, Manager von Werder Bremen, gibt zu, zwischen 30 000 und 150 000 Mark pro vermitteltem Spieler an Vermittler zu zahlen.

Lemke: »Hat der betreffende Berater gute Spieler, hat er auch um so bessere Aussichten auf eine gute Provision. Da ist das Geschäft gnadenlos.«

Gnadenlos bot auch der Berater von René Schneider die Dienste seines Schützlings feil. 1996 war der Spieler des FC Hansa Rostock in den Kreis der Nationalmannschaft gerückt und fuhr auch mit zur Europameisterschaft nach England. 600 000 Mark forderte der Berater als Provison, für seinen Telefondienst. »Hallo Vereine, ich habe den Schneider von Rostock, wenn ihr ihn wollt, bitteschön, wir können sprechen, aber sechshundert Mille müßt ihr schon einmal für mich einplanen.« Ein großer deutscher Verein winkt bei dieser aberwitzigen Summe ab, ein anderer großer deutscher Verein greift jedoch zu.

»Es ist keine Seltenheit, daß bei einem großen Transfer diese Summen fließen. Mir ist ein Fall bekannt, da hat der Verein 800 000 Mark an den Berater bezahlt«, bestätigt auch DFB-Liga-Sekretär Wolfgang Holzhäuser das lukrative Geschäft rund um den Lizenzspieler.

Im gnadenlosen Geschäft Bundesliga ist es vielen Vereinen auch egal, ob der Berater eine FIFA-Lizenz hat oder nicht. Bernd Hölzenbein, langjähriger Manager von Eintracht Frankfurt, begründet die vielfältigen Zahlungen an Spielerberater folgendermaßen: »Ja, was wollen Sie denn machen, wenn Sie einen guten Spieler verpflichten wollen und der einen Berater hat? Dann müssen Sie die ›Kröte‹ schlucken und auch an den Berater bezahlen, sonst geht der Spieler woanders hin. Nur bei einem ›Blinden‹ können Sie sagen, mit deinem Berater spreche ich nicht.«

Und aus diesem Grund werkeln einige – auch vom DFB gebrandmarkte – »Tiere der Branche«, ob sie nun Kröten, schwarze Schafe oder Parasiten heißen, auch ohne Lizenz kräftig weiter. Beispielsweise der Frankfurter Joachim Leukel, bundesweit als Berater von Anthony Yeboah bekannt. Leukel wurde 1992 von der 26. Großen Strafkammer des Frankfurter Landgerichts wegen fortgesetzter Steuerhinterziehung von insgesamt 200 000 Mark und, was nach Ansicht des Gerichts viel schwerer wog, wegen Betruges zu eineinhalb Jahren Haftstrafe mit Bewährung verurteilt. Leukel hatte sich nämlich auch 24 000 Mark von der Sozialhilfe erschlichen.

Die *Frankfurter Rundschau* schreibt in ihrer Ausgabe vom 15. Dezember 1992:

»Der ehemalige Fußballspieler beim Traditionsverein FSV Frankfurt war in den 70er Jahren in die Funktionärsebene aufgestiegen und hatte dabei

eine Vielzahl von Kontakten ›zu Spielern, Funktionären und solchen Leuten, die sich vor allem mit dem Geldverdienen beschäftigen‹, wie es Richter Seibert in seiner Urteilsbegründung formulierte. Ende 1985 habe er dann entdeckt, daß man mit der Vermittlung von Fußballspielern ›gutes Geld‹ machen könne, zumal er in seinem ursprünglichen Beruf als Handelsvertreter zunehmend in finanzielle Schwierigkeiten gekommen war.«

Als Rechtfertigung für sein Tun brachte Leukel vor Gericht seine Glücksspielsucht vor. Noch einmal ein Zitat aus der *Frankfurter Rundschau* vom 15. Dezember 1992: Leukel:»*Wenn ich Geld bekommen habe, war das am nächsten Abend schon wieder weg. In dieser Hinsicht bin ich völlig unzurechnungsfähig gewesen.*«

Wie zurechnungsfähig der Gelsenkirchener Spielervermittler Michael Hermanns ist, weiß die Polizei am besten: Sie führt ihn als »gewalttätig«. Vorstrafen wie schwere Brandstiftung, Körperverletzung, zweimal schwere Körperverletzung und zweimal Beleidigung sowie Ermittlungen wegen des Verdachtes des Handels mit Rauschift und Betruges verwehrten Hermanns zwar die Chance auf eine FIFA-Lizenz – er erfüllte nicht die Forderungen von Artikel 3 Punkt 1, wonach der Antragsteller einen tadellosen Leumund haben muß und keine Vorstrafen aufweisen darf –, konnten aber seinen Aufstieg zum Vereinsmanager des dank eines schwerreichen Präsidenten ambitionierten Regionalligisten LR Ahlen nicht verhindern.

Eine erstaunliche Karriere als Spielerberater machte Wolfgang Karnath aus Leichlingen bei Leverkusen. Karnath war Angestellter der Bayer AG, für die Fußball-Abteilung freigestellt, Betreuer der A-Jugend und »Mädchen für alles« für Leverkusens Manager Rainer Calmund. Als die Mauer am 9. November 1989 fällt, ist Calmund schneller als seine Bundesliga-Kollegen im Osten, um mit den DDR-Nationalspielern Andreas Thom, Matthias Sammer und Ulf Kirsten zu verhandeln. Der Fahrer von Calmund auf dieser Dienstreise: Wolfgang Karnath.

Als der freilich mitbekommt, welche Summen rund um die Kicker bewegt werden, vollzieht er kurzerhand die wundersame Wandlung vom Fahrer zum Berater, setzt ein Vertragsformular auf und ernennt sich zum Organisationsleiter für Sport, Beratung, Management. Die mit westlichen Geschäftspraktiken unerfahrenen Ulf Kirsten und Heiko Scholz sowie eine ganze Reihe weiterer Spieler sehen in ihm die rechte Hand des gewieften Managers Rainer Calmund – und unterschreiben.

In Kirstens Vertrags vom 1. Dezember 1989 ist nachzulesen unter Punkt 1.1: »Der Vertragspartner erteilt W.K. die unwiderrufliche Vollmacht zur Verhandlungsführung und zum Abschluß entsprechender bindender Vereinbarungen.«

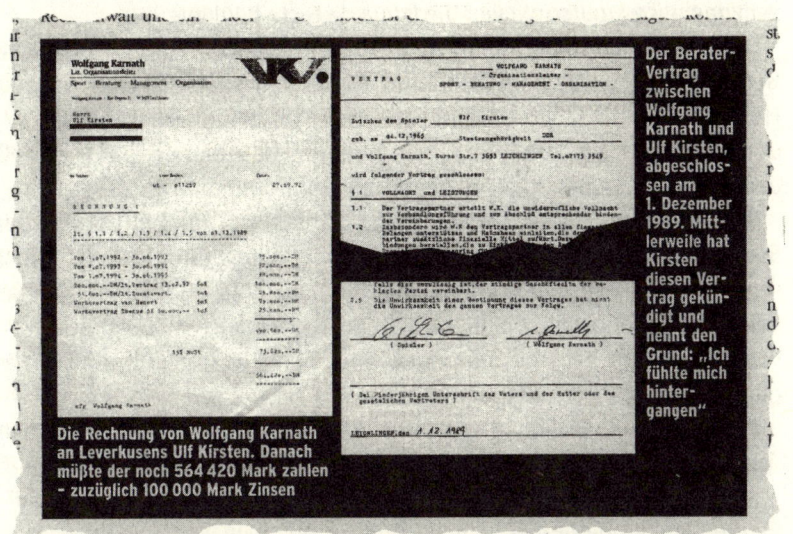

Der Berater-Vertrag zwischen Wolfgang Karnath und Ulf Kirsten, abgeschlossen am 1. Dezember 1989. Mittlerweile hat Kirsten diesen Vertrag gekündigt und nennt den Grund: „Ich fühlte mich hintergangen"

Die Rechnung von Wolfgang Karnath an Leverkusens Ulf Kirsten. Danach müßte der noch 564 420 Mark zahlen - zuzüglich 100 000 Mark Zinsen

Dokumente des Falles Karnath & Kirsten aus Sport-Bild, *die sich selbst kommentieren*

Viele Jahre später flattern Kirsten, Scholz und anderen Rechnungen von Karnath in den Briefkasten. Kirsten soll beispielsweise 564 420 Mark zahlen, zuzüglich 100 000 Mark Zinsen. Von Scholz will der ehemalige Calmund-Chauffeur per Pfandungs- und Überweisungsbeschluß über 170 000 Mark. »Karnath hat immer gesagt, daß er von den Spielern direkt kein Geld nimmt. Er kassierte bei den Transfers ... Für mich ist Karnath einfach nur ein Lügenbaron«, so der ehemalige Bremer Profi.

Auch der Kölner Lizenzspieler Ion Vladoiu kämpft zusammen mit einem Rechtsanwalt gegen Rechnungen in Höhe von über 300 000 Mark, die ihm sein einstiger Berater Werner Helleckes zugestellt hat. Dieser war beim Transfer des Stürmers von Steaua Bukarest 1996 nach Köln beteiligt und beruft sich auf einen von Vladoiu unterzeichneten Consulting-Vertrag mit einer GKW-GmbH, deren Geschäftsführer Helleckes sein will.

Eine Anfrage beim zuständigen Handelsregister ergibt den interessanten Tatbestand, daß gegen diese GKW-GmbH schon im Januar 1995 ein Konkursverfahren eingestellt worden ist. Im Februar 1996 wurde die GKW-GmbH von Amts wegen aufgrund von Vermögenslosigkeit gelöscht. Die Unterschrift von Vladoiu bei der GKW-GmbH stammt vom Juni 1995 – zum damaligen Zeitpunkt war die Firma de facto bankrott.

In der Ausgabe vom 28. August 1996 liefert *SPORT-BILD* eine mögliche Begründung für das verwunderliche Geschäftsgebaren des Werner Helleckes: »Achtmal bereits wurde ihm in der Vergangenheit wegen Urkundenfälschung, Konkurs- und Versicherungsbetrügereien der Prozeß gemacht, eine 14monatige Freiheitsstrafe auf Bewährung ausgesetzt.«

Wegen dubioser Geschäftspraktiken ist es auch um den Urvater der Spielervermittler, den Bonner Holger Klemme, ruhig geworden. War früher seine Klienten-Liste (u.a. Klaus Allofs, Thomas Allofs, Rudi Völler, Thomas von Heesen) lang, so ist es heute sein Vorstrafenregister: Vollstreckungsvereitelung zum Nachteil des Finanzamtes Bonn, Bedrohung, Unterschlagung, Urkundenfälschung, Betrug.

Der DFB pfändete dem offensichtlich klammen Klemme sogar mal einen Teppich, weil der eine Anwaltsrechnung nicht zahlen wollte oder konnte …

(II) Vereinsfunktionäre

Unter §4g im Musterarbeitsvertrag (siehe Seite 28) ist nachzulesen, daß die wirtschaftliche Beratung der Spieler zu den Pflichten der Vereine gehört. Beim 1. FC Köln brachte die von einem Geschäftsführenden Vorstandsmitglied Anfang der 80er Jahre initiierte wirtschaftliche Beratung etliche gutgläubige Spieler in arge finanzielle Bedrängnis.

»Der Meier hatte damals immer zwei Typen im Schlepptau, die bei Feiern oder anderen Veinsveranstaltungen dabei waren«, erinnert sich der frühere FC-Profi Mathias Hönerbach. An einem Wochenende war Hönerbach dann »mit Kollegen wie Harald Konopka, Holger Willmer, Rudi Bommer, Norbert Ringels, Dieter Prestin, Ralf Dusend, Günter Thiele oder Rudi Gores« bei einem von den Typen in dem kleinen Eifelstädtchen Daun eingeladen, den Meier immer im Schlepptau hatte: dem Unternehmer Engelbert Menne.

Zuerst bekamen die Profi-Fußballspieler ein reichhaltiges Buffet vorgesetzt, dann die neuesten Immobilien-Angebote von Menne präsentiert. Jung-Profi Mathias Hönerbach, gerade mal Anfang 20, war unsicher und marschierte ins Büro von Meier, um nachzufragen. »Das kannst du ruhig machen, hat der zu mir gesagt«, erinnert sich Hönerbach, »der Menne ist ein Studienfreund von mir, das ist seriös.«

Mathias Hönerbach zeichnet eine Eigentumswohnung und später ein 45qm-Appartement für zusammen knapp 500 000 Mark. Drei Jahre sieht er keine Miete, »weil Mennes Partner Edmund Konrad alle Unterlagen an sich genommen hat und plötzlich verschwunden war. Der Spuk hat mich bis Anfang der 90er Jahre verfolgt. Knapp 200 000 Mark habe ich mit den beiden Wohnungen verloren«, sagt Mathias Hönerbach, der aus den gröbsten Schwierigkeiten nur dank der finanziellen Unterstützung seines Vaters herausgekommen ist.

»Der Meier« heißt Michael mit Vornamen, wechselt später vom 1. FC Kön auf den Managerstuhl von Borussia Dortmund. Er gilt als seriös und vertrauenswürdig in der Branche. Meine Nachfragen nach den Vorgängen zu seiner Kölner Zeit und seinem ehemaligen Kommilitonen Menne sind ihm spürbar peinlich. »Den Hönerbach habe ich damals noch gewarnt«, will er sich zunächst erinnern.

Harald Konopka, langjähriger Kölner Abwehrspieler und ebenfalls durch einen Immobilienkauf bei Meier-Freund Menne finanziell geschädigt, erklärt, warum die geprellten Spieler damals nichts gegen Meier unternommen haben: »Was sollten wir denn machen? Der hing doch selbst mit drin!«

Michael Meier muß wohl oder übel zugeben: »Ja, das stimmt. Ich habe mich damals breitschlagen lassen und sogar selber ein überteuertes Bauherrenmodell gezeichnet, das ich erst viel später zu meiner Dortmunder Zeit abgewickelt habe. Da bin ich noch mit einem blauen Auge davongekommen.«

Mit keinem blauen Auge kamen Ende der siebziger Jahre und Anfang der achtziger Jahre Dutzende von Spielern davon. Durch den Erwerb von überteuerten Immobilien verloren beispielsweise Ewald Lienen, Rudi Gores, Dieter Müller, Werner Lorant oder Eike Immel viel Geld. Andere Spieler büßten sogar ihr gesamtes Vermögen ein und haben sich teilweise bis heute nicht von diesem Schock erholt. Steuern wollten sie sparen, ebenso wie Ärzte, Show-Stars oder andere Besserverdienende. Doch durch falsche Beratung, falsche Freunde, Naivität und nicht zuletzt Geldgier wurde aus der erhofften finanziellen Unabhängigkeit für viele ein »klassisches« Eigentor.

Zentrum des Bauherrenskandals war Frankfurt. Dort gab es den Spielerberater Wolfgang Zenker, den das kicker-sportmagazin in seiner Ausgabe vom 5. Januar 1981 in der Serie »Die Drahtzieher« wie folgt beschreibt:

»Wolfgang Zenker ist Berater in Steuersachen. Doch für die Frankfurter Eintracht-Spieler ist er Helfer in allen Lebenslagen. Der Mann, der im Rolls Royce durch die Gegend kutschiert, nimmt – so sie es wünschen – alles ab. Nur ihr Geld nicht ...«

Zenker wird Trauzeuge von Bruno Pezzey und 1974er-Weltmeister Jürgen Grabowski. Und er bekommt sogar von Frankfurts Oberbürgermeister Walter Wallmann »Für die Verdienste um die Gemeinschaft« im Römer-Rathaus den Ehrenbrief des Landes Hessen verliehen. Anwesend ist bei diesem Festakt nahezu die gesamte Profimannschaft von Eintracht Frankfurt. Ende Mai 1982 nimmt Zenker die nächste Stufe der Karriereleiter. Er wird Vizepräsident von Eintracht Frankfurt. Wieder gibt es zwei Seiten geschäftsfördernde Publicity im kicker-sportmagazin. Diesmal in der Serie »Die Manager – Der Spaß an der Macht«. Der heutige kicker-Chefreporter Wolfgang Tobien schreibt in der Ausgabe vom 7. März 1983: »Geschäftliches Interesse beim Umgang mit den Profis stellt Wolfgang Zenker nach wie vor energisch in Abrede. Doch er verhehlt nicht, daß es ihm damals schmeichelte, daß es früher reizvoll war, dabei zu sein und manchmal in der Zeitung zu stehen«. Die Zeit dieser Gefühle sei aber bei ihm vorbei.

Weiterhin wird Zenker zitiert: »Laut Geschäftsordnung hat bei uns der Vizepräsident im wesentlichen die Aufgaben zu übernehmen, die anderswo ein Manager ausführt. Ich habe diesen Job gezwungenermaßen übernommen, weil wir uns aus finanziellen Gründen keinen hauptamtlichen Manager leisten können. Ich habe schon immer bei meiner Beratertätigkeit versucht, die Interessen der Spieler und das Wohl des Vereins auf einen Nenner zu bringen. Bruno Pezzey wäre heute sicherlich nicht mehr bei der Eintracht, wenn ich nicht mit ihm gesprochen hätte. Und ein Transfer wie der von Norbert Nachtweih zum FC Bayern München, der zweithöchste Bundesliga-Transfer überhaupt, wäre ohne mich so nie zustandegekommen.«

Jürgen Grabowski ist mittlerweile Geschäftspartner von Wolfgang Zenker, dessen Unternehmen nach dem Bauherrenmodell Steuerberatung betreibt und Immobilien anbietet sowie als Teil einer großen Firmengruppe Anwaltsbüros, Wirtschaftsprüfungs- Treuhand- Steuerberatungs- und Baugesellschaften unterhält. Auch Nationalspieler Ronald Borchers vermittelt für Zenker.

Ein ehemaliger Eintracht-Profi, der nicht genannt werden will, erinnert sich: »Der ›Ronni‹ hat zu mir gesagt, wenn ich das Haus kaufe, bekomme ich schon einmal 23 000 Mark als Provision vorneweg. Dazu noch die Steuererstattung. Mit Zenker hatte ich eigentlich nie was tun, bis ich von ihm zu einer Silvesterfeier eingeladen war. Zu vorgerückter Stunde, schon in leicht alkoholisiertem Zustand, haben die dann versucht, mir eine Unterschrift unter einen Vertrag abzuringen. Gott sei Dank habe ich es in dieser Nacht nicht gemacht. Denn mein Vater hat das Objekt daraufhin in Balingen prüfen lassen und festgestellt, daß es um mindestens DM 150 000,- überteuert war.«

Das Geschäft mit den Fußballern floriert trotzdem. Wenn schon Weltmeister Grabowski oder Nationalspieler Borchers die Anlagen empfehlen, dann wird schon alles in Ordnung sein. Denken sich beispielsweise die Mitspieler Norbert Nachtweih, Wolfgang Trapp, Jürgen Pahl, Werner Lorant oder Bum-Kun Cha. »Ich erinnere mich noch gut. Da sind immer wieder Mitspieler in die Kabine gekommen und haben gesagt, daß sie gerade Häuser gekauft hätten. Praktisch umsonst, da alles von der Steuer finanziert würde«, so Bernd Hölzenbein.

Im Mai 1983 platzt die Bombe. Bum-Kun Cha, mit monatlich 35 000 Mark Spitzenverdiener bei Eintracht Frankfurt, ist zahlungsunfähig! Im August 1980 hatte er von Wolfgang Zenker zwei nach dem Bauherrenmodell errichtete Projekte im Gesamtwert von 900 000 Mark gekauft und eine Hypothek von 600 000 Mark aufgenommen. Das Präsidium der Eintracht gerät unter Druck und gibt Ehrenerklärungen ab. Die *Frankfurter Allgemeine Zeitung* (FAZ) zitiert in ihrer Ausgabe vom 11. Mai 1983 den Präsidenten Axel Schander: »In meiner Zeit als Präsident von Eintracht Frankfurt ist mir nicht bekannt geworden, daß ein Präsidiumsmitglied Geschäfte mit Spielern gemacht hat …, sonst hätte ich mich entschieden dagegen gewehrt.«

Vizepräsident Wolfgang Zenker versichert sich zur Rettung seines Rufes der Aussagen etlicher Lizenzspieler. Die FAZ schreibt in ihrer Ausgabe vom

14. Mai: Ronald Borchers: »Auch ich habe Bauherrenmodelle erworben, die mir bislang nur Vorteile eingebracht haben.« Und Norbert Nachtweih, wegen des Dementis eiligst aus München angereist, wo er beim FC Bayern unter Vertrag steht, dementierte das Ganze: »Von Herrn Zenker bin ich bis auf den heutigen Tag in allen Belangen bestens beraten worden. Durch den Erwerb von Bauherrenmodellen hatte ich bislang nur Vorteile.«

Knapp vier Jahre später stellt Norbert Nachtweih Antrag auf Eröffnung des gerichtlichen Vergleichsverfahrens zur Abwendung des Konkurses über sein Vermögen.

Ein prominentes Opfer der betrügerischen Bauherren-Projekte bringt Schlagzeilen

Ende Mai 1983 zerbricht schließlich das Eintracht-Präsidium am Bauherrenskandal. Wolfgang Zenker wird abgewählt.

Die negativen Erfahrungen von Frankfurt hat das Präsidium des Hamburger SV längst verdrängt, als es 1996 eine zweistellige Millionensumme in drei fragwürdige Immobilien in Greifswald, Stralsund und Plau am See investierte. Der HSV lockte seine Profis mit dem Trick, ihre Brutto-Gehaltsforderungen herunterzuschrauben, um dafür eine Beteiligung an den Immobilien zu bekommen. Der Grund: Durch die bis Ende 1996 gültige Sonderabschreibung von 50 Prozent würde das Netto-Gehalt höher ausfallen.

Mit Jakob Friis-Hansen nimmt nur ein Spieler dieses Angebot an, der

18.07.1997 - 11:48 - Weitendorf
06.03.1997 001 sport — HSV-AFFÄRE 7,6 Millionen für "ne alte Bruchbude Millionen hat

Quelle=HMP/Hamburger_Morgenpost; Datum=06.03.1997; Autor=dh/Dirk_Hoffmann; Seite=1-38-39;
Ressort=sport; Kuerzel=SFV/SPORT/FUßBALL_ALLGEMEIN/VEREINSFUßBALL; Kuerzel=HH/HAMBURG;
Kuerzel=WWM/WOHNEN/IMMOBILIENMARKT;

HSV-AFFÄRE

7,6 Millionen

für „ne alte

Bruchbude

Millionen hat der HSV im Osten investiert. In Greifswald wurde ein Speicher (Foto) teuer saniert, in Studentenwohnungen verwandelt. Die Mieter klagen nun über Baumängel, Wucher – und ziehen wieder aus.

Seiten 38/39

Auferstanden aus Ruinen – dank HSV

Der Deal mit Ost-Immobilien des HSV

gerät immer mehr ins Zwielicht / Experte: Häuser total überteuert gekauft

Heute um 20 Uhr fordert der Aufsichtsrat des HSV in der Zentrale der Vereins- und Westbank vom Vorstand Aufklärung in der leidigen Affäre um Wash'n Wax, Jutebeutel und Lagerhallen-Renovierung. Doch das sind nur Peanuts. Vor allem im Zwielicht: Die 19,6 Millionen Mark teure Investition in Ost-Immobilien.

PictureDesk (c) 1993-95 Digital Collections

Seite 1

Ein Jahrzehnt später ist es der Hamburger SV mit seiner »Häuser« -Affäre, der plötzlich im Zwielicht steht

139

damalige Trainer Felix Magath lehnt genauso dankend ab wie andere HSV-Profis. Richard Golz in der *Hamburger Morgenpost* vom 4. Juni 1997: »Das erschien mir einfach zu risikoreich und unübersichtlich. Ich muß mit meinem Geld kalkulieren können. Aber auch bei allen anderen Dingen, die dem Vorstand vorgeworfen werden, muß ich feststellen, daß die Transparenz gefehlt hat – und das hat oft regelrecht doof ausgesehen.«

Als dieses Steuersparmodell zusammen mit weiteren zweifelhaften Geschäftspraktiken an die Öffentlichkeit gelangt, bekommt der HSV-Vorstand kalte Füße und verkauft im Schnellverfahren wieder sämtliche Objekte. Schatzmeister Jürgen Engel, der sich zudem staatsanwaltlichen Ermittlungen ausgesetzt sieht, sowie Vize-Präsident Volker Lange treten von ihren Ämtern zurück. Der für dieses Präsidium verantwortliche Präsident Uwe Seeler besitzt weniger Courage und widmet sich seitdem wieder verstärkt seinem eigentlichen »Hauptberuf« als Fußball-Idol.

(III) Die Spieler

Als Bum-Kun Cha in finanzielle Schwierigkeiten kommt, weiß er einen vehementen Verteidiger an seiner Seite: den Spielerberater Holger Klemme aus Bonn.

Die FAZ berichtet in ihrer Ausgabe vom 11. Mai 1983: Klemme kommt dennoch zu dem Schluß, »daß jeder Amtsrichter in Deutschland die Zenker-Verträge für null und nichtig erklären wird, weil sie sittenwidrig sind. Da gibt es keine Baubeschreibung. Ein Wunder, daß überhaupt die Grundstücksgröße angegeben ist. Die Verträge sind grob fahrlässig.« Cha sei, so Klemme, »wie eine Weihnachtsgans ausgenommen worden.«

Kaum mehr eine Weihnachtsgans leisten kann sich der langjährige Bundesligaspieler Dieter Eckstein. Als er 1987 erstmals in die Nationalmannschaft berufen wird, fragen ihn Mitspieler, ob er denn schon einen Berater habe. Als er verneint, »haben mir Rudi Völler und besonders Klaus Allofs den Holger Klemme wärmstens empfohlen«, erinnert sich Dieter Eckstein, der am 20. Juli 1988 einen zweiseitigen Berater-Vertrag bei Klemme unterschreibt, aus dem für den Spieler nicht exakt hervorgeht, welche finanziellen Forderungen auf ihn zukommen.

Unter II. 1 ist vermerkt: »Die Vertragspartner vereinbaren ein Beratungs-honorar, welches nach den Bezügen des Lizenzspielers aus seinem neuen Arbeitsvertrag errechnet wird.«

Und unter II.2: »Die Höhe des an den Berater zu zahlenden Honorars wird von den Vertragspartnern bis spätestens 15. August 1989 festgelegt. Bis dahin verpflichtet sich der Berater, keinerlei Honorarforderung an den Lizenzspieler zu stellen.«

Fast zehn Jahre später denkt Eckstein mit Grausen an die Empfehlung seiner ehemaligen Mannschaftskollegen. »Das hat mich über eine Million gekostet«, denn seine durch den Fußball eingespielten Ersparnisse hat er auch mit dem Kauf von zwei weit überteuerten Immobilien, errichtet nach dem Bauherrenmodell, verloren. Vermittler des Deals: Holger Klemme. »Während einer Autofahrt hat Klemme mir die Unterlagen auf den Schoß geknallt und gesagt, daß schnellstens etwas passieren muß, und da habe ich den Kaufvertrag unterschrieben. Daß ich damit 15 000 Mark monatli-che Belastung an Hypothek und Tilgung am Bein hatte, wußte ich nicht.« Dank eines sehr gut dotierten Vertrages bei Eintracht Frankfurt kann Eck-stein anfänglich den Abtrag aufbringen, später nicht mehr. Die Wohnungen muß er mit großem Verlust verkaufen.

Heute spielt Dieter Eckstein bei Süd-Regionalligist FC Augsburg und schlägt sich mit den Altlasten seiner Profispieler-Laufbahn herum. Immer noch ist ein Rechtsstreit anhängig. Es geht um einen hohen fünfstelligen Betrag, den Klemme paradoxerweise von Eckstein für seine einstigen Bera-ter-Dienste fordert, die wesentlich mit dazu beigetragen haben, daß der dreifache Familienvater vor den finanziellen Trümmern einer erfolgreichen Karriere steht.

Im München der siebziger Jahre brachte Mund-zu-Mund-Propaganda ebenfalls dicke Provisionen. Der damalige 1860 München-Spieler und heutige Trainer Horst Wohlers empfiehlt seinen Steuerberater im Mann-schaftskreis. Vorstopper Jürgen Strack wird neugierig und zeichnet vier Immobilien nach dem Bauherrenmodell. Damit hat er auf einen Schlag 800 000 Mark Schulden. Erst viele Jahre später gelingt es ihm mit Hilfe eines Frankfurter Börsianers, einen Vergleich mit den Banken zu erwirken und sich aus der Schulden-Falle zu befreien.

Der Steuerberater von Horst Wohlers bringt auch 1860-Verteidiger Uwe Schreml dazu, zwei Häuser zu erwerben, die ihm knapp 5 000 Mark monatliche Belastung an Hypothek und Tilgung bescheren. Er wechselt später zu Darmstadt 98 in die Zweite Liga und kann die Zahlungen an die Bank nicht mehr leisten. Uwe Schreml: »Früher gab es noch nicht die Riesensummen zu verdienen. Und leben mußte man ja schließlich auch.«

Die Hessische Landesbank (Helaba) richtet eine Sonderabteilung ein, die sich um die Fußballspieler kümmert, die sich »verkalkuliert« haben. Neben der fast kompletten Profi-Mannschaft von Eintracht Frankfurt ist sie auch Uwe Schreml behilflich, aus dem gröbsten Schlamassel zu kommen. Fast 400 000 Mark Verlust bleiben ihm dennoch nicht erspart.

Die FAZ schreibt in ihrer Ausgabe vom 21. November 1988: »Wolfgang Trapp … habe … ein Haus im Bauherrenmodell für 490 000 Mark erworben, das bei der Zwangsversteigerung für genau 200 000 Mark weniger verkauft wurde.«

Der langjährige Kölner Profi Gerd Strack, der mit seinem Tor gegen Albanien der deutschen Nationalmannschaft das Ticket zur Europameisterschaft 1984 sicherte, vertraute seinem Vereins-Kollegen und Nationaltorwart Toni Schumacher, der für Immobilien Werbung machte. Gerd Strack: »An der Musterhaussiedlung hing das Schild mit der Adresse vom Toni. Als alle Häuser verkauft waren, ist das Schild wieder abgehängt worden. Aber der Toni hat kein Haus gekauft. Das war schon merkwürdig.«

Gerd Strack dagegen gibt Schumacher-Manager Rüdiger Schmitz eine Generalvollmacht, der schleppt ihn zum Notar, und Strack zeichnet ein Reihenhaus für 420 000 Mark. Weit überteuert, wie sich im nachhinein herausstellt. Strack: »Schmitz vermietete mein Haus an Pierre Littbarski, für 700 Mark Miete im Monat, bei einer monatlichen Belastung von 3 000 Mark. Die Häuser hatten keinen Keller und waren in einem ehemaligen Sumpfgebiet erstellt. Da sind Gutachten offensichtlich manipuliert worden. Das Haus war keine 200 000 Mark wert.«

Hat sich denn gegenüber den fragwürdigen Praktiken der 70er und 80er Jahre, denen viele Spieler finanziell zum Opfer gefallen sind, etwas verändert rund um die Objekte der Begierde, der aufgrund ihrer oftmaligen Verquickung von jugendlicher Naivität und hohem Einkommen für Geschäftemacher einmalig attraktiven Berufsgruppe der Fußball-Profis?

Durchaus. Das Geschäft ist noch professioneller geworden. Die Zahl der Vermittler und Berater ist in die Höhe geschnellt, und sogar die Profis selbst mischen nun kräftig mit. Beispielsweise die Nationalspieler Andreas Köpke und Thomas Helmer.

Andreas Köpke ist in Nürnberg an der Firma Noris-Sport-Consulting (NSC) beteiligt. Sein Partner: Karl Ortegel, ein fußballbegeisterter, schwerreicher Immobilienhändler, der sich als NSC-Geschäftsführer auch ohne FIFA-Lizenz um die Spielervermittlung kümmert. Karl Ortegel: »Dem Andreas habe ich ein Haus gebaut und ihn in zwei Firmen reingenommen. Das ist ein wirklich guter Freund von mir. Dem 1. FC Nürnberg habe ich vor Jahren mal den Lubos Kubik finanziert, nur damit der Andreas mal einen gescheiten Libero vor sich hat.«

Der ehemalige Nürnberger Profi Jörg Böhme sagt sich, »wenn schon der ›Köppi‹ da mitmacht, dann wird das schon in Ordnung sein« – und unterschreibt einen Vertrag bei der NSC. Karl Ortegel managt später die Böhme-Wechsel zu Eintracht Frankfurt und 1860 München, kassiert sechsstellige Provisionen und verkauft selbstverständlich Jörg Böhme auch eine Eigentumswohnung.

Des weiteren verdiente die Firma an Rainer Rauffmann bei seinem Wechsel vom SV Meppen zu Eintracht Frankfurt. Auch den Rauffmann-Wechsel von Frankfurt zu Arminia Bielefeld wickelte die NSC ab, ohne allerdings Einnahmen für die NSC zu erzielen. Ortegel: »Ich hatte mit Bielefelds Manager Lamm eine Summe vereinbart. Aber nachdem Rauffmann nicht so eingeschlagen ist, hat der keine Mark bezahlt und auf einmal behauptet, er könne nicht mir reden, weil ich keine Lizenz hätte. Und dem Rainer hat Lamm sogar gedroht, daß er großen Ärger bekäme, wenn er sich nicht von mir trennen würde.« Tatsächlich trennt sich Rauffmann daraufhin von der NSC.

Auch Jörg Böhme kündigt seinen Vertrag mit der NSC. Allerdings nicht wegen Lizenzbedenken gegenüber Ortegel, sondern weil er mit dessen Beratung nicht mehr einverstanden ist und ihn finanzielle Sorgen drücken. Voller Verzweiflung wendet sich Böhme an den 1860-Präsidenten. Karl-Heinz Wildmoser: »Nähere Aussagen möchte ich zu dieser Angelegenheit nicht machen, aber ich betrachte es als eine Selbstverständlichkeit, einem jungen Burschen bei der Ausbügelung seiner Jugendsünden behilflich zu sein.«

Karl Ortegel: »Das ist doch lächerlich. Ich habe dem Jörg in Nürnberg immer wieder Geld geliehen. So um die 85 000,- Mark. Später habe ich zusätzlich ein eigentlich von Jörg zu zahlendes Darlehen an Eintracht Frankfurt ausgeglichen. Ohne daß ich bis heute dieses Geld zurückgefordert habe. Und auf einmal schreibt mir 1860, daß ich den Vertrag mit Böhme auflösen und auf die Rückzahlung des Darlehens verzichten soll. Da habe ich im ersten Moment gesagt, ich will mit dem Jörg, dem ich in der Vergangenheit auch bei seinen privaten Schwierigkeiten sehr geholfen habe, nichts mehr zu tun haben. Aber das muß ich mir noch einmal überlegen, denn der Vertrag zwischen Böhme und der NSC ist zum 31.12. 1997 gekündigt worden, läuft also noch.«

Und was sagt Andreas Köpke zu den geschäftlichen Turbulenzen? Ortegel: »Ach, der Andreas kümmert sich doch darum nicht. Weder um das Bauträger-Geschäft, noch um die NSC. Ich sage ihm höchstens, daß der Lamm nicht bezahlt hat, das war es. Und am Ende des Jahres wird die Bilanz gemacht und 50 zu 50 aufgeteilt.«

Wesentlich ärgerlicher als der Absprung von Rauffmann und Böhme war für die NSC, daß die vielleicht höchste Provisionszahlung der jungen Firmengeschichte ausgerechnet am Chef selber scheiterte. Bei der Europameisterschaft im vergangenen Jahr präsentierte Stuttgarts Präsident Gerhard Mayer-Vorfelder bereits stolz Andreas Köpke als neuen VfB-Torwart. Karl Ortegel unterzeichnete derweil für Andreas Köpke einen Vorvertrag beim FC Barcelona und wähnte sich und seinen NSC-Kompagnon im Peseten-Paradies.

Gerhard Mayer-Vorfelder, immerhin Baden-Württembergs Finanzminister und aufgrund verschiedenster Nebenämter einer der einflußreichsten Männer im nationalen wie internationalen Fußball, will Köpke nicht kampflos gehen lassen. Ortegel: »Der hat in 14 Tagen ungefähr 16 Faxe an Barcelona geschickt und darin behauptet, der Andreas hätte einen rechtsgültigen Vertrag in Stuttgart unterschrieben. Und obwohl der Andreas keinen rechtsgültigen Vertrag unterschrieben hatte, hat Barcelona kalte Füße gekriegt und ist ausgestiegen. Nur deshalb spielt der Andreas heute nicht bei Barcelona.«

Der deutschen Presse war damals zu entnehmen, daß Köpke aufgrund des geplatzten Barcelona-Transfers sauer auf Ortegel gewesen sei und sich der Dienste des Spielervermittlers Wolfgang Vöge bedient hätte, der ihn schließlich zu Olympique Marseille brachte. Karl Ortegel: »Das ist doch Quatsch. Mit Wolfgang Vöge hatte die NSC damals auch eine Vereinbarung gehabt. Der hat doch auch den Wechsel vom Andreas von Nürnberg nach Frankfurt abgewickelt. Ich sollte mich um Transfers im Inland kümmern, Vöge um die im Ausland. Als Barcelona sich gemeldet hat, habe ich vielleicht zwanzigmal vergeblich versucht, Vöge zu erreichen. Da habe ich mich selber ins Flugzeug gesetzt und die Sache erledigt.«

Hat dann wenigstens die NSC bei dem Wechsel nach Marseille verdient? Ortegel: »Keine Mark. Andreas hat mit Vöge zwar eine Abmachung getroffen, aber der Vöge hat nicht bezahlt. Der hat mir gesagt, er hätte schließlich auch nichts bekommen, wenn der Wechsel nach Barcelona geklappt hätte, weil wir den ohne ihn gemacht hätten. Dabei habe ich zwanzigmal versucht, ihn anzurufen. Mit Vöge mache ich keine Geschäfte mehr.«

Thomas Helmer, wie der Nationaltorwart mit einem Immobilienhändler befreundet, wandelt auf Köpkes Spuren.

Die Wochenzeitung *BILD am SONNTAG* fragte ihn in einem Interview der Ausgabe vom 15. Juni 1997: »Sie haben gerade in Iserlohn eine Agentur gegründet, »Heinze & Partner«, die Profi-Spielern helfen soll. Welche Leistungen bieten Sie denn konkret an?«

Helmer: »Die Vereine leisten sich Pressesprecher und Manager, der Spieler steht, außer seinem persönlichen Berater, allein da. Unser Kunde soll in erster Linie der junge Spieler sein. Wir helfen ihm dort, wo er uns braucht. Unser Programm umfaßt Karriereplanung und Vertragsverhandlungen. Wir sind ihm beim Vereinswechsel behilflich.

Wir suchen den für ihn geeigneten Spielervermittler, vermitteln aber nicht selbst. Wir beraten ihn bei Geldanlagen, bei der Persönlichkeits-Bildung, machen Interview- und Medientraining und entwerfen ein Vermarktungskonzept ganz individuell, für jeden einzelnen. Im Prinzip kann er sich voll und ganz auf den Fußball konzentrieren, wir sondieren den Rest.«

Per Mailing-Aktion schickte Thomas Helmer an viele Bundesliga-Kollegen die Hochglanzbroschüre von »Heinze & Partner« und offerierte seine Dienste. Und als sich Ende 1996 abzeichnete, daß Mannschaftskamerad Christian Ziege Bayern München verlassen würde, wußte Helmer schnell, wer behilflich sein müßte: »Heinze & Partner«. So wickelte Geschäftspartner Lothar Heinze, und damit Helmers Firma, die Formalitäten des Ziege-Transfers zum AC Mailand ab.

Der Mönchengladbacher Spielervermittler und Matthäus-Manager Norbert Pflippen, bei dem Christian Ziege bis kurz vor dem Wechsel unter Vertrag stand, bekommt heute noch eine dicke Zornesfalte auf der Stirn, wenn er den Namen Ziege hört, an Helmer denkt und sich seine verlorengegangene Provision des Zehn-Millionen-Deals vergegenwärtigt. Pflippen: »Ich weiß, was die gekriegt haben. Ich sage nur: reichlich!«

Christian Ziege: »Zu Pflippen sage ich gar nichts. Auf dieses Niveau lasse ich mich nicht herab. Ich mache jetzt alles mit Lothar Heinze.«

Der aufgrund eines guten Abitur-Notenschnittes gerne von den Medien als intelligentester Bundesligaspieler charakterisierte Thomas Helmer agiert tatsächlich intelligenter als Köpke oder Schumacher. Er gibt nicht nur seinen guten Namen, sondern kümmert sich höchstpersönlich um die Geschäfte.

Als Sebastian Backer, 16 Jahre, Jugend-Nationalspieler des FC Bayern, in einem Zeitungsinterview nach der U16-Europameisterschaft Thomas Helmer als sein sportliches Vorbild bezeichnet, reagiert dieser umgehend. In einem zweiseitigen Brief bietet er ihm seine Beratung und Unterstützung an und hinterläßt seine Handy-Nummer.

Backer ist geschmeichelt und wählt. Mutter Backer: »Wir haben uns mit Thomas Helmer getroffen und eine Stunde gesprochen. Er hat uns empfohlen, eine Versicherung abzuschließen, und bekundet, daß er uns persönlich unterstützen will. Wir haben von ihm die Unterlagen bekommen von dieser Firma, und Herr Heinze hat auch wegen eines Vertrages für Sebastian bei Herrn Hoeneß angerufen.«

Uli Hoeneß dazu: »Was? Hat der Backer jetzt auch schon einen Berater? Also, bei mir hat der Herr Heinze wegen Backer nicht angerufen. Nur wegen dem Frank Gerster hat er sich gemeldet und bei Ziege war er im Spiel. Da ist er aber nicht gegenüber uns in Erscheinung getreten, sondern nur gegenüber Mailand.«

Sieht Uli Hoeneß nicht eine Interessenkollision, wenn der Kapitän des Profi-Teams die eigenen Mannschaftskameraden gegen den Verein berät und sogar bei Transfers geschäftlich eingebunden ist – einem ziemlich einmaligen Vorgang in der Bundesliga-Geschichte?

Hoeneß: »Sollte ich etwas feststellen, das dem FC Bayern schadet, dann werde ich das sofort unterbinden.«

Nachfrage: »Und Sie sehen keine grundsätzlichen Parallelen der Aktivitäten von Thomas Helmer zu denen von Grabowski oder Borchers?«

Hoeneß: »Nein. Die haben doch mitkassiert an ihren Kollegen. Und so etwas halte ich für moralisch strafbar.«

»Glauben Sie etwa, daß sich ›Heinze & Partner‹ in diesem Zusammenhang in Naturalien auszahlen lassen?«

Hoeneß: »Der Thomas sagt doch immer, daß er erst nach seiner Karriere so etwas machen will. Daß er jetzt schon aktiv sein soll, davon ist mir nichts bekannt.«

STATEMENT
Norbert K. H. Nasse, Rechtsanwalt, Köln

»Auch heute noch gilt, daß jede Unterschrift unter einen Vertrag wohl überlegt sein will, denn diese Lizenzen oder Erlaubnisse stehen nicht automatisch für Seriosität und rechtfertigen kein blindes Vertrauen. Die seit dem 01.04.1994 notwendige private Arbeitsvermittlungserlaubnis ist nur an recht geringe Anforderungen gebunden, so daß nur die wenigsten Antragsteller keine Erlaubnis erteilt bekommen. Die weiterhin zur legalen Fußballervermittlung erforderliche FIFA-Lizenz hat als einzige schwierige Hürde, neben einer kurzen Prüfung, die Bankbürgschaft in Höhe von 200 000 Schweizer Franken.

Vor allem sollte jedem Spieler bewußt sein, daß ein Management-, Beratungs- oder Zusammenarbeitsvertrag (manche werden auch mit »Vereinbarung« überschrieben) in der Regel für den Spieler keinerlei Vorteile bringt. Nur der Berater erlangt einen Vorteil dadurch, daß er durch eine fixierte Vertragslaufzeit eine feste Bindung des Fußballers an sich erreicht und er insoweit seine Einnahmen hochrechnen kann sowie einen festen Fußballerstamm hat. Der Berater würde den Fußballer aber auch ohne feste vertragliche Bindung umsorgen wollen; denn schließlich will er ja Geld verdienen.

Wie wenig nachvollziehbar die Praxis dieser Vertragsbindung ist, wird deutlich, wenn man Vergleiche mit anderen Berufsgruppen anstellt, die wie die Vermittler oder Berater ebenfalls eine Dienstleistung erbringen. Jeder Patient oder Mandant würde zurecht sehr erstaunt sein, wenn sein Arzt oder Rechtsanwalt ihn anläßlich einer Erkältung oder Ehescheidung auch für die Zukunft vertraglich binden wollte und mit ihm einen Behandlungs- oder Beratungsvertrag schließen wollte, nur weil er ja noch einmal krank werden oder er demnächst einen Verkehrsunfall haben könnte. Deshalb müßte ein Berater oder Vermittler nach Abschluß eines Transfers ein gleichermaßen geringes Interesse an einer vertraglichen Bindung haben wie ein Arzt nach einer Behandlung.«

Aufgrund der Entbehrlichkeit solcher Verträge sind deren Inhalte meist schon wenig aussagefähig. Da heißt es z.B., daß »der Spieler den Manager mit Unterzeichnung dieses Vertrages beauftragt, ihn in allen persönlichen und wirtschaftlichen Angelegenheiten zu beraten.« Teilweise werden aber auch Pflichten des Beraters festgehalten, die ohnehin selbstverständlich sind: »Der Manager verpflichtet sich, die bestmöglichen Arbeitsbedingungen für Herrn XY – insbesondere die Verwirklichung dessen Gehaltsvorstellungen – zu erreichen und hierfür seine Arbeitskraft in der erforderlichen Weise zur Verfügung zu stellen.«

Trotzdem muß jeder Spieler, der einen solchen Vertrag unterzeichnet hat, sich grundsätzlich an diesen halten, auch wenn deren Inhalte meist fragwürdig sind. Denn zum einen kennt unsere Rechtsordnung den Grundsatz der Vertragsfreiheit und zum anderen sind Verträge seit jeher einzuhalten, worauf nicht zuletzt die Tauglichkeit unseres Rechtssystems beruht. Allerdings ist es in vielen Fällen möglich, diese Verträge anzugreifen, deren Rechtswidrigkeit festzustellen und vor allem dem Fußballer eine Honorarzahlung an den Manager zu ersparen.

Diese Möglichkeiten ergeben sich sich zumeist aus diversen Spezialgebieten, die vom Gesetzgeber geschaffen wurden, um schützenswerten Gesellschaftskreisen, wie Verbrauchern, helfen zu können. Oft sind aber die vertraglichen Inhalte selbst schon aufgrund eines Verstoßes gegen geltende Rechtsnormen – wie z.B. das Rechtsberatungs- oder Steuerberatungsgesetz – rechtswidrig: **»Darüber hinaus ist Zweck des Vertrages, die Beratung des Herrn XY auf die Bereiche Steuerangelegenheiten … auszweiten, falls dies Herr XY wünscht.«**

Ein Verstoß gegen diese gesetzliche Regelung hat zur Folge, daß der gesamte Beratungsvertrag nichtig ist und kein Anspruch auf Zahlung des Beratungshonorars besteht. Grundsätzlich besteht auch die Möglichkeit, Beratungshonorare auch nach vielen Jahren (bis zu 30 Jahren) zurückzufordern, die aufgrund rechtswidriger Beratungsverträge gezahlt wurden. Dabei ist aber zu berücksichtigen, daß auch der Berater unter Umständen den Wert der von ihm erbrachten Leistungen ersetzt bekommen kann, der nach der Höhe der üblichen oder (mangels einer solchen) der angemessenen Vergütung zu bestimmen ist.

In der Praxis sind in erster Linie drei Regelungsfelder für den Fußballer mit großen Gefahren verbunden. Dies sind zum einen die in den Verträgen enthaltenen Bevollmächtigungen wie **»der Spieler akzeptiert von seinem Berater, in sämtlichen Verhandlungen, die Transfervertragsabschlüsse zum Ziel haben, vertreten zu werden«.** Vielen Fußballern ist oft nicht bewußt, daß eine Vollmachtserteilung weitreichende Folgen hat, nämlich das rechtmäßige Handeln des Managers / Beraters im Namen des Fußballers. Damit kann also der Fußballer ohne sein Zutun durch das Handeln des Beraters verpflichtet werden, z.B. bei Beauftragung eines Immobilienmaklers – Vertragspartner wird der Fußballer, nicht der Berater!

Deshalb sollte grundsätzlich eine Einschränkung der Vollmacht erstrebt werden, keinesfalls folgende Bevollmächtigung akzeptiert werden: **»Der Manager erhält hiermit die Generalvollmacht …«**

Es sollte Wert darauf gelegt werden, daß nur eine Vermittlungsvollmacht erteilt wird und grundsätzlich vor Abschluß von Geschäften die Zustimmung des Fußballers erforderlich ist.

Weiterer Gefahrenpunkt sind ungenaue Provisionsvereinbarungen. Ganz gefährlich ist folgende Formulierung: **»Die Vertragspartner vereinbaren ein Beratunqshonorar, welches nach den Bezügen des Lizenzspielers aus seinem neuen Arbeitsvertrag errechnet wird.«** Hier ist der Konfliktstoff vorgegeben und kann je nach Beweislage zuungunsten des Fußballers ausgehen.

Teilweise sind Provisionsabreden gebräuchlich, über deren Tragweite sich der Fußballer erst bei Erhalt der Rechnung im klaren wird: **»Der Sportler zahlt ein Honorar, ohne besonderen Einzelnachweis, in Höhe von 15 Prozent aus der Addition seiner Gesamteinkünfte an den Manager (Gesamteinkünfte: Geld und geldwerte Vorteile für die Dauer des neuen Vertragsverhältnisses).«**

§ 9

█erhält für die allgemeine Betreuung eine Honorarpauschale in Höhe von 50% der gesamten Bruttoeinnahmen aus Werbe- und anderen dem Spieler dienlichen Verträgen

§ 10

Wechselt der Spieler von einem zum anderen Verein im In- oder Ausland, dann hat er den Verein zu informieren, daß █ als Vermittler 12% vom Brutto-Jahresgehalt erhält. Verhandelt oder schließt der Spieler einen Vertrag ohne █ aber mit einem anderen Berater ab, dann stehen █grundsätzlich mindestens 6 % des Brutto-Jahresgehaltes zu.

§ 11

Das Vertragsverhältnis zwischen den Parteien ist auf Dauer von 2 Jahren fest abgeschlossen. Während dieser Zeit können beide Parteien den Vertrag nur aus wichtigem Grund kündigen. Der Vertrag kann jeweils 6 Wochen vor Vertragsablauf gekündigt werden, ansonsten verlängert er sich automatisch um ein weiteres Jahr.

§ 12

Sollte eine der Bestimmungen dieses Vertrages ungültig sein, so wird davon die Wirksamkeit der übrigen Vertragsbestimmungen nicht berührt. Anstelle der ungültigen Vereinbarungen tritt eine zulässige Regelung, die dem von den Parteien gewünschten Zweck der ursprünglichen Regelung am nächsten kommt.

Vorsicht, Falle! Wer solche Verträge mit Spielerberatern unterschreibt, ist sicher auch selbst dran schuld.

Nach dieser Regelung kann sich ein Berater dazu berechtigt sehen, einem Spieler bei einem Jahresbruttogehalt von DM 500 000 und einer Vertragslaufzeit von drei Jahren ein Beratungshonorar in Höhe von DM 225 000 (!) in Rechnung zu stellen. Solche Abreden dürften einer rechtlichen Überprüfung jedoch kaum standhalten, auch wenn es keine direkten gesetzlichen Vorgaben für Vergütungsregelungen gibt.

Meistens sind die Provisionsvereinbarungen recht pauschal abgefaßt mit der Folge, daß der Fußballer deren wahre Höhe nicht erkennt: »**Für die Vermittlung von Werbepartnern und/oder Sponsoren erhält der Vermittler jährlich eine Provision in Höhe von 20 Prozent des Bruttobe-**

trages, welche der Werbepartner und/oder Sponsor an den Spieler zahlt.«

Solche Vereinbarungen haben den nachteiligen Effekt, daß sie den Bruttobetrag (= inklusive Mehrwert- bzw. Umsatzsteuer) zugrunde legen. Die Umsatzsteuer ist jedoch abzuführen und verbleibt deshalb nicht beim Sportler. Insoweit liegt bei dieser Regelung die Vergütung dann nicht bei den vereinbarten 20 Prozent, sondern tatsächlich bei 23 Prozent!

Schließlich bergen auch die Vertragslaufzeiten einige Gefahren in sich. Hier gilt es, nicht nur auf die Laufzeit selbst zu achten, sondern auch auf die sich anschließenden Regelungen. **»Diese Vereinbarung tritt ab Unterzeichnung in Kraft und endet am ... Sie verlängert sich automatisch um jeweils ein Jahr, wenn Sie nicht drei Monate vor Ablauf von einer der Parteien gekündigt wird.«** *Vielfach wird dies von Spielern mit der Folge übersehen, daß ein Berater plötzlich mit Honorarforderungen aufwartet, obwohl schon seit vielen Jahren gar kein Kontakt mehr zu diesem besteht. Bei der Kündigung selbst sollte man natürlich darauf achten, daß dies beweisbar geschieht. Das heißt, eine schriftliche Kündigung per Einschreiben/Rückschein ist auch dann erforderlich, wenn der Vertrag dies so nicht vorsieht.*

Insgesamt wird in diesem Bereich mit vielen Spitzfindigkeiten gearbeitet, die dem Fußballer höchste Aufmerksamkeit abverlangen.

12. Kapitel

Die Spielervereinigung

Als VdV-Vizepräsident habe ich zwar seit Ende 1992 ein Amt, aber mehr oder weniger keine Einflußmöglichkeiten auf die Ausgestaltung der Aufgabengebiete der Spielervereinigung. Zu weit bin ich weg von der Geschäftsstelle in Frankfurt, zu sehr ist die VdV auf den amtierenden Präsidenten Dr. Stefan Lottermann fixiert, der in Alleinregie die Geschäfte führt. Als ich langsam mitbekomme, daß die VdV entgegen anderslautender Aussagen der Geschäftsführung intern ernste finanzielle Probleme hat und aufgrund vielfältiger Aversionen seitens des DFB und Teilen der Presse gegenüber Lottermann extern isoliert und kaum mehr handlungsfähig ist, gibt es nur zwei Möglichkeiten: aufhören oder den Status Quo verändern.

Ich entschließe mich für die zweite Möglichkeit. Am 15. August 1994 kommt es in der VdV-Geschäftsstelle zu einer langen Präsidiumssitzung, an der neben mir noch Schatzmeister Karl Allgöwer und eben Lottermann teilnehmen. Resultat: Allgöwer und Lottermann stellen ihre Ämter bei der nächsten Delegiertenversammlung zur Verfügung, Lottermann scheidet zudem als Angestellter der VdV aus.

Mit folgendem 5-Punkte-Programm trete ich bei der Jahresversammlung am 19. September in Frankfurt zur Präsidentenwahl an und kann das Vertrauen der Delegierten gewinnen:
* Dezentralisierung
* Leistungserweiterung
* Personelle Umstrukturierung
* Finanzielle Konsolidierung
* Etablierung als von Vereinen und vor allem vom DFB respektierter Berufsverband

Auch die von mir vorgeschlagenen weiteren Präsidiumskandidaten werden gewählt: Vizepräsident wird mein ehemaliger Duisburger Manschaftskamerad Michael Preetz, Schatzmeister der Duisburger Diplomfinanzwirt und Steuerberater Heinz Pudell, der sich jedoch zuvor einer Kampfabstimmung stellen muß.

Die Delegierten äußern Bedenken gegenüber Pudell, weil zum erstenmal kein amtierender oder ehemaliger Fußball-Profi kandidiert. Mir ist es aber wichtig, nicht einen x-beliebigen Fußballer in diesem schwierigen Amt zu haben, sondern einen Fachmann, der Aktiva und Passiva unterscheiden kann.

Außerdem wohnen wir alle im Ruhrgebiet, so daß mit dieser Präsidiumskonstellation gewährleistet ist, daß Kommunikation ohne räumliche Probleme stattfinden kann. Denn fehlende Verständigung und damit das Überlassen der Geschäfte einer einzigen Person vor Ort ist für mich der Hauptgrund für die schwierige Situation der VdV im Jahre 1994, der immerhin etwas über 800 Mitglieder und damit ca. 70 Prozent der Erstliga-Spieler angehören.

Die Trennung vom MSV Duisburg erlaubt mir, mich zeitlich viel stärker für die VdV zu engagieren, als ursprünglich gedacht. Das Ehrenamt wird zwischenzeitlich zum Fulltime-Job. Die ersten Monate werden bestimmt von Einsparungen, die vom Personal über die Verkleinerung der Frankfurter Geschäftsstelle bis hin zur Kündigung des Abonnements des *kicker-Sportmagazins* gehen.

Am 27. Oktober empfängt mich DFB-Präsident Egidius Braun in seinem Aachener Privathaus. In einem ausführlichen Gespräch schildere ich ihm die vielfältigen Aufgabengebiete und idealistischen Zielsetzungen der »Neuen VdV« und werbe um DFB-Unterstützung für das vom neuen Präsidium ausgegebene Motto »Kooperation statt Konfrontation«. Dieses Gespräch, dem sich reger Briefverkehr und weitere persönliche Treffen anschließen, bildet die Basis eines neuen Miteinanders zwischen DFB und VdV, das sich im August 1996 in einer Kooperationsverabredung der beiden Verbände niederschlägt.

Zuvor hat es in der Sache jedoch harte Diskussionen und Auseinandersetzungen mit dem DFB gegeben, die sich vor allem am »Fall Bosman« entzünden. Der belgische Fußballprofi ist jahrelang juristisch gegen die international bestehenden Transfersysteme und Ausländerbeschränkungen vorgegangen. Ziel: Die freie Arbeitsplatzwahl auch für den Berufssportler zu erreichen!

Pressemit-
teilung
des DFB vom
3.08.1996

Der Deutsche Fußballbund (DFB) und die Vereinigung der Vertragsfußballspieler (VdV) haben eine intensive Zusammenarbeit verabredet. Durch regelmäßigen Informationsaustausch sollen künftig die beide Verbände berührenden Problemfelder behandelt werden. Auch als der EuGH-Entscheidung im "Fall Bosman" werden zur Vermeidung von Streitigkeiten gemeinsam Lösungmöglichkeiten sowohl für den Lizenz- als auch für Amateurfußball angestrebt.

Bei den regelmäßigen Gesprächen stehen zunächst folgende Themen im Vordergrund:
- Entwicklung eines Sozialfonds für zu Schaden gekommene VdV-Mitglieder;
- Nachwuchshilfe (Beratung nach Vorbild der Olympiastützpunkte des Deutschen Sportbundes (DFB);
- Fußballerische Berufsplanung (zum Beispiel Kooperation mit Unternehmen nach Vorbild der Bundeswehr);
- Versorgungswerk.

"Ich begrüße, daß wir eine Basis gefunden haben", erklärte Gerhard Mayer-Vorfelder, der Vorsitzende im DFB-Ligaausschuß, "man ist sich lange aus dem Weg gegangen. Entscheidend war der Versuch, das zeitweise verkrampfte Verhältnis nach dem Wechsel an der VdV-Spitze zu verbessern." Der frühere Bundesliga-Profi Jürgen Rollmann, als Nachfolger von Stefan Lottermann seit zwei Jahren VdV-Präsident, ergänzte: "Wir haben unsere Arbeit mit der Einstellung 'Kooperation statt Konfrontation' aufgenommen. Wir sitzen alle in einem Boot - Spieler, Vereine und DFB."

Am Anfang steht eine Pressemitteilung ...

Die internationalen Transferbestimmungen sehen vor, daß auch **nach** Ablauf eines Arbeitsvertrages der abgebende Verein Anspruch auf eine Ablösesumme hat. Da auch nur maximal drei Ausländer pro Landesverein spielen dürfen, kann somit von einer freien Arbeitsplatzwahl der Spieler nicht die Rede sein.

Erstmals werde ich im April 1995 in Straßburg auf Jean-Marc Bosman anläßlich eines Treffens des Dachverbandes der internationalen Spielervereinigungen, FIFpro, aufmerksam. Eigentlich will ich lediglich die VdV als neues FIFpro-Mitglied anmelden, doch die Tagung unter Vorsitz des Engländers Gordon Taylor kennt an zwei Tagen nur ein Thema: Bosman.

Der Spieler ist mit seinen Anwälten ebenfalls in Straßburg und fordert vor seinem letzten juristischen Gang vor den Europäischen Gerichtshof (EugH) finanzielle Unterstützung von den FIFpro-Mitgliedern. Denn der europäische Fußballverband (UEFA) habe ihm über Mittelsmänner Geld geboten, wenn er auf die Herbeiführung des letztinstanzlichen Urteils verzichtet. Die 14 FIFpro-Mitglieder versprechen Bosman finanzielle Hilfe, um die Rechtslage für den Arbeitnehmer Fußballprofi zu verbessern.

Der DFB fürchtet einen Richterspruch und die Abschaffung des Transfersystems, das immerhin seit der Einführung der Zweiten Bundesliga und des Lizenzspielerstatutes von 1974 existiert. Mehr noch: Würde der EugH das so lange praktizierte Ablösesystem für unrechtmäßig erklären, wäre das ein empfindlicher Einschnitt in die all die Jahre weitgehend losgelöst vom staatlichen Recht funktionierende DFB-Fußball-Welt.

Die Abtretung der Persönlichkeitsrechte (siehe § 3 Lizenzspieler-Mustervertrag Seite 28), das Transfersystem, die Praxis, Spieler nach Roten Karten oder anderen Disziplinarvergehen vor das DFB-Gericht nach Frankfurt zu zitieren und zu verurteilen – all das ist Verbandssportrecht, hat aber mit staatlichem Recht wenig zu tun.

Das Ergebnis ist bekannt: Jean-Marc Bosman kippt das internationale Ablösesystem und gleichzeitig die Ausländerbeschränkungen. Zusammen mit dem VdV-Geschäftsführer und nahezu allen FIFpro-Mitgliedern wohne ich der Urteilsverkündung am 15. Dezember 1995 in Luxemburg bei. Interessanterweise lassen sich im Gerichtssaal kein DFB-Vertreter, kein deutscher Vereinsvertreter, kein deutscher Journalist blicken.

Alle mußten zwar nach einem vorab veröffentlichten Gutachten insgeheim mit der Entscheidung pro Bosman rechnen, aber daß die Richter eine sofortige Umsetzung des Urteils anordnen, verleitet viele unvorbereitete Vereinsfunktionäre zu Panikäußerungen.

UEFA-Präsident Lennart Johansson: »Dieses Urteil wird Chaos schaffen. Es ist eine Attacke auf den Fußball, denn es vernichtet ein System, das jahrelang gut war.«

DFB-Präsident Egidius Braun: »Das ist ein Unternehmensurteil, kein sportfreundliches Urteil. Vorteile haben nur wenige Spieler, betroffen sind aber Hunderttausende.«

KSC-Trainer Winfried Schäfer: »80 Prozent der Vereine sind jetzt pleite –

TRIBUNAL DE JUSTICIA
DE LAS
COMUNIDADES EUROPEAS

DE EUROPÆISKE FÆLLESSKABERS
DOMSTOL

GERICHTSHOF
DER
EUROPÄISCHEN GEMEINSCHAFTEN

ΔΙΚΑΣΤΗΡΙΟ
ΤΩΝ
ΕΥΡΩΠΑΙΚΩΝ ΚΟΙΝΟΤΗΤΩΝ

COURT OF JUSTICE
OF THE
EUROPEAN COMMUNITIES

COUR DE JUSTICE
DES
COMMUNAUTÉS EUROPÉENNES

LUXEMBOURG

CÚIRT BHREITHIÚNAIS
NA
gCOMHPHOBAL EORPACH

CORTE DI GIUSTIZIA
DELLE
COMUNITÀ EUROPEE

HOF VAN JUSTITIE
VAN DE
EUROPESE GEMEENSCHAPPEN

TRIBUNAL DE JUSTIÇA
DAS
COMUNIDADES EUROPEIAS

EUROOPAN YHTEISÖJEN
TUOMIOISTUIN

EUROPEISKA
GEMENSKAPERNAS
DOMSTOL

INFORMATIONSDIENST
15. Dezember 1995
PRESSEMITTEILUNG NR. 60

WICHTIGER HINWEIS: *Diese Mitteilung, die den Gerichtshof nicht bindet, wird vom Informationsdienst an die Presse verteilt. Die nachfolgende Urteilszusammenfassung ist im Gesamtzusammenhang des Urteils zu sehen. Wegen zusätzlicher Informationen oder einer Kopie des Urteils wenden Sie sich bitte an Frau Dr. Ulrike Städtler, Tel.: (*352) 4303.3255.*

DER GERICHTSHOF ENTSCHEIDET ÜBER DIE VEREINBARKEIT DER REGELWERKE DER FUSSBALLVERBÄNDE MIT DEM GEMEINSCHAFTSRECHT

Die Regeln über den Spielertransfer und die Beschränkung der Anzahl von Spielern aus der Gemeinschaft in den Spielen zwischen Vereinen verstoßen gegen den Römischen Vertrag

Urteil des Gerichtshofes in der Rechtssache C-415/93, Bosman

I. Tenor des Urteils

Der Gerichtshof erkennt für Recht:

*1) Artikel 48 EWG-Vertrag steht der Anwendung von durch Sportverbände aufgestellten Regeln entgegen, nach denen ein Berufsfußballspieler, der Staatsangehöriger eines Mitgliedstaats ist, bei Ablauf des Vertrages, der ihn an einen Verein bindet, nur dann von einem Verein eines anderen Mitgliedstaats beschäftigt werden kann, wenn dieser dem bisherigen Verein eine Transfer-, Ausbildungs- oder Förderungsentschädigung gezahlt hat.

Die Urteilszusammenfassung im Falle Bosman – ein unverzichtbares Dokument nicht nur für Fußball-Profis!

2)   **Artikel 48 EWG-Vertrag steht der Anwendung von durch Sportverbände aufgestellten Regeln entgegen, nach denen die Fußballvereine bei den Spielen der von diesen Verbänden veranstalteten Wettkämpfe nur eine begrenzte Anzahl von Berufsspielern, die Staatsangehörige anderer Mitgliedstaaten sind, aufstellen können.**

3)   **Die unmittelbare Wirkung von Artikel 48 EWG-Vertrag kann nicht zur Stützung von Ansprüchen im Zusammenhang mit einer Transfer-, Ausbildungs- oder Förderungsentschädigung herangezogen werden, die zum Zeitpunkt des vorliegenden Urteils bereits gezahlt worden ist oder die zur Erfüllung einer vor diesem Zeitpunkt entstandenen Verpflichtung noch geschuldet wird; dies gilt nicht für Rechtsuchende, die vor diesem Zeitpunkt nach dem anwendbaren nationalen Recht Klage erhoben oder einen gleichwertigen Rechtsbehelf eingelegt haben."**

II. Tatsächlicher und rechtlicher Rahmen des Rechtsstreits

A. Die Regeln der Fußballverbände

Der Gerichtshof beschreibt in seinem Urteil die Organisationsregeln des Fußballs (Randnrn. 3 bis 5), die Transferregeln (Randnrn. 6 bis 24) und die Ausländerklauseln (Randnrn. 25 bis 27). Abgesehen von Besonderheiten der verschiedenen Vorschriften (Regelwerke des Weltverbandes FIFA, des europäischen Verbandes UEFA und des belgischen Verbandes URBSFA) sehen die Transferregeln für den Fall, daß ein Berufsfußballspieler, dessen Vertrag abläuft, von einem Verein eines anderen Mitgliedstaats verpflichtet wird, im wesentlichen vor, daß dieser Verein dem Verein, dem der Spieler bisher angehörte, eine Entschädigung zu zahlen hat, deren Höhe insbesondere anhand des Alters des Spielers und seines Einkommens berechnet wird.

Die in den Regelwerken der UEFA und der meisten nationalen Verbände der Mitgliedstaaten der Gemeinschaft enthaltenen Ausländerklauseln sehen vor, daß ein Verein bei jedem offiziellen Spiel (Meisterschaften, nationaler Pokal, Europapokal) nur drei Spieler aufstellen darf, die Staatsangehörige anderer Mitgliedstaaten sind, zuzüglich zweier Spieler, die wegen des Zeitraums ihrer Tätigkeit im Aufnahmemitgliedstaat, u. a. in Juniorenmannschaften, "assimiliert" sind (sogenannte "3 + 2"-Regel). Nach Angaben der UEFA soll diese Regel die Billigung der Europäischen Kommission gefunden haben.

B. Sachverhalt des Rechtsstreits

Jean-Marc Bosman, ein belgischer Staatsangehöriger, wurde 1964 geboren. Seit Mai 1988 war er als Berufsspieler beim RC Lüttich beschäftigt. Der Vertrag mit diesem Verein, der am 30. Juni 1990 ablief, garantierte Herrn Bosman ein durchschnittliches Monatsgehalt von etwa 120 000 BFR.

Im April 1990 bot der RC Lüttich Herrn Bosman einen neuen Vertrag für eine Spielzeit an, nach dem sein Monatsgehalt auf 30 000 BFR, den in der Satzung der URBSFA vorgeschriebenen Mindestbetrag, verringert wurde. Da sich Herr Bosman weigerte, diesen Vertrag zu unterschreiben, wurde er auf die Transferliste gesetzt. Gemäß den anwendbaren Verbandsregeln wurde die Transferentschädigung für den Fall, daß der Transfer ohne Zustimmung des RC Lüttich erfolgen sollte, auf 11 743 000 BFR festgesetzt.

Da kein Verein Interesse an einem Transfer zu diesen Bedingungen bekundet hatte, nahm Herr Bosman mit einem französischen Zweitligaverein, der US Dünkirchen, Kontakt auf, der zu seiner Verpflichtung für ein Monatsgehalt von etwa 100 000 BFR und ein Handgeld von etwa 900 000 BFR führte. Am 27. Juli 1990 wurde außerdem ein Vertrag zwischen dem RC Lüttich und der US Dünkirchen geschlossen, der den zeitweiligen Transfer des Spielers für eine Spielzeit gegen Zahlung einer Entschädigung von 1 200 000 BFR vorsah. Zugleich wurde der US Dünkirchen eine unwiderrufliche Option auf den endgültigen Transfer des Spielers für eine Summe von 4 800 000 BFR eingeräumt. Die beiden Verträge — zwischen Herrn Bosman und der US Dünkirchen und zwischen dem RC Lüttich und

2

der US Dünkirchen – standen jedoch unter der Bedingung, daß die URBSFA der Fédération française de football den Freigabeschein vor dem 2. August 1990 übermittelte.

Da der RC Lüttich Zweifel an der Zahlungsfähigkeit der US Dünkirchen hatte, unterließ er es, bei der URBSFA die Ausstellung des Freigabescheins zu beantragen. Deshalb wurden die beiden Verträge hinfällig. Am 31. Juli 1990 sperrte der RC Lüttich außerdem Herrn Bosman und hinderte ihn dadurch während der gesamten Saison am Spielen.

Herr Bosman rief daraufhin die belgischen Gerichte an und machte geltend, daß das Gemeinschaftsrecht der Anwendung der Transferregeln und der Ausländerklauseln entgegenstehe, die seine Chancen verringern könnten, in einem anderen Mitgliedstaat verpflichtet zu werden. Im Anschluß an eine Reihe von Rechtsstreitigkeiten (Randnrn. 34 bis 48) wurde die Rechtssache der Cour d'appel Lüttich vorgelegt. Diese hat das Verfahren ausgesetzt und den Gerichtshof um Vorabentscheidung ersucht über Fragen nach der Vereinbarkeit der Transferregeln und der Ausländerklauseln mit Artikel 48 des Römischen Vertrages, in dem die Freizügigkeit der Arbeitnehmer zwischen Mitgliedstaaten der Europäischen Gemeinschaft verankert ist, sowie mit den Artikeln 85 und 86 dieses Vertrages, die die für Unternehmen geltenden Wettbewerbsregeln betreffen (Randnr. 49).

III. Urteilsgründe

A. Vorfragen und Gegenstand des Urteils

Zunächst weist der Gerichtshof einen Antrag der UEFA auf Anordnung einer Beweisaufnahme als verspätet zurück (Randnrn. 52 bis 54). Anschließend erklärt er sich für zuständig, die vorgelegten Fragen zu beantworten, wobei er eine Reihe von Einwänden der UEFA, der URBSFA und einiger Regierungen ausräumt (Randnrn. 55 bis 67).

In der Sache betrifft das Urteil des Gerichtshofes nur die Auslegung von Artikel 48 des Vertrages. Angesichts der in diesem Zusammenhang gegebenen Antworten sind die Richter der Ansicht, daß über die Wettbewerbsregeln nicht entschieden zu werden braucht (Randnr. 138).

B. Die Transferregeln

In bezug auf die Transferregeln entscheidet der Gerichtshof zunächst über die Anwendbarkeit von Artikel 48 des Vertrages auf durch Sportverbände aufgestellte Regeln (Randnrn. 69 bis 87).

Gestützt auf seine Urteile Walrave von 1974 und Donà von 1976 erinnert der Gerichtshof daran, daß die Ausübung des Sports insoweit unter das Gemeinschaftsrecht fällt, als sie zum Wirtschaftsleben gehört (Randnr. 73).

Zu diesem Punkt hatten die Sportverbände und einige Regierungen mehrere Einwände erhoben. Der Gerichtshof hält sie alle für unbegründet. Er ist insbesondere der Ansicht, daß die geltend gemachte Parallele zwischen Sport und Kultur – einem Bereich, in dem die Gemeinschaft nur beschränkte Befugnisse besitzt – unerheblich ist, da sich die Fragen des vorlegenden Gerichts auf die Freizügigkeit der Arbeitnehmer beziehen, die eine grundlegende Freiheit des Vertrages darstellt (Randnr. 78). Auch die aus der Vereinigungsfreiheit und dem Subsidiaritätsprinzip hergeleiteten Argumente sind zurückzuweisen. Der Gerichtshof stellt nämlich zum einen fest, daß die ihm zur Prüfung unterbreiteten Regeln nicht erforderlich sind, um die Vereinigungsfreiheit zu gewährleisten, und daß sie keine unausweichliche Folge dieser Freiheit darstellen (Randnr. 80), und zum anderen, daß das Subsidiaritätsprinzip nicht dazu führen darf, daß die dem einzelnen durch den Vertrag verliehenen Rechte eingeschränkt werden (Randnr. 81).

Die Richter erinnern ferner daran, daß nach dem Urteil Walrave von 1974 Artikel 48 nicht nur für behördliche Maßnahmen gilt, sondern auch für privatrechtliche Vorschriften über unselbständige Arbeit (Randnrn. 82 bis 87).

3

Der Gerichtshof prüft sodann, ob die Transferregeln eine Beeinträchtigung der Freizügigkeit der Arbeitnehmer darstellen, die nach Artikel 48 verboten ist, bei dem es sich, wie der Gerichtshof ausführt, um eine Bestimmung mit unmittelbarer Wirkung handelt, auf die sich folglich jeder vor den nationalen Gerichten berufen kann (Randnr. 93). Auf der Grundlage seiner Rechtsprechung bejaht er dies. Diese Regeln hindern die Spieler nämlich daran oder halten sie davon ab, ihre Vereine bei Vertragsablauf zu verlassen, um ihre Tätigkeit in einem anderen Mitgliedstaat auszuüben (Randnrn. 92 bis 100).

Es ist darauf hinzuweisen, daß der damit aufgestellte Grundsatz nicht für einen Spieler gilt, der innerhalb des Mitgliedstaats, dessen Staatsangehöriger er ist, von einem Verein zu einem anderen wechselt (Randnrn. 88 bis 91), und daß er nicht die Beziehungen zwischen Vereinen der Mitgliedstaaten der Gemeinschaft und Vereinen der Drittländer betrifft (Randnr. 112).

Der Gerichtshof erkennt zwar die große soziale Bedeutung des Sports und insbesondere des Fußballs an, ist aber der Ansicht, daß keinem der zur Rechtfertigung der genannten Beeinträchtigung der Freizügigkeit vorgetragenen Argumente gefolgt werden kann (Randnrn. 105 bis 114). Insbesondere sind die Transferregeln nicht geeignet, die Aufrechterhaltung des finanziellen und sportlichen Gleichgewichts in der Welt des Fußballs zu gewährleisten, da sie die reichsten Vereine nicht daran hindern, sich die Dienste der besten Spieler auf dem Markt zu sichern (Randnr. 107).

Die fraglichen Regeln sind ebensowenig geeignet, die Tätigkeit der Vereine, die für die Ausbildung der jungen Spieler sorgen, und insbesondere der kleinen Vereine zu fördern und zu finanzieren, da die Aussicht auf die Erlangung der Entschädigungen vom Zufall abhängt und die Höhe dieser Entschädigungen von den tatsächlichen Kosten unabhängig ist (Randnr. 109).

Im übrigen können die beiden fraglichen Zwecke mit anderen Mitteln erreicht werden, die die Freizügigkeit der Arbeitnehmer nicht beeinträchtigen (Randnr. 110).

C. Die Ausländerklauseln

In bezug auf die Klauseln, die die Anzahl der Spieler beschränken, die Staatsangehörige anderer Mitgliedstaaten sind, erinnert der Gerichtshof daran, daß sie nach seinem Urteil *Donà* von 1976 eine gegen Artikel 48 verstoßende unterschiedliche Behandlung darstellen (Randnrn. 116 bis 119). Insoweit spielt es keine Rolle, daß die fraglichen Beschränkungen nicht die Möglichkeit betreffen, Spieler zu verpflichten, sondern die Befugnis, die Spieler an offiziellen Spielen teilnehmen zu lassen (Randnr. 120).

Solche Beschränkungen können nur für Begegnungen zwischen den Nationalmannschaften verschiedener Länder zugelassen werden, aus Gründen, die nur mit dem Sport als solchem zusammenhängen, wie der Gerichtshof bereits im Urteil *Donà* entschieden hat (Randnrn. 127 bis 129).

Dieses Ergebnis wird nicht dadurch in Frage gestellt, daß die "3 + 2"-Regel möglicherweise mit der Europäischen Kommission ausgehandelt wurde, wie die UEFA behauptet. Die Kommission ist nämlich nicht befugt, gegen den Vertrag verstoßende Verhaltensweisen zu genehmigen (Randnr. 136).

D. Die zeitlichen Wirkungen des Urteils

Der Gerichtshof trägt dem Zustand der Unsicherheit Rechnung, der hinsichtlich der Rechtmäßigkeit der Transferregeln bestanden haben mag, sowie den Folgen, die dieses Urteil für die Vereine haben könnte, die gutgläubig Rechtsverhältnisse begründet haben. Er entscheidet daher, daß ausnahmsweise eine Rückwirkung der Auslegung ausgeschlossen ist, die er in diesem Punkt vornimmt; dies gilt nicht für Personen, die – wie Herr Bosman – rechtzeitig Schritte zur Wahrung ihrer Rechte unternommen haben.

Folglich kann das Urteil des Gerichtshofes nicht zur Stützung von Ansprüchen im Zusammenhang mit Entschädigungen, die bereits gezahlt worden sind oder die zur Erfüllung einer vor dem 15. Dezember 1995 entstandenen Verpflichtung noch geschuldet werden, herangezogen werden (Randnrn. 139 bis 145).

4

wir auch. Das Urteil bezüglich der Freizügigkeit kommt sechs Wochen zu spät, denn dann hätte ich vier Ausländer einwechseln können.«

Karl-Heinz Rummenigge, Vizepräsident des FC Bayern München: »Es ist zu befürchten, daß durch dieses Urteil das Transfersystem der Profivereine in Zukunft sehr starken Turbulenzen ausgesetzt sein wird.«

Hintergrund: Viele Vereine haben sich durch die Abtretung von Ablösesummen an die Banken Kredite besorgt. Schlußfolgerung in der ersten Hektik: Wenn die Ablösesummen weg sind, dann fordern die Banken ihre Kredite zurück, und wir sind pleite!

Schon in Luxemburg formuliere ich in Absprache mit VdV-Anwalt Horst Kletke eine Pressemitteilung, die die VdV-Geschäftsstelle an die deutschen Agenturen sid und dpa herausgibt. Auf der Rückfahrt von Luxemburg klingelt das Handy ununterbrochen. Zeitungen, Fernseh- und Rundfunkanstalten wollen Interviews und Informationen zur veränderten Rechtslage in der Fußballwelt. Das *Aktuelle Sportstudio* lädt für den Samstag nach Mainz, der *Norddeutsche Rundfunk* für die Sportsendung »N 3« am Sonntag nach Bremen, und das *Bayerische Fernsehen* will noch am Abend in einem Frankfurter Studio eine Live-Schaltung zur Nachrichtensendung »Rundschau«.

Die anfängliche Hektik weitet sich in eine monatelange Diskussion aus, in deren Mittelpunkt der Paragraph 11 rückt (siehe Seite 30 des Musterarbeitsvertrages). Die VdV-Juristen bezweifeln die Rechtmäßigkeit dieser Bestimmung, die als Folge des Bosman-Urteils und der damit einhergehenden Veränderungen im Lizenzspielerstatut wirksam wird. Viele Spieler beschweren sich, daß mittels dieses Paragraphen ihr Verein den Vertrag um ein Jahr gegen ihren Willen verlängern kann. Andererseits profitieren einige Dutzend Profis, die sich – wiederum gegen den Willen des Vereins – ein weiteres Jahr ihre Bezüge sichern.

Eine juristische Klärung steht bis heute aus. Kein deutscher Spieler war bislang bereit, in die Fußstapfen von Bosman zu treten. Hier zeigt sich das Dilemma zwischen Verbandssportrecht und staatlichem Recht besonders deutlich. Denn die Verbände können schneller sein als staatliches Recht. Wenn der DFB eine Bestimmung erläßt, dann ist diese erst einmal gültig, ob rechtswidrig oder nicht.

Vereinigung der
Vertragsfußballspieler e.V.
Schmidtstr. 12
60326 Frankfurt/Main
Tel. 0 69 / 7 39 38 50
Fax 0 69 / 7 39 38 52

(15.12.95) Stellungnahme zum Fall Bosman / Urteilsverkündigung in Luxemburg

Die Vereinigung der Vertragsfußballspieler e.V. begrüßt das Urteil des Europäischen Gerichtshofes in Sachen Bosman. Im Rahmen ihrer Mitgliedschaft in der Europäischen Spielervereinigung FIFPRO wird sich die Vereinigung der Vertragsfußballspieler an den Planungen eines Benefizspieles für Bosman, das im April 1996 in Spanien stattfinden soll, beteiligen.

Das Urteil ist mit gleichem Anspruch auf Sachgerechtigkeit und inhaltliche Sinnhaftigkeit auf nationales Recht anzuwenden. Neben dem in der vergangenen Woche beim Bundesarbeitsgericht ausgeurteilten Anspruch der Lizenzspieler auf Fortzahlung der Prämien während der Krankheitszeit stellt das Urteil des Europäischen Gerichtshofes einen weiteren Erfolg für die Interessen der professionellen Fußballspieler dar.

Vereinigung der
Vertragsfußballspieler e.V.
Jürgen Rollmann
- Präsident -

i.V. Horst Kletke
Rechtsanwalt

Eine »gewichtige« Wortmeldung

Eine anwaltliche Klärung kann dauern. Jean-Marc Bosman brauchte immerhin fünf Jahre bis zu seinem letztinstanzlichen Urteil. Die Prozesse hat er zwar gewonnen, seine Karriere aber durch die lange Spielpause verloren. Daß § 11 in den alten Spielerverträgen nicht mit dem Bosman-Urteil, also mit dem Recht auf Freizügigkeit, in Einklang steht, darin sind sich die meisten Sport-Juristen einig. Solange bekanntlich kein Spieler etwas unternimmt, gilt der im Fußball jahrelang erfolgreiche Grundsatz: »Wo kein Kläger, da kein Richter.«

Im nachhinein hat sich die Anpassung des Verbandssportrechts an das staatliche Recht keineswegs zum Totengräber des Fußballs entwickelt. Die deutschen Vereine solidarisierten sich, um bei der Umsetzung des Bosman-Urteiles Zeit zu gewinnen, außerdem waren die Ablösesummen mit dem Luxemburger Richter-Spruch nicht auf einen Schlag verschwunden, sondern weiterhin existent für den Fall, daß ein Spieler trotz eines laufenden Vertrages den Verein wechselt. Im übrigen halte ich das Gejammere vieler Fußball-Funktionäre über die jüngste Ausländerflut in der deutschen Bundesliga, die angeblich dem Nachwuchs die Plätze versperrt, für doppelzüngig. Zwingt denn das Bosman-Urteil oder ein Gericht die Bundesliga-Vereine zum Kauf von ausländischen Spielern?

Nach dem Recht auf freie Arbeitsplatzwahl nach Vertragsende, das die VdV durch ihre Solidarität mit Bosman über ihre FIFpro-Mitgliedschaft mitgeholfen hat durchzusetzen, gelingen der VdV zwei weitere juristische Klärungen, von denen alle in Deutschland beschäftigten Lizenzspieler oder Vertragsamateure zukünftig profitieren.

Im Dezember 1995 befindet das Bundesarbeitsgericht Kassel in einem Prozeß, den die Spieler Gerd Dais (Waldhof Mannheim) und Stefan Brasas (Stuttgarter Kickers) gegen ihre ehemaligen Arbeitgeber angestrengt haben, daß zur Lohnfortzahlung im Krankheitsfall alle Prämien gehören.

Immer wieder kommt es bis zum 6. Dezember 1995 über die korrekte Lohnfortzahlung zu Streitigkeiten zwischen Spielern und Vereinen. Einerseits haben die Vereine in den vergangenen Jahren das wirtschaftliche Risiko auf die Spieler übertragen, indem sie nicht mit garantierten Gehältern, sondern in einer Mischung aus Grundgehalt, Einsatzprämie, Jahresleistungsprämie und Punkteprämie entlohnen – damit ist sichergestellt, daß ein Spieler nur dann gut verdient, wenn er spielt.

Andererseits meinten einige Vereinsverantwortliche, bei der sechswöchigen Lohnfortzahlung im Krankheitsfall nur das Grundgehalt berücksichtigen zu müssen. Schließlich wären Einsatzprämien und Punkteprämien unsinnig, da der betreffende Spieler ja nicht spielen würde. Eine unsinnige Schlußfolgerung, die seit dem Urteil vom 6. Dezember 1995 keiner Diskussion mehr bedarf.

Hohe Wellen schlug auch die Diskussion um das Urlaubsentgelt (Definition siehe Anhang Sportrecht Seite 191) für Profi-Fußballspieler. Wie schon

Ausfertigung

Eingegangen
EB
20. FEB. 1996
RA█████

5 AZR 237/94
----
13 Sa 3/93 Baden-Württemberg

Verkündet am
6. Dezember 1995

Im Namen des Volkes!

U r t e i l

█████,
Amtsinspektor
als Urkundsbeamter
der Geschäftsstelle

In Sachen

des ████████████████████████████████

ten durch den Vorstand, ██████ ████████

Beklagten, Berufungsklägers und Revisionsklägers,

Prozeßbevollmächtigter: Rechtsanwalt ████████████

g e g e n

Herrn ████████ ████████ ████████

Kläger, Berufungsbeklagten und Revisionsbeklagten,

Prozeßbevollmächtigter: Rechtsanwalt████████████

████████████

hat der Fünfte Senat des Bundesarbeitsgerichts aufgrund der münd-

lichen Verhandlung vom 6. Dezember 1995 durch den Vorsitzenden

Richter ████████, die Richter ████████████████ sowie

die ehrenamtlichen Richter ████ und ████████ für Recht erkannt:

> 1. Die Revision des Beklagten gegen das Urteil
>   des Landesarbeitsgerichts Baden-Württemberg
>   vom 21. Oktober 1993 - 13 Sa 3/93 - wird zu-
>   rückgewiesen.

- 2 -

Wieder ein Teilerfolg für die Fußball-Profis – das Urteil in Sachen fortzuzahlendes Arbeitsentgelt

- 7 -

c) Hinsichtlich der Frage, in welchem Umfang Einsatzprämien als
fortzuzahlendes Arbeitsentgelt weiter zu zahlen sind, ist auf eine hypothetische Betrachtung des Zeitraums der krankheitsbeding-
ten Arbeitsunfähigkeit abzustellen (Lohnausfallprinzip). Nach
§ 616 Abs. 1 und Abs. 2 BGB a.F. soll der Angestellte diejenige
Vergütung erhalten, die er verdient hätte, wenn er nicht aus
Krankheitsgründen an der Leistung der Dienste verhindert gewesen
wäre; er soll nicht besser, aber auch nicht schlechter gestellt
werden, als wenn er in dieser Zeit gearbeitet hätte. Dieses Lohnausfallprinzip ist grundsätzlich auch anzuwenden, soweit es um
spielbezogene Prämienregelungen im Berufsfußball geht (vgl. im
einzelnen: Senatsurteil vom 6. Dezember 1995 - 5 AZR 237/94 -,
zur Veröffentlichung vorgesehen).

von mir im Fall des MSV Duisburg detailliert geschildert, haben auch andere Vereine den Spielern in den vergangenen Jahren juristische Mogelpackungen untergeschoben.

Über einhundert Prozesse resultierten aus dem gesetzlich verankerten Anspruch, den die VdV Ende der 80er Jahre auch für die Fußballspieler gegen alle Widerstände bis zum Bundesarbeitsgericht geltend machte. Notiz von der jahrelangen Auseinandersetzung nimmt die breite Öffentlichkeit aber erst durch den Prozeß des Mönchengladbacher Profis Karl-Heinz Pflipsen. Der erstreitet im Februar 1997 gerichtlich von seinem Arbeitgeber die Zahlung von 115 000 Mark Urlaubsentgelt für die Jahre 1994, 1995 und 1996.

Obwohl Pflipsen dann »freiwillig« auf DM 30 000 zugunsten des Vereins verzichtet, bezeichnet ihn Borussen-Manager Rolf Rüßmann öffentlich als charakterlos und zieht große Teile der gleichzeitig miserabel informierten wie recherchierenden Medien auf seine Seite. Als die Mönchengladbacher Zuschauer beim folgenden Heimspiel Pflipsen gnadenlos auspfeifen und mit falschen Hundertmarkscheinen wedeln, ist dieser nervlich so fertig, daß er den soeben erstrittenen Geldbetrag spenden will.

In einem langen Telefongespräch kann ich ihn davon abbringen und überzeugen, daß dieser Schritt nur eine billige PR-Nummer wäre und seine Standhaftigkeit notwendig sei, um vielleicht endlich den VdV-Vorschlag durchzusetzen, im Musterarbeitsvertrag eine saubere juristische Formulierung zu erreichen.

Die Entschärfung des Themas Urlaubsentgelt war bereits Gegenstand meines ersten Gespräches als VdV-Präsident mit den DFB-Angestellten Wilfried Straub und Justitiar Götz Eilers Ende 1994 in Frankfurt. VdV-

Bestätigung DFB

§ 6   Urlaub

Der Spieler hat Anspruch auf einen Jahresurlaub von 24 Werktagen. Als Werktage gelten alle Kalendertage, die nicht Sonn- oder gesetzliche Feiertage sind.

Der Urlaub ist in der pflichtspielfreien Zeit zu nehmen und zum Zwecke der Erholung zu nutzen. Pflichtspiele sind Vereinsmeisterschafts- und Vereinspokalspiele des DFB sowie europäische Vereinswettbewerbsspiele. Der Zeitpunkt des Urlaubs ist mit dem Verein abzustimmen.

Der Verein ist berechtigt, auch einen außerhalb einer Spielpause liegenden Zeitpunkt festzusetzen, wenn dringende Belange des Vereins dies erforderlich machen.

Soweit § 11 Abs. 1 BUrlG nicht zwingend ein anderes bestimmt, gilt für die Berechnung des Urlaubsentgeltes folgendes:

Das Urlaubsentgelt bemißt sich nach dem durchschnittlichen Arbeitsverdienst, den der Spieler in den letzten 13 Wochen vor Beginn des Urlaubs erhalten hat. Gegebenenfalls sind neben dem Grundgehalt in diesem Zeitraum gezahlte Prämien mit zu berücksichtigen, soweit sie Lohnbestandteil sind. Sollten dem Spieler mehr als 24 Urlaubstage gewährt werden, so berechnet sich ab dem 25. Urlaubstag das Urlaubsentgelt lediglich aus aus dem Grundgehalt.

Klare Aussagen im neuen Musterarbeitsvertrag des Deutschen Fußball-Bundes zu Urlaub und Krankheit – da freut sich der Fußball-Profi

Ein Anspruch auf Urlaubsgeld besteht nicht.

Auf die Bestimmung des § 12 Abs. 6 wird ausdrücklich verwiesen.

§ 7   Krankheit

a) Der Spieler versichert sich auf seine Kosten gegen Krankheit. Er erhält vom Verein einen Zuschuß zum Krankenversicherungsbeitrag nach den gesetzlichen Bestimmungen.

Der Spieler hat jeden Fall der Arbeitsunfähigkeit unverzüglich dem Verein mitzuteilen und binnen drei Tagen eine ärztliche Bescheinigung vorzulegen.

b) Verletzt sich der Spieler oder erkrankt er anderweitig, ohne daß ihn hieran ein Verschulden trifft, so hat er Anspruch auf Fortzahlung seiner Vergütung nach den gesetzlichen Bestimmungen (§ 3 Entgeltfortzahlungsgesetz). Der Anspruch auf Lohnfortzahlung umfaßt neben dem monatlichen Grundgehalt gegebenenfalls auch die für die jeweiligen Pflichtspiele im Zeitraum von sechs Wochen ab Arbeitsunfähigkeit gezahlten Prämien nach der Prämienordnung des Vereins für Lizenzspieler, soweit sie Lohnbestandteil sind. Nach Ablauf der gesetzlich vorgeschriebenen Frist von sechs Wochen entfallen für die weitere Dauer der Erkrankung die Ansprüche auf die vereinbarten Vergütungen.

Hat der Spieler danach Anspruch auf Fortzahlung der Vergütung im Falle der Arbeitsunfähigkeit, so erhält er Prämienzahlungen nach Maßgabe der folgenden Regeln:

- bei einem Spieleinsatz in sämtlichen dem Beginn der Arbeitsunfähigkeit vorangegangenen fünf Pflichtspielen: 100% der Prämien, die ihm bei Spieleinsätzen während des Lohnfortzahlungszeitraumes zugestanden hätten;

- bei vier Spieleinsätzen in den der Arbeitsunfähigkeit vorausgegangenen fünf Pflichtspielen: 80% der Prämien

- bei drei Spieleinsätzen in den der Arbeitsunfähigkeit vorausgegangenen fünf Pflichtspielen: 60% der Prämien

- bei zwei Spieleinsätzen in den der Arbeitsunfähigkeit vorausgegangenen fünf Pflichtspielen: 40% der Prämien

- bei einem Spieleinsatz in den der Arbeitsunfähigkeit vorausgegangenen fünf Pflichtspielen: 20% der Prämien

- ohne Spieleinsatz in den letzten der Arbeitsunfähigkeit vorausgegangenen fünf Pflichtspielen: Keine Prämie.

Sind zum Beginn der Arbeitsunfähigkeit noch keine fünf Pflichtspiele ausgetragen worden, erhält der Spieler 100% der Prämien, wenn er in der Hälfte der bis dahin ausgetragenen Pflichtspiele eingesetzt worden ist, andernfalls 50%.

Als Spieleinsatz gilt eine Einsatzdauer von mindestens 45 Minuten.

c) Wird der Spieler ausnahmsweise und aus wichtigem Grund (z.B. wegen auswärtiger Erkrankung oder Verletzung) nicht vom Vereinsarzt selbst behandelt, so gestattet er dem Vereinsarzt oder einem vom Verein beauftragten Arzt die diesem notwendig erscheinende Untersuchung, die Einholung von Auskünften und sonstige zweckmäßig erscheinende Rückfragen oder Maßnahmen. Insoweit befreit er schon jetzt die behandelnden Ärzte ausdrücklich von der ärztlichen Schweigepflicht.

Auf die Bestimmung des § 12 Abs. 6 wird ausdrücklich verwiesen.

Anwalt Horst Kletke hatte daraufhin 1995 eine Formulierung zu diesem Problemfeld erarbeitet, die aber der DFB bis zum Fall Pflipsen unbeantwortet in der Schublade gelassen hatte.

Mittlerweile gibt es seit Juni 1997 einen modernisierten Musterarbeitsvertrag, an dessen Erarbeitung neben den DFB-Vertretern auch VdV-Juristen beteiligt waren. Ohne § 11, mit klareren Formulierungen zu Lohnfortzahlung und Urlaubsentgelt. Damit sind seit der VdV-Gründung 1987, die der ehemalige Bremer Vertragsspieler Benno Möhlmann initiierte, immerhin zehn Jahre vergangen, um erstmals zu einem effizienten Arbeits-Verhältnis zum DFB zu finden.

In England gehört die Zusammenarbeit zwischen der Spielergewerkschaft P.F.A. (The Professional Footballers' Association) und dem nationalen Verband F.A. längst zur Normalität. Allerdings ist zu bedenken, daß die P.F.A. bereits seit Anfang des 20. Jahrhunderts existiert.

In einer Information der P.F.A. ist zu lesen: »Dank dem Fleiß seiner Vorstandsmitglieder wuchs die P.F.A. während ihres Bestehens ständig in Ansehen und Format. Der Verband wandte sich gelegentlich an die Gerichte des Landes, um seine Ziele zu erreichen.«

Die Phase der grundsätzlichen Gerichtsgänge hat die deutsche VdV hoffentlich abgeschlossen. Denn alle arbeitsrechtlichen Errungenschaften wie Urlaubsentgelt, Lohnfortzahlung oder Ablösefreiheit nach Vertragsende konnten nur durch harte juristische Auseinandersetzungen erkämpft werden.

Eigentlich sollte es selbstverständlich sein, daß in den Gremien des DFB, wie beispielsweise dem Liga-Ausschuß, die über die Belange der Spieler entscheiden, auch die Spielervertretung ein Mitsprache- und Mitbestimmungsrecht bekommt. Dies ist eine zentrale Aufgabe für das zweite VdV-Jahrzehnt, denn noch sträubt sich der DFB gegen eine Institutionalisierung der VdV im Liga-Ausschuß.

Bleiben wir beim Beispiel England, um zu sehen, daß ein vernünftiges Miteinander durchaus zu guten Ergebnissen führen kann. Gegründet am 2. Dezember 1907, hat die P.F.A. zur Zeit etwa 3 500 Mitglieder. Bestehend aus Berufsspielern der Premier League (entspricht der 1. Bundesliga) und der Football League (Zusammenschluß der vier höchsten Fußballklassen), der Youth Trainees (Nachwuchsspieler) sowie zu einem geringeren Teil aus halbprofessionellen Spielern, die Nicht-Liga-Klubs angehören.

Die P.F.A. hat eigene Rechtsberater, eine Finanzverwaltung und einen Pensionsfonds. Zu den Pflichten der P.F.A. gehören die Förderung und Wahrung der Interessen der Mitglieder bei Verhandlungen mit den übergeordneten Fußballbehörden – der Football Association, der Premier League und der Football League – mit dem Ziel, sämtliche Einschränkungen zu beseitigen, die sich nachteilig auf die rechtliche, soziale und finanzielle Lage aller Spieler auswirken, sowie stets ihre Rechte zu wahren.

Bei Bedarf bietet der Verband kostenlosen Rechtsschutz und Rechtsbeistand bei allen Gerichtsverfahren, die sich aus beruflichen Engagements von Mitgliedern ergeben, und er kann ein Mitglied im Falle einer Berufung oder disziplinarischen Anhörung, die von den Fußballbehörden angestrengt wurde, vertreten.

Die P.F.A. ist bei der letzten Fußball-Berufungsinstanz vertreten, die Ansprüche auf Vertragsgelder, disziplinarische und Transferfragen regeln läßt. Die P.F.A. hilft auch Mitgliedern, die nach Ablauf eines Vertrages neue Engagements suchen, und sie berät Mitglieder, die dabei sind, neue Verträge zu verhandeln.

Wie mächtig die P.F.A. ist, zeigt ein Ereignis aus dem Jahr 1996. Als ihre Beteiligung an den Fernsehgeldern gekürzt werden soll, droht die P.F.A. mit Streik – die Zahlungen bleiben unverändert.

Daß Berufssportlern auch das Recht auf Streik zusteht, ist unbestritten. In Italien ließ die italienische Spielergewerkschaft kurzerhand einen Spieltag ausfallen, als verschiedene Forderungen, die die Arbeitsbedingungen (Umsetzung des Bosman-Urteils, Gehaltsfonds für Spieler aus der Dritten Liga) betrafen, nicht erfüllt wurden.

In Deutschland wurde dieses Thema rund um die Delegiertenversammlung im November 1996 ebenfalls öffentlich diskutiert. Allerdings ist die VdV keine Gewerkschaft und kann als eingetragener Verein (e.V.) mit entsprechender Vereins-Satzung gar nicht zum Streik aufrufen, selbst wenn die Spieler es wollten.

Zwei weitere Zahlenbeispiele zum organisatorischen Unterschied zwischen der Spielerorganisation von der Insel und der aus der Schmidtstraße 12 in Frankfurt: Während die P.F.A. über fünf Jahre alleine über 50 Millionen Mark an Fernsehgeldern kassiert, finanziert sich die VdV nahezu ausschließlich aus Mitgliedsbeiträgen. Die Beiträge sind nach Spielklasse und Verdienst gestaffelt und bringen insgesamt jährlich knapp 500 000 Mark in die Kasse.

Von diesem Betrag, der sich geringfügig über Sponsorengelder erhöht, muß alles bezahlt werden: Miete für die Geschäftsstelle, Büromaterialien, Angestellte, Dienstwagen oder die Kosten für das vierteljährlich erscheinende Verbandsmagazin »Wir PROFIS«.

Auch die Entlohnung des Präsidiums unterscheidet sich gravierend. Die Präsidiumposten der VdV sind Ehrenämter, wogegen Gordon Taylor sich als hauptberuflicher P.F.A-Chef über ein jährliches Einkommen im hohen sechsstelligen Bereich freuen darf.

Interessant ist auch ein Blick auf weitere Leistungen, die die P.F.A. ihren Mitgliedern bietet. Da gibt es den »Benevolent Fund«, eine Wohlfahrtskasse, die bei Bedarf zeitweilige finanzielle Hilfe für jedes frühere oder jetzige Mitglied oder dessen Angehörige leistet, oder den »Death Benefit« (Hinterbliebenenleistung), die im Falle des Todes dem engsten Verwandten gezahlt wird.

Fußballspieler, die der Football League und Premier League angehören, sind aufgrund des »Player's Accident Insurance Scheme« rentenversichert. Die betreffenden Mitglieder haben auch Anspruch auf ein Anerkennungsspiel und eine Pauschalzahlung, die dem anteiligen Wert von mindestens sechs Monaten des Vertragswerkes entspricht. Die P.F.A. zahlt einen Subventionsbetrag an die Premier League und die Football League, um sicherzustellen, daß jeder Fußballspieler eine private Krankenversicherung und unverzüglichen Zugang zur bestmöglichen Behandlung hat. Mitglieder, die Nichtliga-Clubs angehören, sind über die P.F.A. über den »Accident Fund« versichert, der in den Fällen in Anspruch genommen wird, in denen Mitglieder gezwungen sind, aufgrund von Verletzungs-Folgen berentet zu werden.

Die Weiterbildungs- und Berufsbildungsgesellschaft »The Footballers' Further Education & Vocational Training Society Limited« wurde 1980 gegründet. Sie ist ein eingetragener Wohltätigkeitsverein, der gemeinsam von der P.F.A., der Football League, der Football Association und der Premier League finanziert wird. Die Gesellschaft leistet Hilfe für Fußballspieler, die sich auf eine berufliche Laufbahn nach der Fußball-Karriere vorbereiten wollen. Hilfe wird auch ehemaligen Berufsfußballern gewährt. Mitglieder, die unter 21 Jahre alt sind, sowie arbeitslose Mitglieder erhalten Vollstipendien. Verschiedene Kurse theoretischer und praktischer Art werden häufig in Zusammenhang mit örtlichen Colleges für Fußballspieler organisiert.

Die P.F.A., die Football League und die Premier League sind des weiteren Gemeinschaftstreuhänder des beitragsfreien Bargeldleistungsprogramms für Fußballspieler, das seit 1980 existiert. Das Programm wird durch eine fünfprozentige Abgabe auf die Ablösesumme finanziert und dient der Leistung von Pauschalbeträgen an Mitglieder, die im Alter von 35 bis 40 Jahren oder wegen einer Verletzung noch früher mit dem Berufsfußball aufhören. Die Zahlung wird steuerfrei geleistet und ist abhängig von der Anzahl der Profi-Jahre sowie vom Verdienst in der Football League/Premier League. Im Todesfall wird eine Summe bis zum Vierfachen des Verdienstes des Fußballers bezahlt, jedoch nur bis zu einem Höchstbetrag von 800 000 englischen Pfund (ca. 2,5 Millionen Mark).

Damit nicht genug. Die P.F.A. und die Football League sind Gemeinschaftstreuhänder des »Players' Retirement Income Scheme«, das 1986 geschaffen wurde. Das Programm wurde mit Billigung der Finanzverwaltung von der P.F.A. und der Football League organisiert. Es ist das wirkungsvollste beitragspflichtige private Rentenprogramm, das für alle hauptamtlichen Profifußballer zur Verfügung steht.

Mit einem Bargeldleistungsprogramm oder anderen geldwerten Leistungen, die die P.F.A. ihren Mitgliedern aufgrund ihrer enormen Finanzkraft anbietet, kann die VdV auf absehbare Zeit sicherlich nicht konkurrieren. Die Entwicklung des Berufsverbandes in den vergangenen Jahren darf die deutschen Berufsfußballspieler dennoch durchaus optimistisch stimmen. Über Lohnfortzahlung im Krankheitsfall, Urlaubsentgelt oder die Freizügigkeit bei der Wahl des Arbeitsplatzes braucht nicht mehr gestritten zu werden.

Der Informationsfluß zu den ausländischen Spielervereinigungen ist mit der FIFpro-Mitgliedschaft seit 1995 gesichert. Da die FIFpro gegenüber UEFA und FIFA die Spielerinteressen wahrnimmt, werden international auch die der deutschen Fußballer verfolgt. Und nur dadurch, nämlich der Interessenvertretung gegenüber nationalen wie internationalen Fußballverbänden, legitimiert sich eine Spielervereinigung/Spielergewerkschaft und verdient die Solidarität der Spieler.

VdV-Dienstleistungen wie die Abteilung »Versicherungen und Vorsorge«, das »Coaching-Telefon«, die Sportseelsorge, eine Einkaufsgemeinschaft, die kostenlose Beratung zu Fragen der Gesetzlichen Unfall- und Rentenversicherung, die beitragsfreie Aufnahme der Jugendspieler oder die VdV-

»Sportlerhilfe« sind neben den oben beschriebenen Aufgaben nur »Begleitmusik«.

Schade nur, daß der Solidaritätsgedanke bei vielen hochklassigen deutschen Spielern wie Matthias Sammer, Stefan Reuter, Stefan Effenberg, Heiko Herrlich oder Thomas Häßler scheinbar nicht besonders ausgeprägt ist. Denn diese Spieler haben bislang nicht mit ihrem Mitgliedsbeitrag die Arbeit der VdV unterstützt, sondern stillschweigend die von anderen Kollegen erkämpften Leistungen genutzt und von der Arbeit der durch Mitgliedsbeiträge finanzierten VdV-Mitarbeiter profitiert. Von den Gehaltssprüngen nach oben, die das Bosman-Urteil Sammer und Co. ermöglichte, ganz zu schweigen. Vielleicht liegt es aber gar nicht an fehlender Solidarität, sondern einfach nur an der begrenzten Wahrnehmungsfähigkeit einiger Spieler ...

So beschwerte sich der »Fußballer des Jahres 1997« Jürgen Kohler, ebenfalls Nicht-VdV-Mitglied, in der *Sport-Bild*-Ausgabe Nr. 22 vom 27. Mai 1997 über die Belastung in der Bundesliga, über die »Leute, die beim DFB am Tisch sitzen. Die denken nur über normale Spieler nach, die im Sommer schön fünf Wochen Urlaub haben. Aber die meisten Nationalspieler spielen bei den Top-Klubs, die zusätzlich am Europapokal teilnehmen. Da ist doch klar, daß da mehr Verletzungen auftreten.« Kohler forderte eine Anlehnung an Italien, da hätten die Spieler genügend Regenerationszeit, »deshalb frage ich mich, warum das bei uns nicht geht«.

»Wie denken die Kollegen«, fragte *Sport-Bild* weiter. Kohler: »Der Großteil der Nationalspieler sieht es genauso. Aber wir sind machtlos. Es wird etwas vorgeschlagen, dann kommen die Bundesliga-Manager dazu, und dann wird etwas beschlossen. Wir Spieler werden gar nicht eingebunden, müssen aber hinterher den Kopf dafür hinhalten. Mit denen vom DFB sitzen wir gelegentlich am Tisch und reden darüber. Auch mit Bundestrainer Berti Vogts haben wir gesprochen. Er ist auf unserer Seite. Aber es verändert und verbessert sich nichts.«

Daß die Spieler als wichtigster Teil des Fußball-Business natürlich etwas verändern können, sofern sie sich solidarisieren und ihre Wünsche und Sorgen auf dem formal richtigen Weg formulieren, bewiesen nicht nur die Engländer und die Italiener. In Spanien wollte der Verband 1996 einen zusätzlichen Spieltag auf den zweiten Weihnachtstag ansetzen. Die Spielergewerkschaft A.F.E. wehrte sich letztendlich erfolgreich. Statt zu spielen, mampften die spanischen Profis in Ruhe Weihnachtsspezialitäten und durften die geschundenen Füße hochlegen.

In Deutschland bestimmt den Terminplan maßgeblich der DFB-Liga-Ausschuß. Solange in dieses Gremium keine Spielervertretung Argumente einbringen und mitbestimmen kann, wird Jürgen Kohler vielleicht nochmal am Heiligabend grätschen müssen, weil nach Meinung irgendwelcher Funktionäre nur noch der neue »Christkindel-Pokal« die Liquidität der Vereine und damit die Zahlung der hohen Spielergehälter gewährleistet ...

Anerkennenswert ist dagegen das Engagement von Jürgen Klinsmann für seine Kollegen. Trotz seiner langen Auslandsaufenthalte zahlte er immer pünktlich seinen Mitgliedsbeitrag und unterstützte während seiner Zeit bei Bayern München auch aktiv die Arbeit der VdV. Er ermöglichte unter anderem auch, daß VdV-Vertreter erstmals im Trainingslager der Nationalmannschaft über die vielfältigen Arbeitsaufgaben berichten konnten.

Auch Spieler wie Steffen Freund, Bruno Labbadia oder die sich als VdV-Ansprechpartner in ihren Mannschaften engagierenden Mitglieder haben nicht vergessen, daß ihrer Karriere ein beschwerlicher Lehrweg vorausgegangen ist, und daß viele Spieler in Regionalliga, 2. Liga und auch 1. Liga mitunter der öffentlichen Unterstützung prominenter Kollegen bedürfen, um Verbesserungen der Arbeitsbedingungen durchzusetzen.

STATEMENT
Horst Kletke, Rechtsanwalt, Frankfurt

»Warum die VdV am 15. 06. 1987 in Offenbach gegründet wurde? Die wesentliche Initiative ging von Benno Möhlmann und Stefan Lottermann aus. Zu den 25 Gründungsmitgliedern zählten beispielsweise die heutigen Bundesliga-Trainer Ewald Lienen und Frank Pagelsdorf, die später auch als Vizepräsidenten den Aufbau der VdV begleiteten.

Vom Selbstverständnis her sollte die VdV Repräsentant der Berufsgruppe in der Öffentlichkeit sein, insbesondere gegenüber den Vereinen und dem DFB. Gleichzeitig wurde die Vorstellung verfolgt, ein möglichst umfangreiches Dienstleistungsprogramm für die Mitglieder zu entwickeln. Die VdV war und ist deshalb ein Berufsverband und keine Gewerkschaft – trotz der vielen falschen Benennungen.

Die VdV hat sich seit ihrer Gründung um diese Ziele bemüht und dabei auch beachtliche Erfolge erzielt. Entscheidende Bedeutung hatte und hat bei allen Anstrengungen insoweit jedoch stets das Zusammenwirken der VdV und ihrer Mitglieder. Jede Interessenvertretung lebt entscheidend von der Mitwirkung der Betroffenen. Ohne aktive Teilnahme der Mitglieder ist eine effektive Verbandsarbeit der VdV nicht möglich. Darin liegt gleichzeitig die wichtige Chance der Selbstbestimmung. Nur der, der sich Gedanken über sich und seine Situation macht, kann auch urteilen und unterscheiden. Und darauf kommt es an. Jeder Spieler muß selbst für sich wissen und entscheiden, wie er seine Möglichkeiten nutzt und gestaltet bzw. gestaltet haben will. Die Auswahl trifft der Spieler – und jeder Interessenvertreter, auch die VdV, muß so ihre Aufgabenstellung erhalten, und nicht umgekehrt.

Die Beherzigung dessen erscheint mir bedeutsam, denn die Eigenverantwortung der Spieler und VdV-Mitglieder läßt sich durch nichts ersetzen und ist eine nicht wegdenkbare Voraussetzung für die künftige Arbeit der VdV.«

13. Kapitel

Der Ausblick

Eine Umfrage unter den VdV-Mitgliedern ergab, daß sich die meisten Spieler große Sorgen über die Zeit nach ihrer Karriere machen. Denn die Anzahl der Profis, die nach dem Abtritt von der Fußballbühne ihren Namen weiter nutzbringend verkaufen können, ist klein. Für den starken rechten oder linken Fuß zahlt keine Firma in der freien Wirtschaft ein dickes Monatsgehalt. Abrupt kommt es nicht mehr auf das Kopfballspiel, sondern auf den Kopf an sich an.

In der Regel liegen zwischen Schulabschluß und Ausbildung viele Jahre. Das früher erworbene Wissen ist wertlos geworden. Die Schulterklopfer klopfen nicht mehr. Der Lebensstandard soll gehalten werden. Die Einnahmen stehen von einem Tag auf den anderen bei Null. Selbst für viele Spieler, die finanzielle Rücklagen schaffen konnten, bereitet das Finden des richtigen Betätigungsfeldes für die zweite berufliche Lebenshälfte erhebliche Probleme.

Dabei bringt der Leistungssportler hervorragende Grundvoraussetzungen mit, die sich auch auf andere Berufe übertragen lassen: Die Fähigkeit zu kämpfen und sich durchzusetzen, unter Druck Leistung erbringen zu können, Teamfähigkeit, ein gutes Körpergefühl, schnelle Entscheidungen treffen und dabei auch seinen Instinkten folgen zu können, Disziplin, das Umsetzen von Taktik und Strategien. All das sind unbestritten Fähigkeiten, die viele erfolgreiche Menschen auszeichnen, egal in welcher Branche sie tätig sind. Vorausgesetzt, diese Fähigkeiten werden von einer gereiften Persönlichkeit getragen, die parallel zur sportlichen Leistung entwickelt wurde.

Wenn man vorher zu den Erfolgreichsten in seinem Beruf gehört hat, stellt sich die Frage: Wie kann man damit leben, in Zukunft möglicherweise nur einer unter vielen zu sein? Kein Mensch möchte die Erfolgsleiter nach unten steigen. Dabei wird jedoch häufig der Fehler gemacht, Erfolg ausschließlich mit der Höhe des Einkommens gleichzusetzen. Aber keiner der

Sportler wäre im Profifußball so weit gekommen, wenn von Anfang an Geld an erster Stelle gestanden hätte.

Es ist kaum zu glauben, aber eine Vielzahl von ehemals tollen, populären Spielern strauchelte im Privatleben verheerend.

Manager Uli Hoeneß brachte beispielsweise Bundesliga-Rekordtorschütze Gerd Müller wieder auf die richtige Bahn, indem er dem lange Jahre schwer alkoholkranken »Bomber der Nation« eine Entziehungskur und eine Aufgabe im Trainerstab des FC Bayern München verschaffte.

Das Schalker Fußball-Idol Reinhard »Stan« Libuda hatte ähnliche Probleme. Aber keine Freunde von der Qualität eines Uli Hoeneß und alleingelassen nicht die Kraft, wieder festen Boden unter die Füße zu bekommen. Schalkes Ex-Trainer Rudi Gutendorf besuchte den 22maligen Nationalspieler, der im August 1996 einsam und unglücklich im Alter von 52 Jahren starb, als der nach Karriere-Ende den Tabakladen von Ernst Kuzorra gepachtet hatte: »Ich sah einen deprimierten Mann in einem nach Tabak stinkenden Kasten, vielleicht 16 Quadratmeter groß, und Schalke hat nicht die geringsten Anstrengungen gemacht, ihn da rauszuziehen ...«

Andreas Sassen (Hamburger SV, Uerdingen), Jürgen Sobieray (Schalke 04), Erwin Kostedde (Kickers Offenbach, Werder Bremen), Jürgen Wegmann (Bayern München, Borussia Dortmund) – nur ein kleiner Auszug von Namen, deren berufliche und private Probleme bereits in der Öffentlichkeit diskutiert wurden.

Auch Uli Borowka produzierte Schlagzeilen wegen angeblicher Ehe-, Alkohol- und Finanzprobleme. Ausgerechnet mein früherer Mannschaftskamerad von Werder Bremen, dem die Fans immer zu Füßen lagen, stürzte trotz jahrelangem Top-Verdienst und gesellschaftlicher Anerkennung in eine tiefe Lebenskrise, als seine Zeit in Bremen unwiderruflich abgelaufen war.

Aber wie ist zu helfen? Mit finanziellen Gaben aus diversen Sozialfonds der Sportverbände? Das wäre nur ein Tropfen auf den heißen Stein. Meiner Meinung nach kann und muß die nachfußballerische Zeit schon vor Beginn des ersten Profi-Vertrages geplant werden. Bei einem abzusehenden Zeitraum von durchschnittlich zehn bis zwölf Jahren, die einem Profi zur Ausübung des Traumberufes zur Verfügung stehen, ist diese Planung möglich.

Es fehlen jedoch die Strukturen. Bislang wird sportlich vom DFB und den meisten Vereinen hervorragend gearbeitet. Deutschland gehört seit Jahrzehnten zu den führenden Fußball-Nationen der Welt. Alles andere rund um den Beruf Fußball-Profi bleibt allerdings dem Zufall und meist windigen Beratern überlassen, die die attraktive Berufsgruppe vor zwanzig Jahren entdeckten und immer intensiver ins Visier nehmen.

Die Jugendlichen bekommen vielleicht die DFB-Slogans »Keine Macht den Drogen« oder »Fair geht vor« in zahlreichen Trainingslagern, Fernsehspots oder auf Trainingsanzügen zu sehen, in wirtschaftlichen, rechtlichen und versicherungstechnischen Fragen fehlt die organisierte Unterstützung. Nicht jeder Nachwuchs-Kicker hat einen Bankkaufmann zum Papa wie der Stuttgarter Profi Thomas Berthold.

Dabei gibt es realisierbare Lösungsansätze. Der Deutsche Sport-Bund (DSB) beschäftigt an seinen Olympiastützpunkten sogenannte Laufbahnberater. Diese Personen kümmern sich um alles, was die Sportler neben ihrem Sport belastet. Die Vereinbarkeit zwischen Schule oder Berufsausbildung mit dem zeitaufwendigen Training und Wettkampf, die Wohnungssuche, das Eingliedern in das Berufsleben nach der Laufbahn.

Die Laufbahnberater werden vom DSB bezahlt und haben somit nicht den Zwang, mit dem Athleten Geld zu verdienen, ihn also von einem Verein zum anderen zu transferieren oder sittenwidrige Verträge abzuschließen, um am Gehalt zu partizipieren. Bei der Finanzkraft des DFB, der auch schon einmal zwei Millionen Mark zur »Motivation der Basisarbeit in der Talentförderung« (!) bereitstellt, wäre es kein Problem, fünf Laufbahnberater mit einem Jahresgehalt von vielleicht 150 000,- Mark anzustellen, die bundesweit agieren und sich um das Wohl und Wehe der Spieler kümmern.

Die Spieler hätten wiederum die Gewähr, daß diese ausgesuchten Leute finanziell unabhängig und keine Provisionsjäger sind. Sie könnten sich ihnen voll und ganz anvertrauen. Die Laufbahnberater wiederum könnten die bestehende Infrastruktur des DFB und der VdV nutzen und mit beiden Institutionen eng zusammenarbeiten. Alleine die Spielervermittlung verschlingt jedes Jahr Millionenbeträge, die von den Vereinen zu ihrem eigenen Vorteil wesentlich sinnvoller verwendet werden könnten. Denn auch bei der Spielervermittlung könnten die Laufbahnberater nützlich sein. Dieser Service wäre dann nämlich weitgehend kostenfrei zu leisten. Die Jahresgehälter der Laufbahnberater würden sich alleine auf diesem Gebiet schnell amortisieren.

Der Spieler, der sich trotz DFB, Laufbahnberatern und VdV noch einen eigenen Berater zulegen möchte, der kann das tun, sollte diesen dann aber auch selbst bezahlen. Denn die jetzige Praxis ist schlichtweg schizophren: Der Spieler nimmt sich einen Berater, der die Interessen des Spielers gegenüber einem Dritten, dem Verein, wahrnimmt. Bezahlt wird der Berater aber in der Regel nicht von seinem Auftraggeber, dem Spieler, sondern vom Verein!

Genauso effektiv ließe sich das Problem der nachfußballerischen Berufsplanung angehen. Die VdV konnte bereits zwei Firmen dazu bringen, Ausbildungsplätze für Ex-Profis zur Verfügung zu stellen. Der DFB hat Dutzende von großen Werbepartnern und Sponsoren wie Mercedes, Panasonic oder Telekom. Diese Firmen müßten doch ehemalige Lizenzspieler mit Kußhand zum Bürokauf- oder Industriekaufmann, Verkäufer usw. ausbilden oder umschulen, um ihnen damit eine berufliche Perspektive geben zu können. Ein Konzept liegt den Verantwortlichen des Deutschen Fußball-Bundes vor, jetzt bleibt abzuwarten, wie schnell die Gespräche mit den Firmen umgesetzt werden.

Schwer faßbar ist auch das Zufallsprinzip, mit dem die Lizenzvereine ihre jungen Spieler in das medial dominierte Show-Geschäft Bundesliga einsteigen lassen. Statt regelmäßige Medienschulungen in den unzähligen Trainingslagern verpflichtend durchzuführen, verbringt das kickende Personal die nicht wenige Freizeit vor dem Fernseher oder mit Kartenspielereien, an denen sich nicht selten sogar die Trainer und Vereinsverantwortlichen rege beteiligen.

Bei der Medienschulung meiner Vorstellung geht es im übrigen nicht um Rhetorik Seminare, wie sie bei der Trainer- und Schiedsrichterausbildung des DFB abgehalten werden. Auch einen Dialekt oder eine holprige Ausdrucksweise muß kein Spieler beseitigen. Rhetorik-Unterricht ist für den Profifußballspieler so überflüssig wie ein schlechter Berater. Mir geht es um die Aufklärung der Arbeitsweise der Medien. Welcher junge Spieler weiß denn schon, wie Spielberichte entstehen, die in den Zeitungen immer für viel Unruhe im Mannschaftskreis sorgen? Oder wie die allseits beliebten Noten zustande kommen? Wie in der Regel Journalisten einzuschätzen sind, die sich gleich beim ersten Gespräch mit dem Du anbiedern?

Daß der Spieler beim Fernsehinterview nicht mit dem eventuell provozierenden Reporter alleine spricht, sondern mit den Fernsehzuschauern, die sich dann über den aufgeregten Spieler wundern, während die vielleicht dumme Frage des Reporters gar nicht gesendet wird?

Daß es rechtliche Möglichkeiten gibt, sich gegen falsche Tatsachenbehauptungen in der Presse zu wehren? Nämlich mit den Mitteln Gegendarstellung, Widerruf, Unterlassung oder bei besonders gravierenden Fällen mit Schmerzensgeld und Schadensersatz.

Fußball-Profi werden nach dem Prinzip Zufall ...

Warum eigentlich? Warum gibt es eigentlich keinen »Lehrberuf Lizenzspieler«? Die Umsetzung ist nicht utopisch. Nach dem Schulabschluß beginnt der talentierte Jugendliche beispielsweise statt einer KFZ-Mechaniker-Lehre mit der Ausbildung zum Lizenzspieler. Diese Ausbildung könnte neben der sportlichen Arbeit in den Vereinen eine kaufmännische Ausbildung, Medienschulung sowie weitere spezielle Bereiche des fußballspielenden Berufssportlers einschließen: die Vermittlung von Kenntnissen in den Bereichen Versicherungen, Berufsgenossenschaft, Arbeitsrecht, Kapitalanlage.

Derjenige, der später nicht als Lizenzspieler arbeitet, hätte die Perspektive, mit seiner Qualifikation einen Beruf im Umfeld des Fußball-Sports zu finden. Als Manager, Präsidiumsassistent, Geschäftsstellen-Mitarbeiter, Marketing-Experte. Das sind alles realistische Arbeitsfelder im Fußball, der europaweit vielleicht am schnellsten wachsenden Unterhaltungsbranche. Willkommener Nebeneffekt: Die vielen unseriösen Berater und Provisionsjäger hätten es nicht mehr so leicht, den aufgeklärten und vor allem selbstbewußten Nachwuchs über den Tisch zu ziehen.

Ob dieser Weg realisiert werden kann, hängt von mehreren Faktoren ab:
a) Anerkennung der Interessenverbände als Tarif- und Sozialpartner
b) Vereinbarung einer Ausbildungs- und Prüfungsordnung
c) Schaffung und Anerkennung der Ausbildungsstätten
d) Anerkennung und Qualifizierung der Ausbilder
e) Berufsperspektive für 45 Berufsjahre
f) Festes Tarifsystem.

Als vor wenigen Jahren der Begriff Merchandising auftauchte, da dachten einige Vereinsfunktionäre, so hieße ein englischer Fußballspieler. Mittlerweile setzt nicht nur Bayern München hohe zweistellige Millionenbeträge mit dem Verkauf von Bettwäsche, Trikots oder Schnupftabak mit Vereinsemblem um. Die Umwandlung vieler deutscher Vereine in Aktiengesellschaften ist längst keine Vision mehr, sondern für die Zeit nach der Weltmeisterschaft 1998 so gut wie beschlossene Sache. Die Professionalisierung der Vereine schreitet unaufhaltsam voran.

Warum also sollte sich nicht auch der Beruf Fußball-Profi verändern?

STATEMENT
Hans-Georg Harbauer, Landesverbandsleiter der Deutschen
Angestellten-Gewerkschaft (DAG), Landesverband Bayern

»Was verbindet einen Wertpapierspezialisten bei einer Bank, eine Verkäuferin in einem Kaufhaus, einen Arbeiter am Band in einer Automobilfabrik und einen Lizenzfußballspieler? In jedem Fall ihr Status. Alle sind Arbeitnehmer und unterliegen dem deutschen Arbeits-, Sozial- und Betriebsverfassungsrecht.

Lizenzfußballspieler sind, wie die vorher genannten Beispiele, bei einem Arbeitgeber tätig, der heute in aller Regel seinen rechtlichen Status aus dem Vereinsrecht entlehnt. Von einigen Vereinen, die eine Lizenzfußballspieler-Abteilung unterhalten, ist bekannt, daß sie den Status einer Aktiengesellschaft anstreben. Der rechtliche Status des Arbeitgebers spielt im Verhältnis zwischen dem Arbeitnehmer und dem Arbeitgeber keine Rolle. Insofern können auch nach heutigem Recht alle Arbeitnehmer, in deren Betrieb kein Betriebsrat besteht, einen solchen wählen.

Die Wahl eines Betriebsrates folgt entweder auf Antrag von drei Arbeitnehmern/Arbeitnehmerinnen oder von einer im Betrieb vertretenen Gewerkschaft. In einer Wahlversammlung wird ein Wahlvorstand gewählt, der dann seinerseits die Betriebsratswahl durchführt. Die Dauer der Wahl beträgt bei Einhaltung aller Vorschriften etwa acht Wochen.

Warum sollte es nicht auch in Fußballvereinen Betriebsräte geben?
Ein gewählter Betriebsrat kann Lizenzfußballspielern weit mehr Mitwirkungsmöglichkeiten aufgrund des Betriebsverfassungsgesetzes ermöglichen, als dies heute der Fall ist. Bestimmte, ganz natürliche Abhängigkeiten der Arbeitnehmer von ihrem Arbeitgeber werden durch das Betriebsver-

fassungsrecht korrigiert. Wenn sich heute Lizenzfußballspieler nicht dazu entschließen können, in ihrem Verein einen Betriebsrat zu bilden, sollte ein solcher Betriebsrat spätestens dann gebildet werden, wenn die Vereine z.B. als Aktiengesellschaften oder als Gesellschaft mit beschränkter Haftung (GmbH) firmieren.

Da es für die Fußballvereine keine Tarifverträge gibt, bestünde die Möglichkeit für einen gewählten Betriebsrat, daß dieser mit der Vereinsleitung / Unternehmensleitung Haustarifverträge mit Hilfe einer Gewerkschaft für alle Beschäftigten, also einschließlich der Lizenzfußballspieler, abschließt. In solchen Tarifverträgen können Grundsätze geregelt werden, die dann in jedem Arbeitsvertrag eingehalten werden müßten.

Die Ausübung der Tätigkeit als Lizenzfußballspieler ist zeitlich begrenzt, im übrigen auch abhängig vom gesundheitlichen Zustand. Aus diesem Grund wäre es gar nicht vermessen, ein Berufsbild für Lizenzfußballspieler zu schaffen. Für ein solches Berufsbild müßte zunächst ein Muster entwickelt werden, um eine breite Diskussionsgrundlage zu schaffen. Zuständig für die Anerkennung eines Berufsbildes sind in der Bundesrepublik Deutschland das Bundesministerium für Wirtschaft und das Bundesministerium für Arbeit und Sozialordnung.

Betriebsräte und Traifverträge in Bundesliga-Fußballvereinen und ein staatlich anerkanntes Berufsbild für Lizenzfußballspieler mögen Visionen sein. Aber Visionen sind der Anfang von allem. Nötig wäre es, diesen Weg zu beschreiten.«

14. Kapitel

»Goldene Regeln« für den Beruf Fußball-Profi

**Jürgen Klinsmann, Fußball-Profi seit 1984,
Fußball-Welt- und Europameister,
Kapitän der deutschen Nationalmannschaft**

1) Übergib Deine Person nicht in die Abhängigkeit anderer, wie Spielervermittler, sogenannte Berater und Manager.

2) Versuche Tag für Tag dazuzulernen, menschlich als auch sportlich.

3) Wende Dich an ältere Mitspieler als Ratgeber.

4) Sei offen und korrekt zu Journalisten, aber behalte Deine Unabhängigkeit.

5) Ziehe eine klare Grenze den Medien gegenüber als Schutz für Dein Privatleben und Deine Familie.

6) Baue Dir eine finanzielle Sicherheit für die Zeit nach Deiner Karriere auf.

7) Suche Dir einen guten Steuerberater und Rechtsanwalt als ständige Ansprechpartner außerhalb des Fußballs.

**Rudolf Gores, Fußball-Profi von 1978–1986
(Borussia Mönchengladbach, MSV Duisburg, Fortuna Düsseldorf,
Fortuna Köln, Tennis Borussia Berlin),
Fußball-Lehrer, Bauherrenmodell-Geschädigter**

1) Wichtig ist eine abgeschlossene Schul- und wenn möglich Berufsausbildung.

2) Nicht nur an jedem Ersten des Monats gucken, ob die Kohle pünktlich überwiesen worden ist, sondern nebenbei den Kopf frei halten, offen sein für andere Dinge. Beispielsweise durch Einschreiben an einer Universität oder ein Fernstudium kann jeder seinen Horizont erweitern.

3) Ein finanzielles Polster schaffen, um eventuelle schwierige Situationen zu meistern, wie schwere Verletzung oder Arbeitslosigkeit, wenn der Vertrag nicht verlängert wird. Dabei das Geld möglichst sicher anlegen. Wenn Unterstützung durch das Elternhaus nicht möglich ist, einfach zur Bank gehen und mit dem Sachbearbeiter sprechen. Der ist verpflichtet, gut zu beraten. Und diese Beratung kostet nichts.

4) Nicht auf großem Fuß leben. Ein Porsche muß nicht sein. Mein früherer Trainer der Jugend-Nationalmannschaft, Herbert Widmayer, hat einmal etwas gesagt, das ich bis heute nicht vergessen habe: »Seid nett zu den Mitmenschen beim Aufstieg, beim Abstieg könntet ihr sie wiedertreffen.«

5) Vernünftig für den Beruf leben, sich also sportgerecht ernähren.

6) Einen Schuß Glück braucht man auch. Im richtigen Moment den richtigen Vertrag zu machen, oder von Verletzungen verschont zu bleiben.

**Uli Hoeneß, Manager Bayern München,
Fußball-Profi von 1970–1979,
Weltmeister 1974**

1) Der junge Spieler sollte mit seinem ersten Vertrag finanziell gut leben können, aber nicht das Geld in den Vordergrund stellen, sondern die sportlichen Entwicklungsmöglichkeiten.

2) Sehr wichtig ist zu Beginn der Karriere ein Trainer, der im Ruf steht, mit jungen Spielern arbeiten zu können.

3) Beraten lassen sollte sich der Spieler nur von Leuten aus seinem unmittelbaren Umfeld, die er kennt und denen er vertrauen kann.

4) Vorsicht vor Beratern, die oftmals nichts anderes im Sinn haben, als sich selbst zu bereichern.

5) Ehrliche Freunde aussuchen! Ein Feind kann sich nicht nur hinter einer Person verbergen, die kritisiert, sondern auch jemand sein, der immer auf die Schulter klopft.

6) Voll auf den Fußball konzentrieren! Wenn der Spieler klug und clever ist, kann er heutzutage Beträge wie nie zuvor in der Geschichte des Fußballs verdienen.

7) Kein Studium nebenher machen. Das halte ich für nicht sinnvoll und überhaupt möglich. Zur Weiterbildung soll der Spieler Bücher und Zeitungen lesen.

**Jürgen Rollmann, Fußball-Profi von 1988–1995
(Werder Bremen, MSV Duisburg)**

1) Informiere Dich zusammen mit deinen Eltern frühzeitig über den Beruf Fußballprofi bei Deinem Vereins- oder Verbandstrainer oder anderen Funktionären, die Dich in den Jugendauswahlmannschaften betreuen.

2) Unterschreibe auf keinen Fall einen Vertrag bei einem sogenannten Spielerberater, auch wenn Dir dieser vom Vereins- oder Verbandstrainer oder anderen Funktionären empfohlen worden ist.

3) Sei überhaupt skeptisch gegenüber allen geschäftlichen Empfehlungen. Mund-zu-Mund-Propaganda hat in der Vergangenheit viele gutgläubige Spieler in große Schwierigkeiten gebracht. Lasse deswegen alle Angebote oder Tips von einer unabhängigen Person Deines Vertrauens prüfen.

4) Wird Dir ein Profivertrag angeboten, suche Dir einen guten Rechtsanwalt und berate Dich mit diesem über den angebotenen Vertrag. Genauso wie bei allen folgenden Vertragsverhandlungen. Auch einen guten Steuerberater solltest du Dir nach der Unterschrift unter den ersten Profivertrag als ständigen Ansprechpartner in Fragen der Kapitalanlage zulegen.

5) Achte zu Beginn Deiner Karriere nicht zu viel auf das Geld. Wenn du richtig gut bist, dann kommt das Geld von ganz alleine. Am Anfang ist

die sportliche Entwicklung wichtiger, nicht ein gutbezahlter Platz auf der Bank.

6) Die vielen Trainingslager und Reisen müssen nicht automatisch mit Karten spielen oder stundenlangem Fernsehglotzen verbracht werden. Sie bieten Dir die Chance, sich neben dem Fußball auch mit anderen Dingen zu beschäftigen. Ein richtiges Studium ist wahrscheinlich nicht möglich, aber es gibt mittlerweile vielfältige Möglichkeiten für ein Fernstudium. Auch ohne Abitur. Ein geistiger Ausgleich neben dem allgegenwärtigen Leistungsdruck ist wichtig.

7) Traue Dich ruhig, die älteren Kollegen nach ihren Erfahrungen im Beruf zu fragen. Nach Ratschlägen und Alltagshilfen. In der Regel ist die Kommunikation im Mannschaftskreis dürftig und oberflächlich. Auch über die Spielervereinigung VdV stehen Dir eine Reihe von Fachleuten zur Verfügung, die im Rahmen einer Mitgliedschaft überwiegend kostenlos helfen können. Mache Dir aber immer selbst ein Bild und fälle nach dem Einholen von Informationen immer selbst Deine Entscheidungen. Vertraue niemandem blind. Niemandem!

8) Geld, das nicht für die Lebenshaltungskosten verbraucht wird, solltest du sicher anlegen, damit Du später die eventuelle Übergangszeit in einen anderen Beruf ohne finanziellen Druck bewerkstelligen kannst.

P.S.

Meine Entscheidung nach Klärung der vertraglichen Angelegenheiten mit dem MSV Duisburg steht fest. Wenn jetzt nicht noch Real Madrid oder Juventus Turin anrufen, unterbreche ich meine Profispieler-Karriere. Zumindest für die nächsten vier Jahre, die Zeitspanne, die nötig ist, um noch einmal richtig zu studieren. Zweimal war ich eingeschrieben, zweimal habe ich einen Abschluß dem Fußball geopfert. Ich habe eine gewisse Angst, den schon länger geplanten Absprung zu verpassen.

In meinem Kopf schwirren viele Pläne, Ziele und Gedanken in den Wochen nach dem Abschied vom MSV Duisburg. Die Reform der VdV beschäftigt mich, für den Westdeutschen Rundfunk (WDR) fertige ich zwei Kurzfilme, an der Sportschule Hennef mache ich den Trainer-A-Schein, der mich berechtigt, Vereine bis zur Regionalliga zu trainieren. In meinem Heimatstädtchen Lorbach habe ich bereits zwei Jahre die A-Jugend betreut, in Bremen über drei Jahre die Talentgruppe der Torhüter. Trainer – das ist für mich eine der interessantesten Aufgaben im Fußball, weil von dieser Stelle aus am meisten zu bewegen ist.

Aber ich will doch nicht direkt vom Berufsspieler zum Berufstrainer wechseln, sondern eine Betätigung finden, die mir lernend erlaubt, meinen Weg zu finden. Zwischen Trainer-Ausbildung und Weihnachtsessen schreibe ich eine Bewerbungsreportage an die Deutsche Journalisten-Schule (DJS) in München. Wie knapp 1000 weitere Bewerber auch. Tatsächlich werde ich zu Tests und persönlicher Vorstellung nach München eingeladen und bekomme schließlich im April 1995 einen von den jährlich zu vergebenden 30 Studienplätzen in München angeboten: Kommunikationswissenschaft, Politik, Soziologie an der Ludwig-Maximilians-Universität, dazu praxisbezogener Unterricht an der DJS. Das ist es, das mache ich!

Vor Beginn des Studiums helfe ich noch drei Monate bei Werder Bremen als Torwart aus, weil sich Oliver Reck an der Schulter verletzt hat. Pünktlich zu meinem Uni-Start steht »Oli« wieder im Tor, ich dagegen siedele mit Frau und mittlerweile zwei Kindern um nach München. Große Autos oder andere teure Hobbies waren mir schon immer fremd, ein paar Mark habe ich gespart, mit denen Andrea, Lisa-Madelaine, Lucas und ich das Studium schon finanziell schaffen werden. Wenn es nicht allzu lange dauert ...

Anhang Sportrecht

1 Amateur

Amateur ist der Sportler, der allein aus Freude Sport treibt, ohne daraus unmittelbar oder mittelbar materiellen Gewinn zu erzielen.

1. Die Regeln vieler internationaler und nationaler Verbände enthalten eine Klausel, wonach nur ein Amateur im Rahmen des Verbandes Sport treiben darf (Amateur-Regel). Aufgrund der Amateur-Regel sind Zahlungen an Amateure, die über eine steuerrechtlich zulässige → Aufwandsentschädigung hinausgehen, verbandsrechtlich verboten und mit Verbandsstrafen zu ahnden. **[Seite 1]**

… Zuwendungen an Sportler des Vereins gehen über eine Aufwandsentschädigung hinaus, wenn sie eine Aufwandsentschädigung von monatlich DM 700,– im Jahresdurchschnitt oder den – vollständig – nachgewiesenen höheren Aufwand überschreiten. Zuwendungen der Stiftung Deutsche Sporthilfe an Spitzensportler sind nicht auf die Aufwandspauschale von DM 700,– anzurechnen … **[Seite 30]**

Faktisch hat sich der Gegensatz zwischen Amateur und Berufssportler seit längerem immer mehr verwischt. Auch im sogenannten Amateurbereich verdienen Sportler teilweise nicht unerhebliche Beträge, sei es unmittelbar als Gegenleistung für ihre sportliche Leistung aufgrund von Dienst- oder Arbeitsverträgen, sei es mittelbar aufgrund von → Sponsoringverträgen.

Der Deutsche Fußball-Bund (DFB) hat die Entwicklung mit der Schaffung des → Vertragsamateurs legitimiert. Manche Verbände, die grundsätzlich an der Amateur-Regel festhalten, versuchen mit besonderen Vertragsgestaltungen, Hochleistungssportlern trotzdem größere Einnahmen, gegebenenfalls erst nach Beendigung der sportlichen Karriere, zu ermöglichen (→ Fördergesellschaft Deutsche Sporthilfe). Andere Verbände schließlich tolerieren Übertretungen ihrer Verbandsregeln stillschweigend. **[Seite 12]**

Literatur: Buchner, Die Rechtsstellung der Lizenzspieler, NJW 1976, 2242; Gitter, W., Handbuch des Arbeitsrechts, 1994, § 195; Reschke (Hrsg.), Sport als Arbeit, Recht und Sport, H. 4 (1985), Steiner, U., Amateurfußball und Grundrechte in Württembergischer Fußballverband, Schriftenreihe H. Nr. 12, Das Recht des Fußballspielers (1980), S. 7 ff.

2 Lizenzspieler

1. Lizenzspieler im Bereich des Deutschen Fußball-Bundes (DFB) ist der Fußballspieler, der aufgrund eines Arbeitsvertrages mit einem Verein der 1. oder 2. Bundesliga Fußball spielt ...; er darf aus steuerrechtlichen Gründen nicht Mitglied dieses Vereins (→ Gemeinnützigkeit) sein. Der Lizenzspieler bedarf einer allgemeinen → Lizenz des DFB, die er aufgrund eines Lizenz-spielervertrages mit dem DFB erhält, und einer Erlaubnis des DFB, für seinen Verein spielen zu dürfen (→ Spielerlaubnis). Die nähere Regelung findet sich im Lizenzspielerstatut (LSpSt) des DFB.

Aufgrund des Lizenzspielervertrages wird der DFB verpflichtet, den Spieler bei Einsatz durch seinen Verein in der Bundesliga spielen, d. h. die → Vereinsrichtung Bundesliga benützen zu lassen; dies geschieht durch Ertei-lung einer → Spielerlaubnis. Der Spieler verpflichtet sich, das für die Bun-desliga geltende Regelwerk in seinem jeweiligen Wortlaut einzuhalten, insbesondere unterwirft er sich der Strafgewalt des DFB (→ Vereinsstrafe). In einem weiteren Vertrag zwischen Lizenzspieler und DFB wird ein → Schiedsgericht vereinbart. **[Seiten 100, 101]**

Literatur: Schnarr, G. A., Das rechtliche Dreiecksverhältnis Deutscher Fußball-Bund – Bundesligaverein – Lizenzspieler in Württembergischer Fußballverband, Schriftenreihe H. 12 (1980), 65 ff.; Westermann, H. P., Zum Vertragsrecht im bezahlten Fußballsport, JA 1984, 394 ff.

Berufssportler und Arbeitnehmer:
sowohl Lizenzfußballspieler als auch Vertragsamateur

Berufssportler – im Gegensatz zum Amateur – ist, wer auf vertraglicher Grundlage für seine Sportausübung materielle Vorteile in nicht ganz uner-heblichem Umfang erhält; dazu gehören auch Schiedsrichter und Trainer. Verbandsrechtliche Bestimmungen legen für die Höhe des Entgeltes als

Grenze meist die steuerfreie Aufwandsentschädigung fest. Unerheblich ist, ob der Berufssportler die sportliche Betätigung als Hauptberuf oder neben einer anderen Berufstätigkeit ausübt.

Der Gegensatz Berufssportler – Amateur ist rechtlich erheblich, weil der Berufssportler im Hinblick auf seine sportliche Tätigkeit unter den Schutz des Artikels 12 Abs. 1 GG (Berufsfreiheit) … und der Artikel 6 48 und 59 des Europäischen Gemeinschaftsvertrages (Freizügigkeit) fällt, während der Amateur nur durch Artikel 2 Abs. 1 GG (allgemeine Handlungsfreiheit) geschützt ist.

Berufssportler ist in erster Linie der Sportler, der seine Entlohnung aufgrund eines zivilrechtlichen Vertrages (Dienst- oder Arbeitsvertrages) als unmittelbare Gegenleistung für seine sportliche Leistung erhält; daher ist auch der Vertrags-Amateur Berufssportler. **[Seite 25]**

Gemäß § 15 ff. Spielordnung des DFB kann ein Vereinsmitglied aufgrund eines entgeltlichen Vertrages das Fußballspiel für den Verein ausüben; die Höhe des Entgelts des Vertrags-Amateurs unterliegt keiner statutarischen Bestimmung. Demnach unterscheidet sich der Vertragsamateur vom Lizenzspieler hauptsächlich dadurch, daß dieser kein Vereinsmitglied sein darf und nur von Bundesliga-Vereinen angestellt werden kann, die ihrerseits aber auch Vertragsamateure unter Vertrag nehmen können.

Arbeitnehmer ist der Berufssportler, der aufgrund eines Dienstvertrages (Arbeitsvertrages) in persönlicher Abhängigkeit zu einem Verein oder einem kommerziellen Sportveranstalter verpflichtet ist, sportliche Leistungen zu erbringen, insbesondere in dessen Betrieb organisatorisch eingefügt ist und seiner Weisungsbefugnis (Trainer) unterliegt (Beispiel Berufsspieler bei Mannschaftssportarten). Ob der Sportler als Entgelt laufende Bezüge, Prämien oder ein – bei Vertragserfüllung nicht rückzahlbares – zinsloses Darlehen erhält, ist unerheblich. In der Regel ist der Berufssportler als Angestellter im Sinne des Arbeits- und Sozialversicherungsrechts einzuordnen, da seine Sportausübung eine besondere Qualifikation erfordert (BAG AP Nr. 29 zu § 138 BGB; BAGE 23, 171). **[Seiten 26, 27]**

Rechtlich zweifelhaft ist, ob der Arbeitgeber mit dem Weisungsrecht ohne besondere Vereinbarung im Vertrag auch in das Privatleben der Sportler eingreifen darf, etwa ein Alkohol- oder Skifahrverbot aussprechen, die Teilnahme an Trainingslagern oder Werbeveranstaltungen anordnen

kann. Soweit ein Fehlverhalten sich bei der Arbeitsleistung negativ aus-
wirkt, ist eine entsprechende Weisung für die Zukunft zulässig.

Darüber hinaus wird angesichts der relativ hohen Bezahlung und der
kurzen Zeit der sportlichen Berufsausübung eine gesteigerte Treupflicht
zwischen Verein und Sportler bejaht, aufgrund deren ein Spieler – für
einen relativ kurzen Zeitraum seines Lebens – größere Einschränkungen
hinnehmen müsse als andere Arbeitnehmer. Jedenfalls empfiehlt sich insoweit eine Klarstellung schon im Arbeitsvertrag.

*Literatur: Grinsky, W., in Das Recht des Fußballspielers, Schriftenreihe des Württembergi-
schen Fußballverbandes, H. Nr. 12 (1980), S. 50 ff.; Kaske, J., Das arbeitsrechtliche Direkti-
onsrecht und die arbeitsrechtliche Treuepflicht im Berufssport (Diss. Bayreuth, 1983).*

3 Sponsoringvertrag

1. Sponsoringvertrag ist der zivilrechtliche Vertrag zwischen einem Unternehmen (Sponsor) und einem Sportler, Verein oder Verband (Gesponsor-
ter), aufgrund dessen der Sponsor die werblichen → Nutzungsrechte des
Sportlers oder des Vereins/Verbandes zur Werbung verwenden darf und
dafür ein Entgelt (finanzielle oder sachliche Zuwendungen) zahlt.

Der Sponsoringvertrag unterscheidet sich vom Arbeitsvertrag eines
Sportlers: Beim Arbeitsvertrag wird der Sportler für seine sportliche Leistung bezahlt (→ Berufssportler), beim Sponsoringvertrag für die Erlaubnis, mit dem Sportler werben zu dürfen; die sportliche Leistung dient hier
nur als Bemessungsgrundlage für das zu zahlende Entgelt und kann als
Geschäftsgrundlage des Vertrages angesehen werden (z. B. Recht zur vorzeitigen Kündigung, falls die Leistung des Sportlers auf Dauer abfällt).

Da beim Sponsoringvertrag beide Parteien Leistungen zu erbringen
haben, ist er als entgeltlicher (Austausch)-Vertrag im Sinne der §§ 320 ff.
BGB anzusehen und unterscheidet sich daher von einseitigen Zuwendungen (Schenkungsvertrag) eines Mäzens. Die Abgrenzung kann schwierig
sein, wenn der Sponsor von vorneherein keine oder nur eine geringe Wer-
bewirkung aus dem Vertrag zieht. **[Seiten 170, 171]**

*Literatur: Bruhn, M./Mussler, D., Sponsoringfibel – Planung und Durchführung des
Sponsoring für Sportvereine, Hrsg. Deutscher Sportbund, Frankfurt, 1991; Vieweg, K.,*

Sponsoring und Sportrecht, SpuRt 1994, S. 6 ff., 73 ff.; Weiand, N. G., Kultur- und Sportsponsoring unter besonderer Berücksichtigung urheber-, medien- und wettbewerbsrechtlicher Aspekte, Berlin 1993; Bruhn, M. und Mehlinger, R., Rechtliche Gestaltung des Sponsoring, München, 1992, (Bd. 1) und 1994 (Bd. 2).

Persönlichkeitsrecht

Jeder Mensch hat Anspruch auf Achtung seiner Persönlichkeit. Der Gesetzgeber hat einzelne besondere Persönlichkeitsrechte anerkannt (→ Name, → Bildnis des Sportlers, Urheberpersönlichkeitsrecht). Darüber hinaus hat die Rechtsprechung aus Artikel 1 und 2 Grundgesetz (Würde des Menschen und persönliche Freiheit) ein »allgemeines Persönlichkeitsrecht« entwickelt, das gegen rechtswidrige Verletzungen geschützt wird (Allgemeines Persönlichkeitsrecht als »sonstiges Recht« im Sinne § 823 Abs. 1 BGB).

Aufgrund seines allgemeinen Persönlichkeitsrechts hat auch der berühmte Sportler Anspruch auf Achtung seiner Privat- und Intimsphäre. Andererseits ist er eine Person des öffentlichen Interesses, über deren Privatleben die Presse aufgrund der Pressefreiheit (Art. 5 Abs. 1 S. 2 GG) in gewissem Umfang wahrheitsgemäß berichten darf.

Bei schwerer Verletzung des Persönlichkeitsrechts gewährt die Rechtsprechung neben einem Anspruch auf Schadensersatz auch einen Anspruch auf Ersatz des immateriellen Schadens (Schmerzensgeld).[Seite 132]

4 Transferliste

»Befaßt man sich mit dem Vereinswechsel eines Lizenzspielers und prüft man die Voraussetzungen für den Vertragsabschluß beim neuen Verein, so wird man sogleich mit einer Besonderheit konfrontiert. Verträge zwischen Vereinen und Spielern anderer Vereine, die nicht Amateure im Bereich des DFB sind, dürfen nämlich grundsätzlich erst dann abgeschlossen werden, nachdem die Aufnahme der Spieler in die Transferliste des DFB bekanntgegeben worden ist (§ 20 Nr. 1 Abs. 1 Lizenzspielerstatut/DFB).
Was ist nun diese Transferliste? Sie dient der Offenlegung des Vereinswechsels der Lizenzspieler und der ausländischen Profis (§ 27 Lizenzspielerstatut/DFB). So erlangen die sich für den Spieler interessierenden Vereine durch die Bekanntgabe des Spielers auf der Transferliste Gewißheit, daß

dieser keine anderweitige rechtliche Bindung mehr hat und somit jederzeit einen Vertrag abschließen kann. Nach dem Lizenzspielerstatut ist auch die Erteilung der Spielberechtigung für einen Verein der Lizenzligen von der Aufnahme in die Transferliste abhängig (§ 26a Nr. 2c Lizenzspielerstatut/DFB).«

(Auszug aus Sonderdruck Transferbestimmungen im Fußballsport, Herausgeber Götz Eilers, DFB-Justitiar, Seite 15, C. F. Müller 1995)

5 Urlaubsentgelt

Rechtsanwalt Dr. Engeln erklärt dazu: Grundsätzlich ist zwischen den Begriffen *Urlaubsgeld, Urlaubsabgeltung* und *Urlaubsentgelt* zu differenzieren.

Urlaubsgeld
Der Arbeitgeber ist zur Zahlung eines Urlaubsgeldes nur bei Bestehen einer besonderen Vereinbarung verpflichtet. Eine derartige Vereinbarung fehlt in den Musterverträgen des DFB, so daß in der Regel der Lizenzfußballspieler keinen Anspruch auf ein zusätzliches Urlaubsgeld hat.

Urlaubsabgeltung
Davon wird gesprochen, wenn der dem Arbeitnehmer zustehende Urlaub in Geld abgegolten wird. Eine derartige Abgeltung des Urlaubs ist grundsätzlich verboten. Eine Ausnahme besteht bei der Beendigung des Arbeitsverhältnisses, wenn ganz oder teilweise der Urlaub nicht mehr gewährt werden kann. Außerdem kann durch einen Tarifvertrag grundsätzlich eine Urlaubsabgeltung vereinbart werden.

Urlaubsentgelt
Darunter ist das Arbeitsentgelt zu verstehen, das während eines Urlaubes vom Arbeitgeber weiter zu zahlen ist. Das Urlaubsentgelt bemißt sich nach dem durchschnittlichen Arbeitsverdienst, den der Arbeitnehmer in den letzten 13 Wochen vor Beginn des Urlaubes erhalten hat. Bei monatlicher Abrechnung – wie es von allen Bundesliga-Vereinen praktiziert wird – ist von den letzten drei abgerechneten Monaten auszugehen. Bei dem durchschnittlichen Arbeitsverdienst sind jedoch nicht nur – wie es von vielen

Bundesliga-Vereinen in der Vergangenheit gehandhabt wurde – das Grundgehalt, sondern darüber hinaus die von den Spielern verdienten Punkt- oder Einsatz- oder Jahresleistungsprämien zu berücksichtigen.

Das Urlaubsentgelt wird wie folgt errechnet: Abgesehen von der monatlichen Grundvergütung, die ohnehin weiter gezahlt wird, sind die in den letzten drei Monaten vor Urlaubsbeginn gezahlten Punkt- Einsatz- bzw. Jahresleistungsprämien zu addieren. Beispiel: Urlaubsbeginn war der 6.12. des Jahres. In diesem Fall sind die vorgenannten abgerechneten Prämien in den Monaten September bis November zu addieren. Der sich danach ergebende Betrag ist durch 78 zu dividieren. Nachdem der ermittelte durchschnittliche Arbeitsverdienst durch 78 dividiert wurde, wird der sich daraus ergebende Betrag mit dem pro Halbsaison bestehenden Mindesturlaub in Höhe von 12 multipliziert. Der sich daraus ergebende Betrag entspricht dem Urlaubsentgelt zuzüglich der ohnehin gezahlten Grundvergütung.

6 Transferentschädigung

1. Nach den Statuten vieler Sportverbände (z. B. DFB) kann beim Vereinswechsel eines Berufs-, aber auch eines Amateurspielers der abgebende Verein vom aufnehmenden als Transferentschädigung ein Entgelt verlangen, dessen Höhe mangels Einigung der Vereine mitunter durch ein Schiedsgutachten des Verbandes festgesetzt wird. Das gleiche Ergebnis wird erzielt, wenn ein Sportler bei einem Vereinswechsel die → Spielerlaubnis für den neuen Verein erst nach Ablauf einer längeren Zeit erhält, also in der Zwischenzeit nicht an Verbandsspielen teilnehmen kann, es sei denn, der abgebende Verein erklärt seine Zustimmung (→ Freigabe) zu dem Wechsel, die er nicht ohne ein Entgelt geben wird. **[Seite 236]**

7 Presse

Die Befassung der Presse mit dem Sport und insbesondere die Berichterstattung über das sportliche Geschehen haben in Deutschland in den letzten Jahrzehnten an publizistischer Bedeutung gewonnen. Diese Feststellung gilt für die Entwicklung der Sportfachpresse ebenso wie für die Beiträge der Sportredaktionen in den großen deutschen Tageszeitungen. Damit sind auch die Rechtsfragen in den Vordergrund gerückt, die das Verhältnis von Presse und Sport betreffen.

1. Verfassungsrechtliche Grundlagen. Das Grundgesetz schützt die Freiheit der Presse (Art. 5 Abs. 1 Satz 2 GG). Es versteht unter Presse dabei alle zur Verbreitung geeigneten und bestimmten Druckwerte und Informationsträger, die nicht unter den Rundfunk- und Fernsehbegriff fallen → Medien, also auch besprochene oder besungene Sprach- und Tonträger. Weiter schützt das Grundgesetz die für die aktuelle Berichterstattung im Sport so wichtigen »vervielfältigten Meinungen« von Nachrichtenagenturen, Materndiensten und ähnlichen, die die Presse im engeren Sinne versorgen ... Gestützt wird das Grundrecht der Pressefreiheit zusätzlich durch den grundgesetzlichen Informationsanspruch (siehe im folgenden u. 3.) und das Grundrecht der Meinungsfreiheit (Art. 5 Abs. 1 Satz 1 GG), das beispielsweise den Sportredakteur auch zu scharfer, pointierter und ggf. abwertender Kritik an den Personen des Sportlebens, wie z. B. Trainern des bezahlten Sports, berechtigt (LG Frankfurt, Urt. vom 18.09.1986, zit. nach Reschke, u. 39.1). **[Seite 135]**

8 Sozialversicherung

Das System der Sozialversicherung in Deutschland ist von der Idee bestimmt, in einer öffentlich-rechtlich organisierten Versicherung mit Pflichtmitgliedschaft wichtige Lebensrisiken (Krankheit, Unfall, Alter, Arbeitslosigkeit) vor allem für die in Arbeits- oder Ausbildungsverhältnissen beschäftigten Personen »abzudecken«. Es ist auch für die Ausübung von Sport unter vielen Gesichtspunkten von Bedeutung. Im Vordergrund steht der Sportunfall mit seinen Folgen. Ein eigenes Sportlerversicherungsgesetz nach Art der Künstlersozialkasse existiert nicht.

1. Typischerweise greift die Sozialversicherung mit Pflichtmitgliedschaft, Beiträgen und Leistungen ein, wenn der *Sportler* sich in abhängiger Erwerbstätigkeit befindet (§ 2 Abs. 2 Nr. 1, 7 Abs. 1 SGB IV). Dies gilt bei-

spielsweise für den → Lizenzspieler und den → Vertragsamateur, aber auch für Sportler in vielen anderen Sportarten. Sie gelten im Rahmen von Arbeitsverhältnissen regelmäßig als Angestellte ...

a) Für den gegen Arbeitsentgelt in nichtselbständiger Arbeit beschäftigten (Berufs-) Sportler besteht dem Grunde nach *Kranken*versicherungspflicht (§ 5 Abs. 1 Nr. 1 SGB V), sofern nicht – was häufig der Fall sein wird – die Jahresarbeitsentgeltssumme (1993: 64 800 DM) überschritten ist (§6 Abs. 1 Nr. 1 SGB V). Versichert sich der Sportler in diesem Falle selbst, so hat er nach Maßgabe des § 257 SGB V einen Anspruch gegen seinen Arbeitgeber auf Beitragszuschüsse. Auf Leistungen der Krankenversicherung besteht kein Anspruch, wenn sie als Folge eines Arbeitsunfalls oder einer Berufskrankheit im Sinne einer gesetzlichen Unfallversicherung (siehe dazu b) zu erbringen sind (§11 Abs. 4 SGB V).

b) Der auf Grund eines Arbeitsverhältnisses Beschäftigte ist in der gesetzlichen *Unfall*versicherung pflichtversichert (§ 539 Abs. 1 Nr. 1 RVO). Die Leistungen der Versicherung (§547 RVO) werden gewährt, wenn ein Arbeitsunfall vorliegt, den § 548 RVO definiert. Danach ist ein Arbeitsunfall ein Unfall, den der versicherte Sportler bei der in § 539 Abs. 1 Nr. 1 RVO genannten Tätigkeit erleidet. Es muß ein Zusammenhang zwischen dem Unfall und der versicherten Tätigkeit bestehen. Diesen Zusammenhang sieht die Rechtsprechung einschränkend so: Es ist für diesen Zusammenhang maßgeblich nur diejenige Bedingung, die im Verhältnis zu anderen, einzelnen Bedingungen nach Auffassung des praktischen Lebens wegen ihrer besonderen Beziehung zum Erfolg (Schaden) an dessen Eintritt *wesentlich* mitgewirkt hat. Versicherungsschutz besteht also bei Unfällen im Training, beim Wettkampf, bei Vereinsprivatspielen einschließlich der danach erforderlichen körperlichen Reinigung, aber auch bei Repräsentations- und Werbeauftritten, die im Zusammenhang mit dem Arbeitsverhältnis durchgeführt werden. Der Gesetzgeber hat weiter in den Versicherungsschutz den Unfall mit Arbeitsgerät (§ 549 RVO) und den Wegeunfall (§ 550 RVO) einbezogen. Auch die Berufskrankheit kann ein Arbeitsunfall sein (§ 551 RVO), wenn sie in die Liste der Berufskrankheiten-Verordnung auf der Grundlage der genannten Bestimmung aufgenommen ist. Dies gilt beispielsweise für Meniskusschäden, aber auch Krankheiten etwa der Sehnenscheiden usw.

Die Leistungen im Falle eines Arbeitsunfalles bestimmen sich nach § 547 RVO und umfassen u. a. Heilbehandlung, Leistungen in Geld während der Heilbehandlung und nicht zuletzt die Verletztenrente (§ 580 ff. RVO). Diese Rente wird bei Berufssportlern nach den allgemeinen Grundsätzen des Unfallversicherungsrechts anhand der Berechnungsfaktoren Minderung der Erwerbsfähigkeit (MdE) und Jahresarbeitsverdienst (JAV) berechnet.

Bei der konkreten Bemessung ist die Bestimmung des § 581 Abs. 2 Satz 1 von Bedeutung. Danach sind bei der Bemessung der Minderung der Erwerbsfähigkeit Nachteile zu berücksichtigen, die der Verletzte dadurch erleidet, daß er bestimmte, von ihm erworbene besondere berufliche Kenntnisse und Erfahrungen infolge des Unfalls nicht mehr oder nur noch in vermindertem Umfang nutzen kann, soweit sie nicht durch sonstige Fähigkeiten, deren Nutzung ihm zugemutet werden kann, ausgeglichen werden. Auf Grund dieser Bestimmung kann eine Höherbewertung der Minderung der Erwerbsfähigkeit in Betracht kommen, wenn nach der Verletzung eine Verwendung weder als Sportler noch als Trainer möglich ist. Finanziert werden die Leistungen der Unfallversicherung allein durch den sogenannten Unternehmer. Er soll nach der gesetzlichen Vorstellung das Risiko der betreffenden Tätigkeit tragen. Als Träger der Versicherung wird meist die Verwaltungs-Genossenschaft in Betracht kommen.

c) Für den in abhängiger Tätigkeit beschäftigten Sportler besteht eine gesetzliche Rentenversicherung (§ 1 Satz 1 Nr. 1 SGB VI). Versicherungsträger ist die Bundesanstalt für Angestellte mit dem Sitz in Berlin (§ 132 SGB VI). Als (vor Erreichung der Altersgrenze mögliche) Versicherungsleistungen kommt die Berufsunfähigkeitsrente in Betracht.(§ 43 Abs. 1 SGB VI). Die Berufsunfähigkeit wird in Blick auf den Hauptberuf, im gegebenen Fall also dem Sport als Beruf, festgestellt. Definiert ist sie in § 43 Abs. 2 SGB VI. Dabei ist die Feststellung wichtig, was an Resterwerbsfähigkeit noch vorhanden ist und eine Tätigkeit als Trainer, Manager oder Sportartikelvertreter ermöglicht. In diesem Zusammenhang stellen sich schwierige Rechtsfragen ... Weiter kommt eine Erwerbsunfähigkeitsrente in Betracht.
[Seiten 155, 156]

Berufsgenossenschaft

Die für die Fußballer des MSV Duisburg zuständige Berufsgenossenschaft ist die Verwaltungs-BG in Mühlheim. Die Leistungen der VBG sind vielschichtig.

Sie richten sich seit dem 01.01. 1997 nach den Vorschriften des Sozialgesetzbuches (SGB) VII. Es handelt sich hierbei um Geld- und Sachleistungen. Geldleistungen sind: Verletztengeld (§§ 45–47 SGB VII) und Verletztenrenten (§§ 58 ff.).

Das Verletztengeld entspricht dem Krankengeld der gesetzlichen Krankenkassen (AOK, DAK, BEK usw.)

Es beträgt 80 Prozent des im Monat vor dem Unfall erzielten Bruttogehaltes, darf jedoch nicht höher als das Nettogehalt sein.

Die Höchstgrenze für die Berechnung des Verletztengeldes beträgt z. Zt. DM 12 000 monatlich, was einem täglichen Verletztengeldbetrag von DM 320,– entspricht.

Ein Anspruch auf Verletztenrente besteht, wenn durch die Folgen des Unfalls über die 26. Woche nach dem Unfall hinaus eine Behinderung (= Minderung der Erwerbsfähigkeit, MdE) von mindestens 20 % verbleibt.

Die Rente wird gezahlt, solange die Unfallfolgen vorliegen, längstens bis zum Tode. Sie berechnet sich aus dem Verdienst im Jahre vor dem Unfall (Höchstgrenze z. Zt. DM 144 000,–).

BEISPIEL:

Jahresarbeitsverdienst:	DM 144 000,–
Vollrente 2/3:	DM 96 000,–
MdE 20 %:	DM 19 200,– (jährlich)
MdE 20 %:	DM 1 600,– (monatlich)

Sachleistungen sind ambulante und stationäre Behandlung mit den dazugehörigen Fahrtkosten, Zahnbehandlung und Umschulung.

Eine Umschulung wird gewährt, wenn wegen der Unfallfolgen der Beruf nicht mehr ausgeübt werden kann.

Versicherungen

Neben ohnehin obligatorischer Krankenversicherung, Privat-Haftpflicht-versicherung oder der empfehlenswerten Direktversicherung (Gehaltsum-wandlung), sollte ein Fußball-Profi auf jeden Fall drei Versicherungen haben, um auch für den schlimmsten Fall der Karriere, die Invalidität bzw. Berufsunfähigkeit, abgesichert zu sein:

1) Tagegeld / Krankenhaustagegeld
2) Berufsunfähigkeitsversicherung
3) Rechtsschutz

Zu 1: Eine Krankenversicherung hat jeder. Ob privat oder gesetzlich. Für den Fußballer wichtig ist dabei die Tagegeld-Regelung. Hier gibt es die Unterscheidung zwischen Krankenhaustagegeld, das ab erstem Tag stationärer Behandlung ausgezahlt wird, und Krankentagegeld, das ausgezahlt wird, wenn der Zeitraum der Lohnfortzahlung des Vereins beendet ist. Die Höhe dieser Tagegelder sollte sich am monatlichen Einkommen orientieren. Hier ist es unbedingt erforderlich, die Vertragsbedingungen der verschiedenen Versicherer zu vergleichen, da teilweise erhebliche Unterschiede bestehen z. B. bezüglich der zulässigen Höhe der Tagegelder mit der Anrechnung von Tagegeldleistungen (Verletztengeld) der Berufsgenossenschaft, die bei Arbeits- und Wegeunfällen als gesetzliche Unfallversicherung die Gehaltsfortzahlung ab der siebten Woche übernimmt.

Die VdV-Abteilung »Versicherungen und Vorsorge« ist bemüht, für die Berufsfußballspieler Gruppenverträge abzuschließen und darüber Ermäßigungen für die VdV-Mitglieder zu erzielen.

Kosten: Krankenversicherung incl. Tagegeldregelungen, je nach Alter des Spielers und Höhe des Tagegeldes: ab ca. DM 400,–/Monat (Arbeitgeber trägt die Hälfte).

Zu 2: Jahrelang waren die Vereine verpflichtet (siehe § 9 Musterarbeitsvertrag Seite 29), die Spieler mit 100 000 Mark zu ihren Gunsten pflichtzuversichern. Seit 1996 sind sie von dieser Pflicht befreit, sofern ein neuer Arbeitsvertrag abgeschlossen wird.

Der Spieler sollte deshalb unbedingt privat vorsorgen. Dabei gibt es zwei Versicherungsformen, die die Berufsunfähigkeit abdecken.

a) *Spielunfähigkeitsversicherung mit Einmalleistung*. Kann der Spieler durch Unfall oder Krankheit seinen Beruf nicht mehr ausüben, kommt der versicherte Betrag zur Ausschüttung. Diese Versicherungsform ist eine Risikoversicherung, die jährlich neu abgeschlossen und bezahlt werden muß. Die Beiträge sind an das Alter des Spielers gekoppelt.

Kosten: Für den 24 Jahre alten Spieler kosten 100 000,– Invaliditätsversicherung als VdV-Mitglied DM 1300,–, als Nicht-VdV-Mitglied DM 1850,–. Der 30 Jahre alte Spieler muß ebenfalls für 100 000,– Versicherungssumme bereits als VdV-Mitglied DM 3200,– bezahlen, als Nicht-VdV-Mitglied DM 3350,–.

b) *Berufsunfähigkeitszusatzversicherung* (an Lebensversicherung gekoppelt). Die monatlich zu zahlenden Versicherungsbeiträge verfallen nicht. Sollte der Spieler aufgrund eines Unfalles berufsunfähig werden, kann er über diese Versicherung bis zum 35. Lebensjahr eine monatliche Rente von derzeit bis zu DM 8 000,– beziehen. Kann der Spieler seine Karriere ohne Verletzungsfolge beenden, bekommt er die eingezahlten Beiträge aus der Lebensversicherung zuzüglich Überschußbeteiligung im Endalter 60 ausgeschüttet – oder zu einem früher vereinbarten Zeitpunkt (Mindestlaufzeit zwölf Jahre). Aufgrund der Prämienerhöhungen in den vergangenen Jahren bei der Spielunfähigkeitsversicherung, ist die Berufsunfähigkeitsversicherung derzeit besonders begehrt.

Kosten: Je nach individueller Ausgestaltung und Alter bzw. angestrebter Rentenhöhe von DM 150,– bis DM 350,–/Monat.

Zu 3: Rechtsschutz: Zwingend erforderlich. Ob Stein, Schwabl, Foda, Közle, Schupp, Pflipsen, Bernd Schuster oder auch viele Trainer: Sie alle wissen, daß im emotionalen Geschäft Bundesliga sehr schnell Meinungsverschiedenheiten entstehen und anschließend arbeitsrechtliche Auseinandersetzungen folgen können. Fast immer ist ein Rechtsanwalt beteiligt, dessen Honorar über eine Rechtsschutzversicherung in den meisten Fällen aufgefangen werden kann. Zudem gibt es einen Gruppenvertrag der Spielervereinigung VdV, der vorsieht, daß auch die vor dem Sportgericht des DFB anfallenden Kosten abgedeckt sind. Kosten: ca. DM 300,–/Jahr.

9 Arbeitslosenversicherung

d) Der in einem Arbeitsverhältnis beschäftigte Sportler ist zur Zahlung von Beiträgen in die gesetzliche *Arbeitslosen*versicherung verpflichtet (§§ 16 ff. AFG), deren Träger die Bundesanstalt für Arbeit (§3 Abs. 1 AFG) in Nürnberg ist. Arbeitslosengeld (§§ 100 ff. AFG) wird bei Erfüllung der Anwartschaftszeit (§ 104 AFG) vor allem in Betracht kommen, wenn der Arbeitsvertrag mit dem Berufssportler ausgelaufen ist und ein neuer Arbeitsvertrag noch nicht abgeschlossen wurde. Schwierige sozialversicherungsrechtliche Rechtsfragen ergeben sich in den Fällen der Sperre des Spielers, bei Lizenzentzug und beim Spieler-Transfer ... Wie auch sonst wird im übrigen beim Berufssportler die Bereitschaft schwer festzustellen sein, ob er »jede zumutbare Beschäftigung« annimmt, die er »unter den üblichen Bedingungen des allgemeinen Arbeitsmarktes ausüben kann und darf« (§ 103 Abs. 1 Satz 1 Nr. 2a AFG). Nur dann steht er der Arbeitsvermittlung zur Verfügung; dies ist aber eine Voraussetzung für die Gewährung von Arbeitslosengeld (§100 Abs. 1 AFG). **[Seiten 158/159]**